"十二五"高等院校应用型系列规划教材

旅游公共关系学

（第二版）

Lüyou Gonggong Guanxixue

主　编　李敏
副主编　杨艳华　武燕玲

U0952868

西南财经大学出版社
Southwestern University of Finance & Economics Press

图书在版编目(CIP)数据

旅游公共关系学/李敏主编.—2版.—成都:西南财经大学出版社,2014.8(2016.1重印)

ISBN 978-7-5504-1519-5

Ⅰ.①旅… Ⅱ.①李… Ⅲ.①旅游业—公共关系学—教材
Ⅳ.①F590.65

中国版本图书馆CIP数据核字(2014)第185980号

旅游公共关系学(第二版)

主　编:李　敏
副主编:杨艳华　武燕玲

责任编辑:张明星
助理编辑:李　筱
封面设计:杨红鹰
责任印制:封俊川

出版发行	西南财经大学出版社(四川省成都市光华村街55号)
网　　址	http://www.bookcj.com
电子邮件	bookcj@foxmail.com
邮政编码	610074
电　　话	028-87353785　87352368
照　　排	四川胜翔数码印务设计有限公司
印　　刷	郫县犀浦印刷厂
成品尺寸	185mm×260mm
印　　张	16
字　　数	365千字
版　　次	2014年8月第2版
印　　次	2016年1月第2次印刷
印　　数	2001—5000册
书　　号	ISBN 978-7-5504-1519-5
定　　价	29.80元

1. 版权所有,翻印必究。

2. 如有印刷、装订等差错,可向本社营销部调换。

3. 本书封底无本社数码防伪标志,不得销售。

前言

公共关系学是当代管理学科领域中最活跃的一门实践性学科，而旅游业则是现代产业领域中增长速度最快的行业之一。旅游业迅速发展的需要以及与当代公共关系理论实践发展的结合，是旅游公共关系理论和实践研究发展的必然。随着我国旅游业的不断发展，旅游市场的竞争日趋激烈，旅游企业面临的市场环境也日趋复杂，影响企业经营的不确定因素增加。在这种新的形势下，为了能够求得生存和发展，就必须要借助公共关系的手段，处理好旅游企业与内、外部公众之间的关系，以达到“内求团结、外求发展”的目的。

本书结合了旅游业的特点，对旅游公共关系的产生、发展及构成要素的主体、客体和媒介进行了探讨，结合旅游企业的实际，对旅游饭店、旅行社、旅游区和旅游交通的公共关系进行了深入分析，对目前旅游业比较关注的旅游危机公关及管理做了系统介绍，较全面地阐述了与旅游活动开展密切相关的旅游公关礼仪、公关专题活动等。本书特色鲜明，材料充实，并针对本科生的特点，因材施教，每章后附有思考与练习题及专门的案例分析，这些都将有助于学生理解、归纳本章学习内容。

本书由李敏担任主编，负责设计全书的框架、拟订编写大纲，对全书进行修改和定稿；杨艳华、武燕玲担任副主编。各章的分工如下：第一、十三、十四章由李敏负责编写；第二、三、四章由武燕玲负责编写；第五、六、七章由魏巍负责编写；第八、九章由张晓慧负责编写；第十、十一、十二章由杨艳华负责编写。

在本书的编写过程中，得到了安阳工学院经济管理学院杨涌滨院长和杨孝海副教授的大力支持，同时汲取了相关专业老师宝贵的意见和建议，并根据他们的意见对书稿作了进一步完善。在此表示衷心的感谢。本书在编撰过程中借鉴了一些专家、学者的研究成果，得到了西南财大出版社的大力支持和帮助，在此一并致以诚挚的谢意。

在本书编写的过程中，我们参考了目前国内外大量的相关著作和文献，所引用的材料也尽可能加以注明，但其中或有遗漏。在此，我们谨向给予我们帮助的同仁致以诚挚的敬意。另外，由于时间和水平所限，书中难免有不当之处，还望各位专家和同仁给予批评指正。

编者

2014 年 5 月

目 录

第一章　旅游公共关系概述

第一节　公共关系概述

一、公共关系的含义

“公共关系”一词英文为 Public Relations，缩写为 PR，简称是公关。正像其他边缘性学科一样，公共关系作为一门综合性的应用学科和一种正在发展中的管理功能，对其定义的讨论众说纷纭，已构成公共关系学理论研究的一个部分。其中有代表性、权威性的定义包括以下几种：

（1）美国著名公共关系学者雷克斯·哈罗（Rex. L. Harlow）博士指出：公共关系是一种独特的管理职能。它帮助一个组织建立并维持与公众之间双向的交流、理解、认可与合作；它参与处理各种问题与事件；它帮助管理者及时了解公众舆论，并对之做出反映；它明确并强调管理部门为公众利益服务的责任；它作为社会变化趋势的监视系统，帮助管理者及时掌握并有效地利用社会变化，保持与社会变动同步；它运用健全的、正当的传播技能和研究方法作为主要的工具。

（2）英国著名公共关系学者弗兰克·杰夫金斯（Frank Jefkins）认为：公共关系就是一个组织为了达到与它的公众之间相互了解的确定目标，而有计划地采用一切向内和向外的传播沟通方式的总和。

（3）当代美国公共关系学术权威，马里兰大学的詹姆斯·格鲁尼格（James. E. Gruning）教授认为：公共关系是一个组织与其相关公众之间的传播管理。

（4）国际公共关系协会于 1978 年 8 月发表的《墨西哥宣言》将其定义为：“公共关系是一门艺术和社会科学。它分析趋势，预测后果，向机构领导人提供意见，履行一系列有计划的行动，以服务于本机构和公众的共同利益。”

（5）美国普林斯顿大学的资深公共关系教授蔡尔兹（H. L. Chils）认为：公共关系是我们所从事的各种活动、所发生的各种关系的通称，这些活动与关系都是公众性的，并且都有其社会意义。

（6）此外，公共关系还有很多通俗的表达：公共关系是社会组织为了塑造组织形象，通过传播、沟通手段来影响公众的科学与艺术；公共关系是一个社会组织用传播的手段使自己与公众相互了解和相互适应的一种活动或职能；公共关系就是争取对你有用的朋友；广告是要大家买我，公共关系是要大家爱我；公共关系是 90% 靠自己做得对，10% 靠宣传；公共关系是说服和左右社会大众的技术；公共关系是通过良好的人际关系来辅助事业成功；公共关系是促进善意。

以上各种关于公共关系的定义是从不同角度去揭示公共关系的本质属性的，都有其合理性。公共关系从理论到实践均是一门正在发展中的学科，而且又涉及不同的学科领域和不同的实践领域，因此对公共关系的定义有不同的表述是正常的。实际上各种定义之间并不矛盾，只是侧重点不同，这样反而有利于我们去把握公共关系的真正含义。

综上所述，本教材认为：公共关系是一个组织为了生存发展，运用合理的原则和方法传播信息，塑造形象，协调和改善组织的内外部关系，以取得理解、支持和合作的一种思想、政策和管理职能。

二、公共关系与若干相关概念的辨析

（一）公共关系与庸俗关系

庸俗关系就是人们通常所说的“拉关系”、“关系学”，公共关系与这些庸俗关系是截然不同的。

1. 两者产生的社会条件不同

公共关系产生于商品经济高度发达、传播技术日益先进、经济活动空前复杂的现代社会，它是社会组织从卖方市场向买方市场转变后，在社会化大生产和专业化分工的推动下所产生的一种迫切需要；而庸俗关系是在社会生产力水平低下、商品和服务不充分的条件下产生的。在后者所处的社会环境中，一方面是“皇帝的女儿不愁嫁”，社会组织根本不需要开展塑形象、讲信誉、沟通公众的公共关系工作；另一方面，少数人利用手中权力，组建关系网，无限制地发展自己的私利和特权，拉关系、走后门成为社会时尚，庸俗关系由此而产生。

2. 两者的主体和对象不同

公共关系的主体是社会组织，对象是社会公众，这是一种“公—公”的关系；而庸俗关系的主体既可以是社会组织也可以是个人，其对象通常是个人，是一种“私—私”的关系。

3. 两者采取的手段和目的不同

公共关系工作是用公开的、合法的、符合职业道德准则的沟通交往手段，以讲求信誉、遵纪守法、互惠互利、优质服务来争取公众了解、认识组织，进而支持、配合组织的政策和行动；而庸俗关系的主要手段是各种物质利益以及封官许愿、吹牛拍马、色情勾引等不透明、不公开甚至违法的行为。

公共关系的出发点和目的是在追求社会整体利益最大化的基础上，谋求组织效益最大限度的提高，因此，公共关系工作必然促进公众对组织的信任和支持，以达到组织利益与公众利益的一致，推动经济发展和社会进步；而庸俗关系的出发点和目的是通过以权谋私、损人利己等方式，谋求个人或小集团利益，其结果是少数人中饱私囊，而国家、社会、公众利益遭到损失，进而败坏社会风气，阻碍社会进步。

（二）公共关系与广告

公共关系与广告既有联系又有区别。

1. 公共关系与广告的联系

（1）公共关系需要广告作为自己的工具。通过产品或形象广告，可以间接地起到树立该组织形象的目的，因为活泼清新、艺术性强的公关广告，更容易为公众接受。

（2）公共关系工作能对广告起指导作用。它可以确定广告的宣传主题、宣传对象、传播对象、传播方式和传播周期。因此，公共关系和广告之间实际上可以互相补充、互相促进。

2. 公共关系和广告的区别

（1）目标和原则不同。公共关系的目标是要树立整个组织的良好形象，从而使组织事业获得成功；广告的目标则是推销某种产品或服务。公共关系工作要以公众利益为原则，讲求的是真实可信，向公众提供全面的事实真相而非片面的局部消息；广告的首要原则是引人注目，追求的是与众不同的轰动效应。

（2）传播的手段和周期不同。公共关系主要采用大众传播手段，由于重点在树立组织形象，因此需要进行长期的努力，其传播周期较长；而广告为了引人注目可以采用多种手段，包括新闻、文学、艺术、虚构等，并且其作为推销产品或服务的促销手段往往要求快速有效，因而常有明显的季节性、阶段性或短暂性。

（三）公共关系和宣传

公共关系和宣传工作都要依靠传播媒介，使信息为更多的人共享。宣传工作必须树立公关意识，创造良好的环境和人际关系以提高效果；公关也需利用宣传的效果，提高组织的知名度和美誉度。但两者之间有显著的区别，主要表现在传播方式上。公共关系旨在通过双向沟通，说服公众；而宣传意在通过单向灌输，控制公众。

（四）公共关系与市场营销

公共关系与市场营销常常被人混在一起。在一些小型组织中，公关人员既从事公共关系工作，又从事市场营销工作。在有些非盈利组织和政府中，市场营销和公共关系一样，旨在建立和维护与成员、患者、捐赠者和选民之间的相互关系，甚至一些公关人员宣称他们做的是市场营销传播；一些公关公司为了得到更多业务，把其组织名称定为“市场营销公共关系公司”；更有一些人认为，公共关系只不过是市场营销中运用的战术。其实，公共关系和市场营销还是有区别的。

首先，市场营销的目标是在长期的基础上吸引和满足顾客（客户），以便赢得一个组织的经济目标，其基本责任是建立和维护一个组织的产品或服务市场；而公共关系的目标是通过长期努力，赢得组织的良好形象而并非仅仅是经济利益，还包括社会方面的利益，其基本责任则是建立和维护组织与公众之间的互利互惠的关系。

其次，市场营销主要聚焦于顾客的交换关系，其基本过程是通过交换，既满足顾客需要又赢得经济利益；而公共关系涉及范围广泛的各类公众，包括顾客公众和非顾客公众，如雇员、投资者、邻居、特殊利益集团、政府等。

最后，公共关系和市场营销在范围上也不存在谁包含谁的问题，有效的公共关系通过维护和谐的社会关系和政治环境，促进市场营销工作；而成功的市场营销同样有助于建立和维护组织与公众之间的良好关系。

第二节　公共关系的产生和发展

一、公共关系溯源

公共关系的源头可追溯到古代社会人类文明开始的地方——古埃及、巴比伦、波斯和中国等国家。当时的统治者虽然更多的是依靠国家机器——军队、监狱等暴力工具来维护他们的统治，但舆论手段的运用在处理与民众的关系上仍然具有很重要的地位。虽然“公共关系”这个名词在几千年前根本没有出现，但它作为人类的一种实践活动却早已有之。考古学家发现，早在公元前1800年，古巴比伦政府官员就发布农业公告，告诉农民如何播种灌溉、如何对付地里的老鼠、如何收获庄稼等，这与现代社会中某些农业组织公关部散发的宣传材料很相似。

古希腊的民主政治促进了公众代表会议和陪审团制度的形成，它为公众表达自己的意见提供了一个舞台，而这种变化所产生的舆论导向在当时有着非常大的影响。公元前4世纪，古希腊出现了一批从事法律、道德、宗教哲学研究与演讲的教师和演说家，他们在当时被称为“诡辩家”，他们的演讲技巧被称为“诡辩术”，而其中，苏格拉底、柏拉图和亚里士多德是他们的代表。亚里士多德运用严谨的思维逻辑和科学的方法写出《修辞学》，强调语言修辞在人际交往和演讲中的重要性。他认为，修辞是沟通政治家、艺术家和社会公众相互关系的重要手段与工具，是寻求相互了解与信任的艺术。他还提出在交往沟通中，要用感情去获取公众的了解与信任，用感情去增强演讲和劝服艺术的感召力和真切可靠性。为此，西方的一些公共关系学者视亚里士多德的《修辞学》为人类历史上最早的公共关系著作。当然，这个观点从某种程度上来说是夸大其辞，但却又从另一角度说明公共关系作为一门实践性艺术，从人类文明社会一开始就放射出自己灿烂的光芒。

古罗马时代，人们更加重视民意，并提出“公众的声音就是上帝的声音”。整个社会都推崇沟通技术，一些擅长沟通技术的演说家往往因此而被推选为首领。据记载，古罗马的独裁统治者凯撒大帝就精于沟通技术。面对即将来临的战争，他通过散发各种传单来展开大规模的宣传活动，以便获得人民的支持。他甚至为此还专门请人写了一本记录他功绩的纪实性著作《高卢战记》，后来该书成为一部纪实性的经典之作广为流传。这些活动，堪称古代社会公共关系实践活动的典范。

确切地来讲，中国古代公共关系的萌芽是从春秋战国时出现的。在当时社会，由于国家分裂，各种势力不断重新组合，造成了一种社会动荡不安的政治氛围，这在客观上为各种思潮的发端提供了现实的土壤。各种思想、言论的冲撞与吸收，造就了文化繁荣。郑国“子产不毁乡校”的故事，就是古代公共关系思想的极好表现。乡校是古代养老和比赛射箭的场所，老百姓常在那里议论和批评政府。于是有人建议毁掉乡校，子产说："其所善者，吾则行之，其所恶者，吾则改之，是吾师也。"（《左传·襄公三十一年》）当时的士大夫阶层，在社会上的地位举足轻重，深受诸侯君王的器重与信任，从而形成了策士游说成风、舌战艺术发达的局面。特别是当时以齐国孟尝君为代表的"四君子"，家里都养了成群的门客，这些门客在当时主要起提供参谋意见、收集信息情报和外交说服的作用。上述门客的种种功能和今天公共关系部门的功能有着惊人的相似。《文心雕龙·论说》曾云："战国争雄，辩士云涌，纵横参谋，长短角势；《转丸》骋由巧辞，《飞钳》优其精术。一人之辩，重于九鼎之宝；三寸之舌，强于百万之师。"战国的游说，以闻名中外的合纵连横之术为最高境界。

此外，在那时人们的日常交往中，自觉的公共关系意识和思想也得到一定程度的体现。孔子在《论语》中曰："有朋自远方来，不亦乐乎！"孟子说"天时不如地利，地利不如人和。"这些都同现代公关活动的基本原则和追求目标基本一致。当然，这些自觉的公共关系意识带有很大的随意性，并且这种意识很分散，不具有普遍性。因此，从严格意义上来讲，它只是公共关系的萌芽活动。

到了明清时期，公共关系思想开始进入商业活动中。如酒店门口悬挂的写着"酒"字的旗帜，店铺门上的"百年老店"招牌，人们经商活动中遵循的"和气生财"准则，都是公共关系思想在商业活动中的运用。到了这一时期，人们甚至还有了朦胧的形象意识，已经懂得良好的企业（店铺）名称对顾客的正面影响。民国初年，钱彭寿把他研究字号命名的心得写成一首七律诗，这 56 个字迎合了人们追求吉祥美好的愿望，也反映了当时人们的公共关系意识：

顺裕兴隆瑞永昌，元亨万利复丰祥。
泰和茂盛同乾德，谦吉公仁协鼎光。
聚益中通全信义，久恒大美庆安康。
新春正和生成广，润发洪源厚福长。

二、现代公共关系的产生及发展演变

公共关系观念到底产生于何时呢？虽然在 1807 年的《韦氏新大学词典》中已显现"Public Relation"一词，但远远没有体现现代公关的含义。

从较为严格的意义上讲，现代公共关系产生于 19 世纪末 20 世纪初的美国，这是与美国当时的社会经济、政治、文化条件分不开的。

（一）现代公共关系在美国产生的背景

1. 经济背景

19 世纪下半叶，美国的经济发展速度很快，生产方式正在从自由竞争向集中垄断过渡。南北战争以后，北方的工业经济与南方的种植园经济在政府的统一管理下迅速发展。市场经济高度发达，社会已经形成国内与国际极其活跃、开放的网络。一方面，少数控制国家经济命脉的行业垄断寡头企图封锁舆论、控制市场，以获得高额垄断利润；另一方面，支配着资本主义市场经济运行发展的大资本家越来越无视公众。例如，当时的铁路大王范德·比尔特就曾使用过一句“名言”：“去他妈的‘公众’。”这些做法无疑激怒了公众，他们通过新闻媒介揭露寡头们的丑恶行径，形成声势浩大的揭丑运动，俗称“扒粪运动”。仅1903—1912年各大报刊的揭丑文章就有2000多篇。“扒粪运动”使一些大公司名誉扫地，形象丑陋不堪。面对“扒粪运动”的冲击，企业家不得不开始学习从正面重视报刊舆论传播的重大作用。许多人被迫意识到这样一条真理：企业要生存发展，就必须考虑公众的需要，就必须塑造自身的良好形象。

2. 政治背景

美国是世界上少有的移民国家，几乎没有历史传统的包袱，国民中的平等观念、群体意识等都比较强，加上经济、文化等其他条件，美国成了世界上资本主义世界民主政治的典范。在独立战争、南北战争以后，美国建立起了以“三权分立”为标志的政治体制。在这种政治氛围下，企业主会以更加实际的态度去对待社会公众，公众也会更大胆地去正视、要求、接受属于自己的社会经济利益、文化利益和政治利益。

3. 科学文化背景

形成现代公共关系的重要物质条件是传播技术和与传播有关的信息通讯技术、控制技术的出现和发展。美国在以上这些科学技术领域中的许多方面，走在世界的前列。早在1884年，美国人豪列利茨就首次解决了用电机为机械式计算机提供动力的难题，设计制造出一台统计计算机，并于1890年成功地应用于美国的人口普查，初次显示了计算机贮存、处理大量信息方面的强大威力，使公共关系大众传播活动的全方位形成和公共关系事业得到长足发展。

（二）现代公共关系在美国的发展历程

1. 愚弄公众时期

19世纪30年代，美国报刊史上出现了以“便士报”运动为标志的大众传播事业迅速发展时期。“便士报”运动，即报纸以价格低廉和内容大众化、通俗化来迎合读者心理。不少公司和财团雇佣专门人员利用媒介进行免费宣传，促进报刊商业化发展。正是由于这种报纸的宣传代理活动，孕育和促进了公共关系成为一种有组织的职业化活动。从这个层面上来讲，美国的公共关系职业是从新闻界中孵化出来的，然而报刊宣传活动是为宣传而宣传，带来了许多负面效应。

当时，最有代表性的报刊代表人菲尔斯·巴纳姆为追求宣传效果，不择手段，制造舆论，愚弄公众。他炮制一名叫海斯的黑人女奴在一百多年前曾养育过后任美国第一届总统乔治·华盛顿的“新闻”。这种全然不顾公众利益，不择手段为自己制造“神话”的伎俩，毫无职业道德可言，在根本上有悖于公共关系的宗旨。后来的人们以此为鉴，明确了在公共关系活动中必须遵循公正、诚实和以公众利益为重的原则。

2. 艾维·李时期

19世纪末，美国进入垄断资本主义时代，垄断财团以1%的人口占据了社会54%的财富，整个社会阶级矛盾日益激化。美国新闻界爆发了一场揭丑的“扒粪运动”，以揭露不法资本家和政客的丑闻和阴暗面。昔日巴纳姆时期的报刊宣传活动已无法制造公司、财团所需要的轰动效应，取而代之的是重视公众舆论和社会关系，求助于传播界，加强与公众沟通，改善形象。于是，以“说真话”、“讲实情”获得公众信任的主张得到越来越多开明人士的赞同。这一“说真话”的社会思潮，其主要代表人物是新闻记者艾维·李。他主张组织必须把实情告知公众，以争取公众的信任。若真相披露不利于组织，就应及时调整或改变组织的政策和行为。

1903 年，艾维·李辞去记者工作在美国开办了一家正式的宣传咨询事务所，标志着现代公共关系的诞生。他成为向社会公众提供收费的公共关系咨询服务的第一位职业公共关系人员，而正规的公共关系职业也由此发端。1906 年，艾维·李发表《原则宣言》，为整个公共关系职业道德奠定了基础，从而赢得了很高的声誉。从此，艾维·李成为享誉世界的公共关系专家，人们尊称他为“公共关系之父”。

1906 年，美国无烟煤矿业正处于工人罢工的严峻时刻，由于矿主对罢工工人采取暴力手段而受到新闻界的猛烈批评，双方直接对抗，相互指责，使得无烟煤矿业陷入深深的危机之中。在这种情况下，艾维·李被聘来解决这一危机。在开展工作之前，艾维·李提出了两个条件，并得到同意：一是他必须能直接与企业最高领导层接触和合作；二是要得到授权在必要时可以向外界公开所有事实真相。在处理罢工的过程中，他还代表矿方向新闻机构发布了《原则宣言》。该宣言现已成了研究公共关系思想的最早文献。艾维·李在宣言中阐述了他的公共关系工作原则。他指出，本处并非秘密的情报机构，也不是广告事务所，我们所有的工作都是公开办理的，目的只是为了提供新闻。如果认为本处的任何新闻该更正的话，那就不必采用。我们的每一条消息必须正确，如果需要任何进一步详细的资料，我们必定随时奉告。我们将乐于竭诚为任何出版人查证事实。总之，我们坦白而公开地说：“我们的计划是代表企业单位及各公共组织，对与公众所需、对公众有影响的并为公众所乐闻的课题，向美国报界及公众提供迅速而又准确、坦白而公开的消息。”艾维·李的这一系列思想和决策在今天看来已极为普通，但在当时却是惊人的大胆创举，是对旧观念的挑战。一个坦诚的声明缓和了笼罩在企业主与公众之间的神秘和冷漠的气氛。在整个事件的处理过程中，艾维·李把这种新思想付诸实践，取得了令各界瞩目的成效。社会舆论开始缓和，劳资双方开始相互了解，并同时做出让步，最后罢工潮得以平息。

3. 公共关系理论形成时期

作为现代公共关系的创始人，艾维·李以其丰富的实践经验而著称于公共关系历史长河中，但由于他没有提出系统而科学的公共关系理论，其公共关系实践也被认为“只有艺术而无科学”。而美国的另一位现代公共关系的先驱爱德华·伯内斯则真正为现代公共关系理论化、系统化、科学化奠定了基础。1923 年，他出版了公共关系学的第一部经典著作《舆论明鉴》，论述了公共关系理论，并第一次从科学视角提出“公共关系”一词。之后，他于 1925 年写了教科书《公共关系学》，并于 1928 年写了《舆论》，使公共关系基本理论和方法系统化、科学化，形成一个较完整的体系。伯内斯主张公共关系的职责不仅仅是向社会公众做宣传，而且还应向组织提供政策咨询。此外，他认为组织在决策之前首先应知晓公众的偏好、对组织的期望；然后，确定公众价值取向和态度后，应“投公众所好”；最后，制定传播的政策、计划，实施有的放矢的沟通。总之，伯内斯在理论上的贡献对于公共关系学科的形成和发展有划时代的意义。

4．“双向对称”时期

伯内斯“投公众所好”的主张已成为公共关系的一种双向沟通模式，其目的是为了他所服务的组织的利益“倾斜”。到了20世纪50年代，随着公共关系实践和理论的新发展，“双向对称”模式即成为公共关系学界的新共识。

“双向对称”模式最早发端于1952年出版的美国著名公共关系专家卡特利普和森特的权威著作《有效公共关系》一书中。他们主张，一个组织只有在利益上并重平衡，才能与公众建立良好的关系，特别在信息沟通上应双向交流，即组织向公众传播和解释自身信息；同时，公众的信息也向组织做传播和解释，让组织和公众结成一种和谐的关系。“双向对称”模式的确立，展示了公共关系实践发展的方向，体现了公共关系的本质，成为现代公共关系成熟的重要标志。

综上所述，现代公共关系的历史发展进程是一个日趋成熟和不断完善的过程。从严格意义上讲，20世纪50年代后，现代公共关系才真正走上科学化、职业化、规范化的发展历程。

（三）国际性公共关系组织的成立

1955年，国际公共关系协会（IPRA）在英国伦敦成立。当时只有来自16个国家的数百名公共关系专家参加了协会，而现在这一组织已拥有60个国家的760多名会员。协会的宗旨是交换国际消息、经验和思想，改进技巧和道德标准，并确切地增进公众的了解。

1959年，泛美公共关系联盟在墨西哥城成立，美国和大多数的拉丁美洲国家的代表出席了大会。

1961年，国际公共关系协会在维也纳召开的第二届世界大会制定并通过了《国际公共关系行为规则》。

1965年，在希腊雅典召开的第三届世界大会，通过了《国际公共关系协会世界大会行为规则》。

1967年，泛亚太平洋地区公共关系联盟于夏威夷的檀香山成立。它包括了澳大利亚、印度、日本、新西兰、菲律宾、中国台湾等国家和地区的公共关系组织和来自夏威夷、中国香港、中国台湾、印尼、韩国、新加坡、泰国、澳大利亚、印度、日本、新西兰、菲律宾等国家和地区的会员。

1975年，在国际公共关系协会的赞助下，在肯尼亚首都内罗毕举行了第一届全非公共关系工作会议。至此，全球的公共关系事业已蔚为大观。

1978年，在墨西哥世界大会上通过的《墨西哥宣言》，对公共关系职业规范化和交流都起了积极的推动作用。

国际公共关系协会设立“金纸奖”和“总统奖”。出版了不定期的《国际公共关系协会通信》和季刊《国际公共关系协会评论》。该协会在世界各地积极开展工作，为世界公共关系事业的发展做出了巨大的贡献。

三、我国现代公共关系的发展历程

现代公共关系思想和公共关系实践进入中国，应以20世纪50年代公共关系登陆中国香港和台湾地区为发端，而中国大陆则到20世纪80年代初才开始引进。20世纪80年代初，随着改革开放的进行，中国在引进资金、技术的同时也引进了先进的管理经验。公共关系作为一种理论和职业，开始引起了中国人的广泛关注。在深圳、广州等改革开放的桥头堡，一些中外合资企业和外商独资企业开始按照西方资本主义国家的管理模式，设立了公共关系部。

1980年，深圳蛇口华森建筑设计顾问公司率先成立了我国第一个公共关系性质的专业公司。1982年，深圳竹园宾馆成立公共关系部，开展以招徕顾客为目标、扩大影响的服务性公共关系活动。1983年，中外合资的北京长城饭店成立公共关系部，并因成功策划接待当时的美国总统里根访华而名扬海内外。1984年，广州中国大酒店设立公共关系部。后来，广东电视台以宾馆、酒楼的公共关系活动为题材，拍摄了中国第一部反映公共关系理论与实践的电视连续剧《公关小姐》。1984年9月，我国国有企业的第一家公共关系部——广州白云山制药厂公共关系部正式成立。该厂每年拨出总产值1%的资金作为“信誉资金”，用于赞助社会公益和体育事业，在开展公共关系实务方面进行了大胆有效的尝试。1984年10月，世界第二大公共关系公司“希尔—诺顿公司”在中国设立办事处。1985年8月，世界第一大公共关系公司博雅公司与中国新闻发展公司达成协议，共同开展公共关系业务，并成立了中国第一家独立的公共关系公司——环球公共关系公司。深圳大学率先开设了全国第一个“公共关系”专业，广州中山大学等一些高等院校也相继举办了一系列讲习班，普及公共关系知识。

1987年中国公共关系协会成立，此后各省相继成立公共关系协会。1991年4月，中国国际公共关系协会在北京成立，标志着中国的公共关系事业已经逐步普及全国并走向世界。

1997年11月15日，国家劳动和社会保障部成立了中国公共关系职业审定委员会，还正式确定将中国公共关系职业命名为“公共关系员”，并于1999年5月将公共关系职业列入《国家职业分类大典》。这标志着经过近20年的发展，公共关系职业终于获得了社会的认可。

2000年，我国在全国范围内开始推广公共关系人员上岗资格考试，公关员与律师、会计师、医师一样，走上了职业化和专业化的道路。2003年，中国国际公共关系协会宣布，将把每年的12月20日定为“中国公关节”。

在公共关系理论研究方面，各种不同版本的公共关系教科书、通俗读物和公共关系案例汇编相继出版，一些国外公共关系名著（如《有效的公共关系》和《公共关系学》）被翻译出版，《公共关系报》、《公共关系》、《公关世界》等专业杂志也不断面世，公共关系网也宣告成立，对于传播、沟通公共关系信息，促进公共关系理论体系的完善与实务规范起到了较好的推动作用。

在公共关系人才培养方面，中国的公共关系教育已经走向正规化、系统化、多层次化。有高层次的“公关”学士和研究公共关系方向的硕士、博士、博士后，也有培养公共关系专业人员的自学考试、夜大、电大培训等形式；有公共关系专职培训、资格证书培训，也有内部厂长、经理、党政干部与公共关系师培训。目前中国已有1000多所高校开设公共关系课，几十所高校开设公共关系专业。

在公共关系实务方面，工商企业界以新颖的构思、高超的策划手法谱写了一个又一个成功的公共关系事例。目前，我国已基本形成了较完整的公共关系理论体系和一套公共关系实务运作规范，特别是近百家公共关系咨询公司的有序发展，更意味着我国公共关系已步入了正常化发展的轨道。

第三节　旅游公共关系的含义和特征

一、旅游公共关系的含义

（一）旅游公共关系的定义

旅游公共关系是指旅游组织运用传播沟通手段，有目的地影响相关公众的心理和行为，形成有利于旅游组织生存发展的良好内、外部环境，为旅游组织树立良好的形象的管理过程。在这个定义中，要把握以下几点：

1. 旅游公共关系的行为主体是旅游组织

这里的旅游组织是各类旅游企业的总称，包括旅游饭店、旅行社、旅游交通（航空、车船等）、旅游景点、商店等。旅游公共关系是一种组织的关系，组织的活动和职能，是以具体的旅游企业为主体，与其他各类公众形成的关系，不是以政府为主体形成的政府的关系，也不是以个人为主体形成的个人的关系。

2. 旅游公共关系的对象是相关公众

旅游公共关系是组织与相关公众结成的相互关系，旅游组织公共关系活动的对象自然是公众。公众构成一种特定的环境，组织在这种环境中要生存发展，必须优化这种环境，得到相关群体的认可、信赖与支持。

3. 旅游公共关系的手段是传播媒介

旅游公共关系以建立组织与公众之间的和谐关系为目的，主要运用信息传播手段，达到相互之间的沟通，并尽可能地利用各种类型的人际沟通媒介和公众传播媒介，了解和影响公众的意见、态度和行为。

4. 旅游公共关系是一种有目的的活动

旅游公共关系是有计划、有组织地进行的一种活动，旅游组织在了组织现状的基础上，有目的、有计划地与公众进行沟通，通过交流、沟通使公众的态度、行为朝着有利于组织的方向发展，为旅游组织创造良好的生存发展环境。

5. 旅游公共关系的目的是树立组织的良好形象

旅游公共关系的目的是让公众在了解组织的过程中，对旅游组织产生理解、信任和支持，最终形成一种良好的形象。而这种良好的形象，最终将成为旅游组织巨大的无形资产，为旅游组织创造更大的价值。

（二）全面理解旅游公共关系的含义

旅游公共关系的概念，不仅包括旅游公共关系的定义，而且还包括几层不同的含

义：旅游公共关系状态、旅游公共关系活动、旅游公共关系意识和旅游公共关系学。

1. 旅游公共关系状态

旅游公共关系状态是旅游组织在公众心目中形象的总和。具体包括：社会关系状态和公众舆论状态。

社会关系状态是指旅游组织与相关公众之间的一种关系状况。比如：旅游组织与相关公众之间关系的亲疏、融洽、紧张、友好、敌对、合作等。

公众舆论状态是公众舆论对旅游组织的反映和评价状况。比如，旅游组织在公众心中知名度的高低，公众对旅游组织的好恶等。重视旅游公共关系状态的研究，有助于旅游组织更好地了解自己，从而开展有针对性的公关活动。

良好的旅游公共关系状态，有利于组织的生存发展；恶劣的旅游公共关系状态不利于组织的生存发展。因此，旅游公共关系状态既是旅游组织公共关系活动的起点，又是最终归宿点。

2. 旅游公共关系活动

旅游公共关系活动是旅游组织为了自身形象而从事的各种实务工作。公共关系活动是旅游组织对外进行传播的最主要形式，也是公共关系的日常业务。通过规模不同、目标不同的各类公关活动，将旅游组织的产品、企业形象宣传出去已成为公共关系实务活动的核心内容。

3. 旅游公共关系意识

旅游公共关系意识是经过公关知识和实践的积累，对公关工作和活动的概括与升华，是一种自觉的树立信誉、塑造良好形象的指导思想。它包括形象意识、公众意识、传播意识、互惠意识等。

形象意识是最核心的意识，是旅游组织的无形财富。因此，要十分重视形象投资、形象管理、形象塑造，只有这样才能在形象竞争中取胜。

公众意识就是要把树立良好形象的意识直接表现为对公众利益的关注和满足，将了解公众、满足公众、服务公众作为旅游组织的重要经营管理原则。

传播意识表现为重视信息的双向沟通，主动地运用各种传播媒介和沟通方式去建立相互之间的了解、理解、信任与合作，为组织的发展创造良好的“人和”气氛。

互惠意识就是在处理双方关系和利益时，既要强调组织的自身利益，又要保持与公众利益的平衡协调，达到共同获益、共同发展的目的。

4. 公共关系学科

旅游公共关系学是研究旅游组织与公众之间传播与沟通行为和规律的一门学科。它是由管理学、市场营销学和传播学相结合的一个学科范畴，同时也是一门应用性很强的边缘学科。

二、旅游公共关系的特征

旅游公共关系是旅游组织客观存在的一种社会现象，是旅游组织及其成员，为塑造旅游组织形象有目的地运用传播手段，获得内、外部公众理解、信任、支持与合作的具有管理功能的科学和艺术。从这个角度来讲，旅游公共关系具有以下特征：

（一）以塑造形象为宗旨

旅游行业十分注重自身形象的塑造，包括“硬件”的外观形象和“软件”的服务形象。旅游企业从塑造形象到维护形象、完善形象，各自都有“绝招”。其中原因有三点：一是市场竞争激烈，企业开拓市场必须靠形象力、销售力、商品力三力聚合才能取胜；二是因为旅游业是窗口行业，自身形象的优劣直接影响旅游者对本地区乃至整个国家的看法和评价；三是由于旅游业是劳动密集型服务行业，服务过程无中介，员工的个体形象就代表着企业的整体形象。因此，应十分重视对员工素质的培养，如绝大多数饭店都设有专门的培训部，培训员工已成为企业的重要工作。喜来登饭店管理集团管理的北京长城饭店的培训部，就年年有计划、月月有重点、周周有考核，实施着名副其实的“饭店即学校”的旅游教育理念。

（二）以改善环境为目的

旅游企业历来很重视协调好方方面面的关系，力求建立一种“天时、地利、人和”的生存环境。因此，公共关系部要与媒介经常联络，随时提供报道的信息源；要与政府常往来，汇报工作，争取获取信息和政策方面的支持；要与社区保持良好关系，时时刻刻不忘争当合格公民并承担社会责任；要在企业内部注意激励员工，发掘劳动潜能，与股东保持良好合作，为企业争取滚滚财源。饭店、旅行社改善环境的手段丰富多彩，如对外经常举办联谊会、恳谈会、记者招待会、舞会等；对内经常举办员工生日晚会、员工节日聚餐，让优秀员工出去旅游等，以此来联络感情、增进友谊，争取各方面的支持、谅解与合作。

（三）以促进销售为功能

旅游企业公共关系的另一个典型特征就是重视公共关系促销功能的应用。许多饭店都将公共关系部改为公共关系销售部，将公共关系的功能与对外营销、开拓市场、争取客源的销售功能合二为一。在旅游企业，公关营销理念早已生根开花，常常是公关鸣锣开道，营销粉墨登场；公关搭台，营销唱戏，构成了一道亮丽的风景线。饭店、旅行社攻关营销的工作内容包括：立足优质产品、塑造品牌文化、美化企业声誉、开展传播造势、进行全员销售等。而采取的公关营销方法有：捕捉市场需求、选择目标公众、掌握宾客心理、了解竞争对手、进行信息传递等。

（四）以建立关系为基础

旅游企业为了自身的生存与发展，不仅重视协调好内外关系，而且更看重广交朋友。企业公关部精心编制关系网，在政界、传播界、教育界、商界广交朋友，使企业左右逢源、畅通无阻。对政界，他们不断传播企业信息，加深政府对企业的了解，扩大对企业的资金投入与信息传递；对新闻界，注重了解报纸、杂志、广播、电视的特征、效能，保持与媒体的联系，利用各种机会联络感情，不失时机地传播企业形象，争取舆论支持；在社区，注意与社区公民保持良好往来，平等待人，承担社会责任，为企业争得良好口碑。另外，还应与旅游教育界密切关系，通过旅游教育界获取人力资源和师资；与同行和商界频繁来往，经常举办工作午餐会、周末沙龙等活动，为彼此获取信息和争取合作创造机会。

（五）以重视传播为特色

争取媒介的支持，看重舆论的力量是旅游企业公共关系的又一重要特征。旅游企业公共关系部不仅要重视与大众传播媒介的合作，为传播企业形象制造舆论，而且还要重视企业内部自控媒介的传播，以此彰显企业理念，激励员工。如一些四、五星级酒店，有自己的有线电视、报纸、杂志与板报，持续不断地进行企业目标、方针的宣传，以此激发员工的工作积极性。除此之外，旅游企业还十分重视宣传手册、画报、服务指南、标志、徽章等一系列物品的信息传播功能，通过这些物体传达企业经营理念、经营特色，加深公众印象。另外，旅游企业在运用非自然语言进行传播方面，也是其他行业无法望其项背的。如饭店对居住、娱乐、购物等环境，从色彩的搭配、物品的摆放、房间的布置到周围环境的衬托从不马虎，力求做到整洁清新、特色鲜明、令人心怡。

（六）强化全员公关意识与全员公关管理

在贯彻公共关系思想、强化公共关系意识、培训公共关系技能方面，旅游企业远远走在了其他行业的前面。根据旅游行业的经济性、服务性和劳动密集型的特征，对员工加强素质教育，让每一位员工做到在自己的本职岗位上维护企业的形象、宣传企业的形象。

第四节　旅游公共关系的基本职能

一、搜集信息

作为战略资源，信息是旅游组织提高核心竞争力并占领市场的先决条件。各类旅游组织必须有效采集有关信息，科学分析、处理，选择有价值的信息作为调整和完善经营决策的依据，确保组织目标的科学性与准确性。因此，搜集信息是公共关系的重要职能之一。

二、咨询决策

为适应变幻莫测的市场环境、确保决策的正确，公共关系人员作为旅游组织的“智囊”，应该在充分搜集信息的基础上，站在公共关系的角度和全局高度，向决策层提供信息预测、评议等咨询建议，以起到重要决策的参谋作用。

（一）咨询决策的原则

（1）提供的信息要充足、系统与完整。信息是判断决策的依据，其是否及时、准确、全面，直接影响到组织的判断和决策；零散、错误的信息会导致决策者做出错误的决定。

（2）专业性原则。要坚持从公共关系的角度去看待问题、分析问题并提出解决问题的建议。

（3）不具替代性。咨询决策仅是最终决策的参谋，是围绕公共关系向决策者提供信息与建议，并非替代组织或其他部门做综合性的规划。

（二）咨询决策的种类

（1）危机性咨询。这是针对组织面临突发性意外事件，进行亡羊补牢和随机应变的公共关系咨询工作。

（2）建议性咨询。针对组织发展问题以及决策层已经拟好的规划和方案，从公共关系的角度评议其目标、途径和方式、方法等，以发现对组织形象不利的问题并进行建议性的公共关系咨询，具有改良和锦上添花的作用。鉴于公共关系具有信息灵通、沟通广泛、形象意识强烈等特点，旅游组织必须通过公共关系咨询对既定的发展目标和策略在实际运用中出现的问题进行及时调整。

（3）预测性咨询。针对组织未来可能发生的问题进行推断性与预言性的咨询。组织的发展必须具有前瞻性，随着具体工作的推进，具备长远意识的公共关系咨询应该针对大量未来的问题（包括危机问题、机遇问题、对策问题）做出明确的回答，使之明朗化、清晰化。

（三）咨询决策的方法

（1）编写组织内外信息动态专刊。公共关系部应派专人处理反馈回来的各类信息，将其分门别类，汇集成册。具体包括：国内外政治动态、经济发展状况、市场动态、客源走向及竞争对手的信息；员工思想状况、人员流动状况、管理与服务质量状况、财务状况、设施设备变更、现存问题及造成问题的缘由等。

（2）定期召开信息反馈会。公共关系人员在了解掌握大量有重要价值信息的基础上，应定期召开有中层管理人员参加的信息反馈汇报会，对组织形象、发展或重大决策提供客观的信息支持、做出有理有据的评价，以帮助组织决策层做出科学的判断。

（3）组织视听材料。为了加深决策者的印象，公共关系人员可以运用幻灯、录像、照片、录音等视听手段，将采集到的材料直观生动地展现出来，以增强咨询决策的说服力。

（4）论证会与论辩会。为保障重大经营决策的科学性、完善性，组织需进行多方的论证。因此，公关人员既可邀请有关专家就决策方案进行可行性论证，又可接受内外公众代表的评议，集思广益、群策群力，以体现经营决策的科学性。

三、传播沟通

为保持良好的竞争力，旅游组织须及时、准确、有效地向外界宣传政策、阐明宗旨、解释行为，不断与公众保持信息、情感、态度、行为四个层次的密切交流，以谋求公众了解组织的特色、理解组织的目标、维护组织的行为，为组织创造良好的公众舆论环境。

（一）制造舆论，告之公众

“告之公众”是公共关系传播沟通功能的首要任务，即向公众说明和介绍产品、设施及经营管理等方面的信息。特别是在组织开业之初或在推出新产品之前，公关人员要通过独具一格的创意宣传，努力制造轰动效应，给公众留下深刻、强烈的第一印象。

（二）强化舆论，扩大影响

公关宣传不能只图一时的舆论轰动，而是需要通过长期不懈的传播、沟通，潜移默化地加深并巩固公众对旅游组织及其产品的良好印象。因此，当旅游组织成功树立良好形象和声誉之后，仍需注重公关宣传，继续保持和维护组织的形象，进一步扩大知名度和信誉度。此时，一旦放松传播沟通工作，就会削弱公众对组织的印象。持之以恒，锲而不舍地维护企业形象与声誉，是组织稳定时期公关宣传的重点。

（三）引导舆论，控制影响

当旅游组织形象受到损害，公众对组织的评价处于观望时，公关部就需要采取灵活多样的宣传沟通方式，积极引导公众舆论向有利于组织的方向发展。当旅游组织遇到危机，如旅客大量投诉或由于公众误解、他人诬陷等对组织声誉造成伤害，或由于国内外环境变化及突发事件导致客人流失，知名度、美誉度蒙受损害时，管理者及公关人员应迅速查明原因，及时向公众做出解释、道歉或澄清，向公众介绍组织处理危机的措施，设法将消极影响减小到最低限度，尽快恢复声誉，重塑形象。

四、社会交往

旅游公共关系的任务之一就是成功编织组织的“关系网络”，使旅游组织与社会以及公众保持密切、良好的联系，获取公众的理解、信任和支持，使组织始终处于“天时、地利、人和”。

公关人员一般按如下层次逐步与社会交往：首先是向交往对象传播他们感兴趣的信息，并通过各种形式的活动联络感情、结交朋友；其次是通过组织实施的行动和公关人员的努力来影响交往对象，使其转变观点、改善态度，成为组织值得信赖的朋友。公共人员可采用的交往方式还有组织参观、登门拜访、举办庆典、召开联欢会或信息交流会等。

五、内外协调

旅游组织取得成功的关键是协调、保持内外环境的平衡与和谐，从而达到沟通信息、消除隔膜、达成共识的目标。“内求团结，外求发展”是公关协调工作的宗旨。

六、教育引导

公共关系工作的实质就是在公众舆论中不断打磨、完善旅游组织的形象，其一切活动都围绕组织和公众的共同利益，并为之服务，具有较强的从属性与服务性。但仅靠一个公共关系部门成几名专业公关人员是不能完成这个艰巨任务的，必须依赖全体员工的共同努力，达成“对内教育，对外引导”的目标。

本章小结

公共关系是一个组织为了生存发展，运用合理的原则和方法传播信息，塑造形象，协调和改善组织的内外部关系，以取得理解、支持和合作的一种思想、政策和管理职能。现代公共关系产生于19世纪末20世纪初的美国。这是与美国当时的社会经济、政治、文化条件分不开的。现代公共关系的发展经历了四个阶段：愚弄公众时期、艾维·李时期、公共关系理论形成时期、“双向对称”时期。现代公共关系于20世纪50年代登陆中国香港和台湾地区，20世纪80年代初开始进入中国大陆。

旅游公共关系是指旅游组织运用传播沟通手段，有目的地影响相关公众的心理和行为，形成有利于旅游组织生存发展的良好内外环境，为旅游组织树立良好形象的管理过程。旅游公共关系的特征为塑造形象为宗旨、以改善环境为目的、以促进销售为功能、以建立关系为基础、以重视传播为特色、强化全员公关意识与全员公关管理。旅游公共关系的基本职能主要是搜集信息、咨询决策、传播沟通、社会交往、内外协调、教育引导。

复习与思考

1. 公共关系的内涵是什么？旅游公共关系的概念是什么？
2. 简述公共关系产生的社会历史条件。
3. 简述旅游公共关系的特征和作用。
4. 简述旅游公共关系的基本职能。

案例分析

诚招天下客，情满美食家

一双筷子的纸套上写着这样两行字：“假如我的菜好吃，请告诉您的朋友；假如我的菜不好吃，请告诉我。”这两句富有浓厚情感的公关语言同“美食家”的名字一起传遍了整个杭州。这家普通的餐厅所处的地理位置并不十分理想，既不是车站、码头，又不是风景区、闹市区。这家餐厅刚刚开业时，生意清淡，门庭冷落。没有顾客的惠顾，就谈不上餐厅的生存，更谈不上餐厅的盈利。要让顾客青睐，餐厅就要有自身的吸引力。这个吸引力在哪里呢？“美食家”餐厅深深懂得：只有在顾客心目中树立起“美食家”的良好形象，才能引来顾客的光顾。“美食家”的吸引力应放在一个令人亲切的“情”字上，依靠情感的传导来沟通顾客关系。只有把情感输入顾客心里，才能塑造“美食家”的形象。只有把诚心贴在顾客心里，才能建立“美食家”的信誉，从而产生一种“情感效应”，使企业获得良好的经济效益。

【案例思考】

1. 饭店业开展公关活动的任务有哪些?

2. 分析“假如我的菜好吃，请告诉您的朋友；假如我的菜不好吃，请告诉我。”这句话中所包含的公关思想。

如何面对“挑剔”的客人

在某家宾馆，一天来了几位美国客人。或许是因为不了解中国，或许是因为抱有偏见，他们对宾馆的客房设施和饭菜质量都有微词。在短短5天的住宿时间内，他们几乎每天都给宾馆的公关部打电话反映问题。开始该公关部的接待人员还能够心平气和地倾听他们的意见，并给予回答和解释，可在以后接二连三的电话和毫不客气的指责下，这位接待人员终于耐不住性子了。当几位客人要离开宾馆回国时，他们又拿起了电话打到公关部，说:“我们这几天要求您解决的问题，您一件也没能解决，真是太遗憾了。”听了这话，这位接待人员反唇相讥:“倘若你们以后再来中国，请到别的宾馆试一试!”于是一场激烈的舌战在电话里爆发了。当美国客人离开宾馆后，客房服务员在他们住过的房间的写字台上发现了一张纸条，上面用英文写着:“世界第一差”。

【案例思考】

1. 客人的评价与公关人员的态度有什么关系?

2. 通过本案例的阅读，你认为公关人员必须具备哪些素质和能力?

3. 该事件发生后，宾馆应该如何做才能挽回影响，以利于企业进一步发展?

第二章　旅游公共关系的主体

第一节　旅游组织

旅游公共关系活动的基本目的是使旅游组织与公众相互了解和理解，使旅游组织获得公众的信任、合作与支持，得以在良好的社会环境中生存和发展。旅游组织在整个公共关系活动中始终处于组织、策划、实施、监控等主导地位，因此组织便是旅游公共关系活动的主体。

一、旅游组织的构成

（一）旅游组织的分类

各种类型的旅游组织为旅游活动提供了基本的保证，是旅游业赖以存在和发展的支柱，也是旅游公共关系的行为主体。如果按照旅游组织所承担的社会职能、工作内容和目标的不同对其进行分类，可以把旅游组织分为以下三类：

1. 旅游行政和行业管理部门

旅游行政和行业管理机构是国家和地方政府负责旅游事业发展和行使旅游行业管理的职能部门，具有对旅游业实施指导、管理、计划、监督、协调和服务等职能。如旅游局、旅游事业发展管理委员会、旅游派出机构等。其公共关系工作的主要内容是：沟通政府部门与旅游企业和旅游者之间的关系、开展市场调研和对外宣传促销、开展国际性的旅游公共关系活动、协调区域内外各方面的关系。

2. 旅游企业

旅游企业是指直接为旅游者提供有形或无形产品和服务的旅游组织。如旅行社、饭店、旅游交通企业、景区景点、旅游商店等。其公共关系工作的主要内容是：依靠沟通信息、协调关系、决策咨询等塑造形象，提高旅游企业的市场适应性，以产品和服务来赢得旅游者，谋求自身的生存和发展。旅游企业的公共关系活动主要是通过具体的服务来体现的，所以这种公共关系模式也称为“服务性公共关系”。

3. 旅游社会团体机构

旅游社会团体机构主要是各种民间旅游组织。如旅游协会、旅游学会、旅游管理教育研究会等。其公共关系工作的主要内容是：组织旅游行业内的沟通与交流，互通信息、相互交流、开拓市场、促进发展。

【补充阅读】

按照旅游组织的功能，旅游组织可分为以下五种类型：

（1）住宿接待：饭店、宾馆、旅馆、度假村、青年旅舍、出租公寓别墅、乡村旅馆、野营营地、可供住宿的船坞等。

（2）旅游业务：旅游经营商、旅游批发商/经纪人、旅游零售代理商、会议安排组织商、预订服务代理商、奖励旅游安排代理商等。

（3）交通运输：航空公司、海运公司、铁路公司、公共汽车/长途汽车公司、出租车公司等。

（4）游览场所：自然历史遗产游览点、国家公园、主题公园、野生动物园、博物馆、花园等。

（5）目的地组织：国家旅游组织、地区/州旅游组织、地方旅游组织、旅游协会等。

（二）旅游组织的组织结构

我国旅游组织的组织结构一般说来包括以下三方面内容：

1. 旅游企业规模结构

在旅游业的各种行业中，都存在着一些规模不等的大、中、小型组织。大、中、小型旅游组织的并存是一种客观的必然，也是旅游业的发展所必需的。大型企业规模大、投资多、设备全、接待的旅游者数量多、档次高，可以形成规模效益；中型企业投资相对少些，设施和服务可能兼顾大众化；小型企业拾遗补漏，经营更加灵活，价格可以偏低，能够满足支付能力低、要求方便实惠的旅游者的需要。保持一个合理的旅游企业组织规模结构，不仅可以提高旅游业的经济效益和社会效益，而且能满足不同类型的旅游者的需求，有利于旅游业的顺利发展。目前，我国已经有国旅集团、中旅集团、青旅集团、康辉集团、上海锦江饭店管理集团、东方酒店集团等旅游企业集团。旅游企业集团的形成有利于发挥群体优势和综合功能，有利于提高国际竞争力，有助于促进我国旅游组织结构的调整。

2. 旅游企业经济所有制结构

随着改革开放的深入，国内旅游的发展，旅游产业形成了多种经济所有制结构并存的结构。其主要有：全民所有制旅游组织、集体所有制旅游组织、外商独资旅游组织、中外合资合作旅游组织、股份制旅游组织、民营旅游组织等。不论何种所有制的旅游组织，在其所开展的旅游公共关系活动中，都是行为主体。

3. 旅游企业内部组织结构

旅游企业组织的规模不同，或行业类型不同，或所有制性质不同，或经营方式不同，其内部的组织机构设置也会不同。在合资、合作、合营的旅游企业中一般设董事会，董事会下设总经理，总经理下设各业务部门和职能部门，公共关系部通常是职能部门之一。规模大的旅游企业下设部门较多、分工较细，规模较小的旅游企业则相反。但是不同行业类型、不同所有制性质的旅游企业，其内部组织结构不尽相同。各企业内部存在差异，结合本企业具体情况可以单设公共关系部或行政归属于其他部门，在人员数量上可根据具体情况设置，还可以设一些兼任的。

（三）旅游组织之间的关系

旅游业具有很强的综合性和整体性。从层次上，旅游组织既有中央的又有地方的。从性质上，旅游组织可分为行政机构、事业单位、企业、社会团体等；从功能上，旅游组织可以分为旅行社、宾馆饭店、旅游交通、景区景点、旅游商店、旅游行政管理、旅游教育科研等多种类型。在这些类型中，有单纯为旅游者服务的组织，也有同时为不同对象服务的组织。旅游组织积极开展公共关系活动，可以使旅游组织之间加强沟通、协调，树立起旅游行业良好整体形象，加深公众对旅游业的了解和理解，从而为实现旅游业自身和公众利益的结合，创造一种最佳的环境。因此，旅游公共关系的这种系统性决定了旅游组织公共关系活动最终目标的一致性。旅游产品是一种组合产品，旅游者在旅游过程中具有多方面的需求，包括：吃、住、行、游、购、娱等方面，这就需要分工不同的旅游组织共同努力，相互配合，提高“生产”的社会化程度，提供高质量的旅游产品，使旅游者的需求目标得以圆满实现。

旅游是一种包括多种需求的综合性活动，旅游活动的完成不仅需要有旅游企业的经营管理，而且需要社会其他行业的支持。例如，民航、铁路、商业等行业直接为旅游者提供了服务；建筑、电力、石化等行业为满足旅游者的基本需求创造了条件；环保、公安、教育、文化等部门则在社会范围内为旅游者创造了一个良好的旅游环境。旅游公共关系的对象具有多方位性，作为旅游公共关系主体的各类旅游组织，不仅要加强相互之间沟通与了解，而且要与社会其他行业和部门加强联系。旅游公共关系所表现出的多方位性，还因为旅游客源具有广泛性和复杂性。客源市场不是单一的，从国家、民族、地区以及政治、经济、文化等不同的角度，可以划分不同的市场类型，因此旅游组织的公共关系活动必须根据不同的市场类型，采取不同的工作方法。旅游供求两方面的情况都决定了旅游公共关系的多方位性，旅游公共关系的目的是通过多方位的公共关系活动，实现与旅游者的需求相统一的目标。

二、旅游组织的基本特征

作为旅游公共关系主体的旅游组织，除了各种协会等行业组织外，基本上都是自主经营、自负盈亏的服务性企业组织。旅游组织的基本特征，从公共关系角度看有以下几点：

（一）营利性

无论是旅行社、饭店、旅游交通，还是游览景点、商场、康体娱乐场所，绝大部分的旅游组织都是营利性组织，它们通过向旅游消费者提供食、住、行、游、购、娱等服务，取得经济效益。旅游组织不同于政府组织、社团组织、学术组织等非营利性组织，旅游组织只有获取了利润，才可能维持其自身的支出，进而扩大经营范围，扩大再生产，在取得经济效益的同时也取得社会效益，为社会做出贡献。营利性是旅游组织区别于其他非营利性组织的主要特征。

（二）竞争性

营利性的旅游组织在商品经济高度发展的当代，必然处在商品经济的浪潮之中。商品经济的主要特征是竞争，优胜劣汰是竞争发展的普遍规律，任何一家旅游组织都得承受着竞争的压力。旅游组织通过市场营销工作把竞争的压力转化为动力，市场营销是旅游组织必不可少的重要工作。只有旅游产品和服务被社会公众承认和接受了，旅游组织才可能获得良好的经济效益。因此，旅游组织的公共关系活动必然要与市场营销密切配合，成为市场促销的手段之一。在旅游组织中，与市场营销脱节的公共关系是没有生命力的。

（三）服务性

旅游组织是营利性组织，但旅游组织与其他营利组织又有显著的区别，这一区别就体现在旅游组织的服务性方面。旅游组织是以提供服务设施、出售服务劳动而盈利的。虽然其也有实物形态的产品，但这些产品也要通过服务来销售，实物是服务产品的载体。因此，旅游公共关系要在确保服务质量、形象塑造和全员公关上倍加注意。

1. 确保服务质量

旅游产品是有形和无形的统一体，但人们评价旅游产品质量的依据是对服务过程和服务结果的满意程度。确保服务质量是确保旅游产品质量的根本所在，因此，旅游公共关系部门要协助旅游组织管理部门，千方百计地让旅游者满意。

2. 形象塑造

影响旅游产品质量的还有旅游组织的形象。服务质量和知名度是组织形象的要素，除此以外，还有组织建筑外形、内部装饰、员工制服、员工精神面貌、产品包装等有形要素。例如，长城饭店有位服务员在打扫房间时，对客人床头上摊放着的书，不挪动，也不信手将书合上，而是细心地夹进一张便笺，以起书签作用。事后，客人对此倍加称赞，并将此事告诉了同行的同事以及她的朋友。细微之处，也能为酒店树立美好形象。

3. 全员公关

旅游服务是通过员工直接向旅游者提供的，旅游服务的生产、销售和消费是同时同地产生和结束的，是由员工和旅游者同时参与才能完成的。员工的一举一动代表着组织，是旅游组织形象的体现。因此，旅游组织必须对全体员工进行公共关系意识教育，使之能自觉遵循公共关系的原则和要求。

（四）复杂性

旅游组织为旅游者提供服务，但旅游组织不可能完全依靠自身的力量做到最好。旅游组织必须直接或间接地依靠社会上的其他企业组织，如商业、邮电业、运输业、城市基础设施保障部门等。在这条相互配合、相互协调的链条上，任何一个环节出了差错，都可能导致旅游服务工作功亏一篑。另外，基于旅游需求具有可替代性，导致同行业不同类型的旅游组织既是合作者又是竞争者，因此，旅游组织的公共关系便显示出其复杂性。

（五）文化性

文化是由地域、民族、历史、政治所决定的人类知识、信仰和行为的整体，它包括语言、思想、信仰、风俗习惯、禁忌、法规、制度、工具、技术、艺术、礼仪、仪式及其他有关成分。旅游者都带有自身民族和地区的文化色彩，他们对异地文化的需求有两个方面：一是探求与自己永久居留地不同的文化；二是在某些方面又要求有适合自己习惯的文化。例如，欧美旅游者到中国来，他们既要了解中国，探求中国式的东方文化，同时在生活环境及设施方面他们又希望能有适合他们原生活环境的条件；在饮食方面也如此，中、晚餐他们喜欢用中餐，而早餐则喜欢用西餐。旅游组织正是为了满足他们对文化的需求而营造出与之相适应的文化特色，比如酒店提供给宾客的产品既要使其深切地感到他们是身在中国，同时又要使他们感到在旅居生活中很多方面是似曾相识的，和在家里一样，有一种亲切感和轻松感，从而产生“宾至如归”的感觉。

（六）协调性

旅游组织向旅游者提供的是旅居生活各方面的满足，它使旅游者在住、食、购、乐、游、公务、休闲、社交等方面的需求都能得到满足。比如，酒店在同一时间能提供给宾客各种不同需要的产品，这些产品从形式上看是由前台各部门提供的：客房部提供住宿服务、餐饮部提供饮食服务、康乐部提供休闲服务等。然而，前台各部门都离不开后台部门的支持。后台供应的水、电、冷暖气，财务部门的宾客账务处理，保安部门的安全保卫等也都直接成为酒店产品的组成部分，直接为宾客服务。于是，酒店的前后台也就有了密切的、广泛的联系，前后台之间、各部门之间也要经常协调双方的业务。

三、旅游组织与社会环境

社会是由千千万万个形形色色的组织组成的，旅游组织只是社会中的一个“细胞”。旅游组织所面临的社会环境一般是指国际环境、科学文化环境、政治法律环境、经济环境。

（一）社会环境的构成

1．国际环境

国际政治经济形势、区域性战争、国际格局、国际市场变化、国际关系等，都可能影响到旅游组织，特别是涉外旅游组织。如1997年开始的东南亚金融危机；1998年的全球性股市下跌与日元、卢布贬值；2001年的“9·11”事件；2008年美国次贷危机和全球石油危机。这些都对世界旅游业产生了巨大的影响，我国的旅游业也受到不同程度的影响。

2．科学文化环境

科学技术的迅猛发展大大提高了劳动生产力。一方面使人们有充裕的休闲时间，另一方面使人们可用于旅游的金钱增多了；与此同时，由于工作的紧张程度不断提高，人们更需要放松。这些都是直接促使人们产生旅游行为的原因。人们的思想观念、消费方式等随着社会的发展，以及道德风尚、价值取向、消费心理等的改变，也成为对旅游组织产生影响的文化因素。

3．国内政治法律环境

党和国家的方针、政策，政府（包括地方政府）颁布的法律、法规，对旅游组织也会产生不同程度的影响。例如，党的十一届三中全会把“发展旅游业”作为一项重要的产业政策，“九五”计划把旅游业确定为“积极发展”的新兴产业。有了这些方针政策的贯彻实施，才有了今天中国旅游业发展的大好形势。又如，2008 年，我国开始实行小长假和黄金周相结合的新的节假日制度，休假制度的改变使民众出行旅游的模式也发生了转变。2008 年，两岸关系变暖，引发了大陆游客赴台旅游的热潮，这些都会给旅游组织带来直接影响。

4．国内经济环境

国家生产力发展水平、宏观经济管理体制、经济发展趋势都会对旅游组织产生重大影响。例如，中国公民出境游人次首次突破 1000 万经历了 17 年，实现第二个 1000 万经历了两年多时间，至 2005 年，达到第三个 1000 万（3100 万），只用了一年多时间，比“九五”末增长 196%。由此也催生了许多从事出境游的旅游服务企业。

（二）社会环境与旅游组织的关系

1．旅游组织必须依赖社会环境

旅游需求决定旅游供给，这是旅游经济学的基本原理。满足社会公众和广大旅游者的需要，就是旅游组织的主导目标。旅游组织只有顺应社会环境，提供适销对路的旅游产品，才能生存发展。同样，如果旅游的供给量大于需求量，旅游产品不能销售也不能贮存，旅游组织投入大于产出，其生存发展也要受到影响。可以说，社会环境是旅游组织赖以生存的条件。

2．旅游组织必须适应社会环境的变化

旅游的供需是一对变化发展的矛盾。旅游需求必然随着社会环境各种因素的变化而变化，有时会有局部性改变，也会有周期性的大改变；新的旅游需求不断涌现，旧的旅游需求改变形式和内容。旅游组织如果不能适应这些变化，提供新的旅游服务和产品，就不能在商品经济社会生存，更谈不上发展了。

3．旅游组织可以在一定条件下，影响和改变社会环境

虽然旅游需求决定了旅游供给，但是旅游组织不应消极地完全受制于社会环境。旅游组织如果能科学地监测环境、掌握信息，就可以在一定程度上把握时代潮流，将具有前瞻性的新的旅游产品精心包装，适时推出；免费向公众提供消费教育、消费培训、消费咨询，从而引导新的旅游需求，促使新的旅游需求提前产生，旅游组织也由此而获得新的活力。

第二节 旅游公共关系部

旅游组织公共关系部是指在旅游组织内部负责本组织公共关系工作、由专职的人员组成的专业职能机构，是为保证组织公共关系工作的科学化、职能化、经常化而设置的专门公共关系机构。公共关系部对内代表决策层处理员工、部门之间的关系；对外代表组织协调与社会方方面面的关系，是组织运行的润滑剂。

就一个组织内部而言，由于各部门所处的地位不同，观察分析问题的角度不同，有时会从各自的利益和立场出发处理问题，这会导致个体部分效能的相互抵消，从而影响组织的整体效能。所以设置公共关系部，就是让其从全局考虑，协调各部门关系以及组织对外关系，以产生组织的整体效能。

而就公共关系工作本身的性质而言，也是一些专业性很强的工作，客观上要求有与其相适应的组织机构来执行。建立组织信誉，树立组织形象，监测环境，采集信息，咨询协商，参与决策等等，这些工作必须由专门的公共关系机构来承担。

组建公共关系部是有效开展旅游公共关系工作的组织保证。随着旅游公共关系事业的发展，组织内部公共关系部的设立越来越受到社会各界的关注和重视。凡旅游公共关系工作开展得好的组织，都有一个显著特点，即组织内公共关系机构健全并且很好地发挥了作用。

一、公共关系部在旅游组织中的职能、地位

旅游组织系统中有若干个子系统，旅游组织的系统最优化需要公共关系部的协调，以强化组织的团队意识、整体意识、协作意识等，使旅游组织的整个系统功能得到增强。旅游组织要在现代社会中生存和发展，必须处理好组织与方方面面的关系，如与顾客、社区、政府、媒介、竞争对手、供应商、银行等之间的关系。这些大量而繁杂的沟通工作都需要旅游组织公共关系部来完成。另外，旅游组织公共关系部在提高组织知名度和美誉度、采集信息、辅助决策等方面都能起到十分重要的作用。公共关系部与其他职能部门一样，有其自身独特的职能地位。

1. 公共关系部是旅游组织的信息情报部

旅游组织公共关系部的首要职能就是采集信息，任何关系到组织生存、发展的信息都是其搜集的对象。公共关系部利用它与各类公众之间的广泛联系，从各种渠道搜集各种信息。如收集与旅游产品开发、设计等技术环节有关的信息，公众对旅游组织形象的种种评价、看法或态度等信息。其中，关于组织形象信息最为重要。组织形象信息主要是公众对组织管理水平的评价信息；公众对组织人员素质的评价信息；公众对组织服务质量的评价信息；公众对组织信誉的评价信息；公众对组织在社会中的地位和作用的评价信息等。此外，还要掌握社会政治、经济、文化、科技等因素的现状及变动信息，预测未来的发展趋势，帮助旅游组织知己知彼、了解现状、预测趋势、适应变化。

所以，旅游组织公共关系部要注重建立广泛的社会联系和通畅的信息网络渠道，发挥“耳目”的作用。

2. 公共关系部是旅游组织的决策参谋部

公共关系部不只是一般的职能部门，它作为旅游组织管理系统的一个子系统，在管理子系统与非管理子系统之间，扮演着“边缘”和“中介”的角色。它能综合评价、预测各职能部门的管理决策和行为给社会可能造成的影响，充当旅游组织决策层的社会关系问题顾问。公共关系部不是一线指挥和最后决策部门，而是在采集、整理、分析信息资料的基础上，提供可供选择的决策方案，协助决策层进行决策。公共关系部在组织中可以说具有“多重中心”的身份：

公众联系中心：承担组织与各类公众联系、沟通和协调的作用；

信息传播中心：负责组织对外的信息发布和反馈的任务；

资料存储中心：负责搜集、分析、整理和存储与组织相关的各种信息；

环境监测中心：负责观察和监测对组织有影响的社会环境的变化；

趋势预报中心：分析、预测与本组织有关的各种发展趋势。

所以，公共关系部这种“多重中心”的地位，使其成为旅游组织决策的重要“参谋部”。它不仅有资格为旅游组织的重大决策提供各种咨询和建议，而且有能力预测组织决策活动可能导致的影响和效能，并提醒和敦促有关部门依据社会价值及时修正可能导致不良社会后果的决策和行为，维持组织与外部环境的信息交换和动态平衡，从而能起到其他职能部门难以起到的组织决策的“参谋”作用。

3. 公共关系部是旅游组织的宣传、外交部

现代旅游组织非常注重对外宣传，增加组织的透明度，以取得公众了解、信任和支持，这就有必要设立正式的对外发言人。公共关系部作为旅游组织的对外机构充当组织“喉舌”之作用，担负着向公众宣传、解释组织的有关举措和传递组织有关信息的重要职责，以使组织的方针、政策、行为能得到公众的理解和支持。其具体工作有：组织各种展览、参观访问、联谊会、信息发布会、记者招待会、经验交流会和各种专题活动；编辑、撰写各种内部刊物、新闻报道、公告栏、年度报告，并制作各种音像节目等。

任何组织的运作都不可能是一帆风顺的，旅游组织也是如此。旅游组织或因设施设备问题、或因产品项目问题、或因服务质量等问题所引起的公众抱怨和不满，有时会成为危害组织形象的危机事件，对此，公共关系部应快速出击，采取积极明智的措施妥善处理，及时制定危机事件预防、处理的方案，最大限度地减少损失，维护组织在公众心目中的形象。

因此，随着旅游组织与外界交往日益密切，需要专人负责对外联络和应酬；而当组织与外部发生摩擦和纠纷时也需要进行协调。这样，作为组织对外开展工作的公共关系部又充当了“外交官”的角色。通过公共关系部的协调和交往活动，可以加强横向联系，减少摩擦，广交朋友，创造有利于组织发展的公众环境。公共关系部的具体工作还包括：处理来信、接待来访，应付各种突发事件，组织各种谈判、洽谈活动以

及开展广泛的社交活动等。

二、旅游组织公共关系部的种类

目前，我国旅游组织公共关系部的设置完全是根据各旅游组织公共关系工作需要并结合自身条件而设置的。大致有以下三种：

1. 专职公共关系部

专职公共关系部是与组织其他职能部门平行并列的专门行使组织公共关系职能的组织内部工作机构，也是一种比较理想的公共关系部设置方式。

2. 双重职能的公共关系部

双重职能的公共关系部是将组织公共关系部依托于组织某一职能部门，如市场开发部、广告部或办公室等，一个部门行使双重职能。就目前来说，这种模式是最现实的公共关系部设置方式，许多旅游组织在开创公共关系事业初期都是先在原有的职能部门把公共关系工作开展起来，待时机成熟后再将公共关系部独立出来。

3. “隐形”公共关系部

“隐形”公共关系部是组织将公共关系工作分解到各职能部门，在这几个职能部门中指派专人完成形象调研、传播、策划等公共关系活动的一种组织形式，是一种暂时性的、过渡的公共关系部设置方式。

三、旅游组织公共关系部的设置原则

虽然我国公共关系起步于宾馆酒店业，但是在过去的一二十年间、甚至到现在，有不少宾馆酒店并没有设置公共关系部，但组织的内外协调、舆论调查、媒介传播等公共关系活动却一直在开展着，而这些公共关系工作往往是由办公室、销售部（市场开发部）、宣传部等职能部门承担和实施的。随着我国人民生活质量的不断提高，旅游事业得到前所未有的蓬勃发展，旅游组织要在激烈的市场竞争中生存和发展，组织形象的竞争作用越来越重要。因此，原来的组织机构设置已经不能适应组织塑造形象的市场需求。过去盲目的、分散的、被动的公共关系活动必将被有目标、有计划、集中、主动的公共关系活动所取代；旅游组织公共关系活动专业化的呼声日益强烈、旅游组织公共关系部的设置也成为大势所趋。

旅游组织设置公共关系部应有利于公共关系职能的发挥，有利于旅游组织公共关系目标的实现，有利于旅游组织整体目标的实现。要做到这三个“有利于”，组织在设立公共关系部时应遵循以下原则：

1. 专业性原则

公共关系部是专门开展公共关系工作的组织机构，它的任何一项工作都涉及旅游组织的形象和声誉。因此，旅游组织在组织机构和工作内容上都要保证公共关系部门的正规性。同时，还应有队伍的专业化，即公共关系部的成员应具有强烈的公共关系意识，受过一定的专业训练，具有一定的专业水准和能力，具有开拓创新精神。公共关系部的专业性是保证公共关系工作效能发挥的前提。

2. 精简的原则

精简的原则就是在机构规模和结构符合旅游组织公共关系工作实际需要的前提下，将人员减少到最低限度。精简的关键是精：机构精简，不重叠；人员精干，效率高，不人浮于事。精简的主要标志有：所配备的人员与所承担的工作与任务相适应；公共关系部内部分工适当、职责明确，做到因事设职，因职设人。

3. 协作性原则

公共关系工作可以说是一种群体工作。旅游组织公共关系目标的实现要依靠组织各职能部门的协作与配合，公共关系部主要起沟通、协调、组织的作用。这就需要在设立公共关系部时，保证机构具有一定的权威性，具有协调其他职能机构的权力，能协调各方面、多层次错综复杂的关系。对内，能维系各方面关系的平衡，要有代表最高决策层发布意见、做出决定的资格；对外，起到主动沟通的作用，有代表组织发布信息、处理业务的权力，只有这样才能有效开展公共关系工作。

4. 自主性原则

旅游组织公共关系部在整个组织中处于“中介”的地位，既要接受组织最高领导层的领导（它无权指挥其他部门，其他部门也无权左右公共关系部），但同时又要和组织各部门保持密切接触，及时搜集各种信息反馈给组织最高决策层。其工作宗旨是站在组织的整体利益和长远发展的角度为组织各部门服务。因此，旅游组织公共关系部的设立应坚持相对独立性的原则，要保持相对独立的职能地位，在确定的责任范围内，有其工作的自主权和灵活性，能自主地开展工作，以应付不断变化的客观环境，及时有效地维护组织各方面的动态平衡。

5. 针对性原则

组建公共关系部时，要根据组织自身的性质和组织面对的不同的公众对象来设置机构，安排人员，没有固定的模式。只有这样才能使机构富有特色，更加有效和实用。公共关系部模式和规模的设置一般考虑这样几个因素：组织规模的大小；组织最高决策层对公共关系价值的认定程度；组织对公共关系工作的需求程度。

四、旅游组织公共关系部的设置模式

目前，我国旅游组织公共关系部的种类和设置模式还没有一个统一的标准．各旅游组织公共关系部的设置均属结合自身条件而形成。

（一）按隶属关系设置公共关系部

1. 总经理直属型

这一模式即公共关系部隶属于组织最高领导，直接向总经理负责，是最为理想的公共关系部设置模式（见图2－1）。

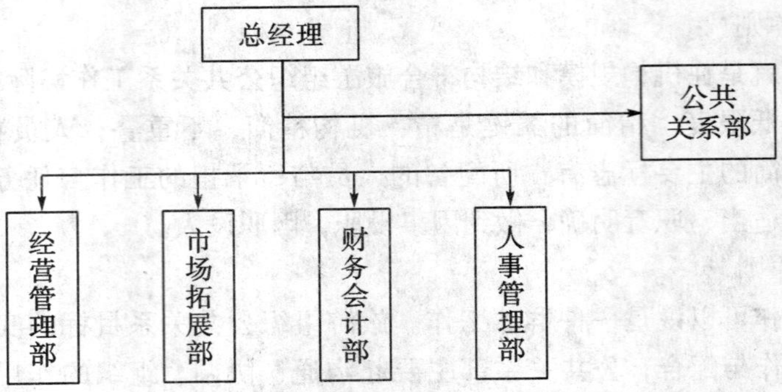

图2-1　总经理直属型

2. 部门并列型

这一模式即将公共关系部与组织其他职能部门平行排列，使之处于同一层次的部门设置模式（见图2-2）。

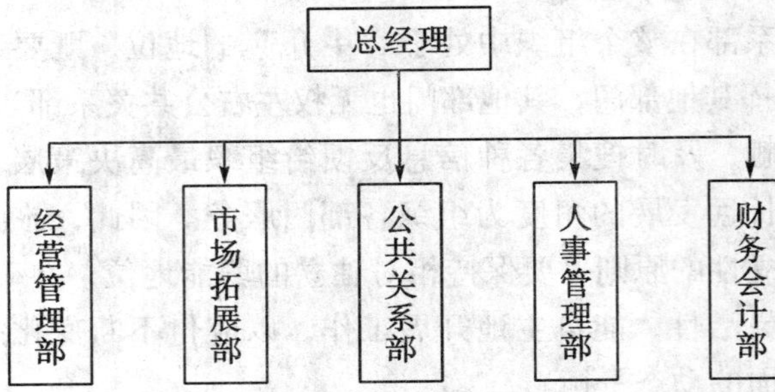

图2-2　部门并列型

3. 部门归属型

这一模式即把公共关系部附属于旅游组织的某一职能部门，一般附属于市场拓展部或市场销售部（见图2-3）。

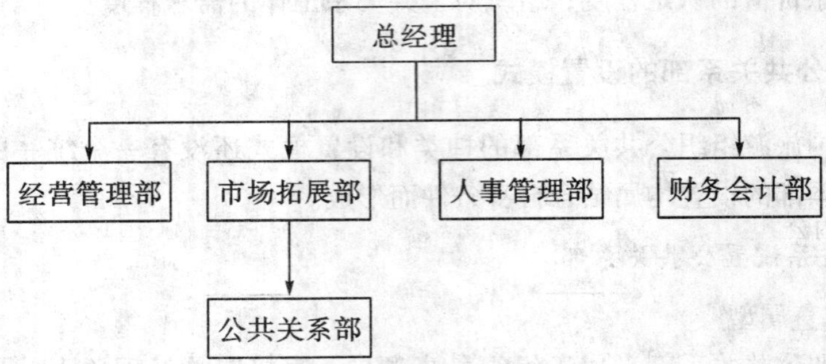

图2-3　部门归属型

（二）按组成方式设置公共关系部

旅游组织公共关系部的工作内容可以按照其职能手段、工作对象、工作区域的不同来划分：

1．按照职能手段来划分（见图2－4）

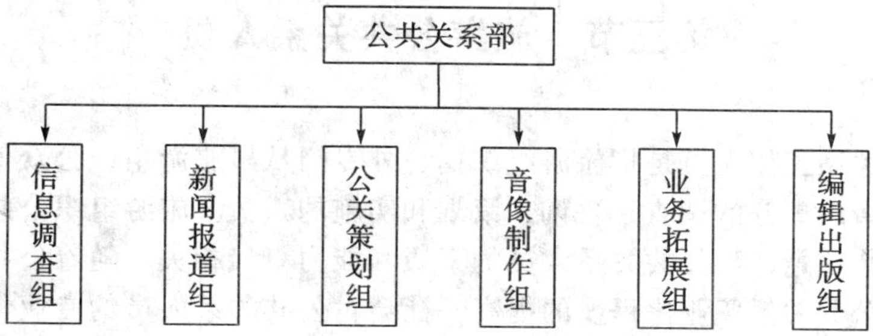

图2－4　公共关系部结构：职能型

2．按照工作对象来划分（见图2－5）

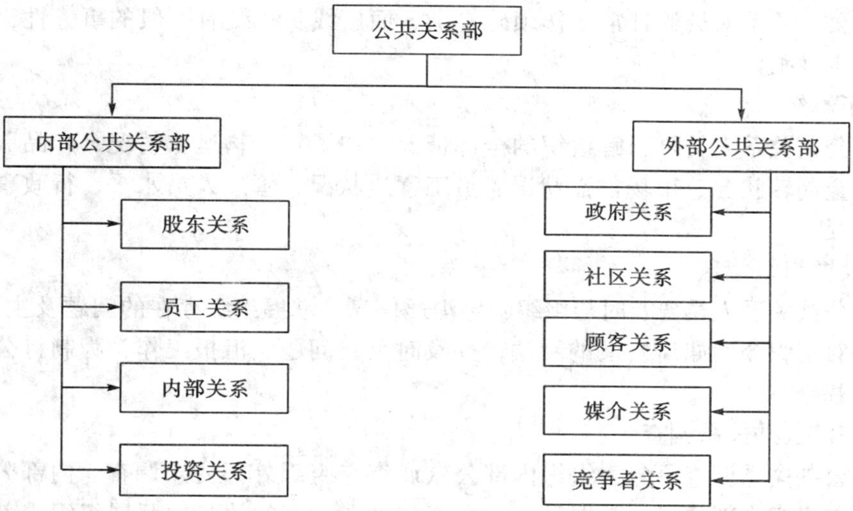

图2－5　公共关系部结构：对象型

3．按照工作区域来划分（见图2－6）

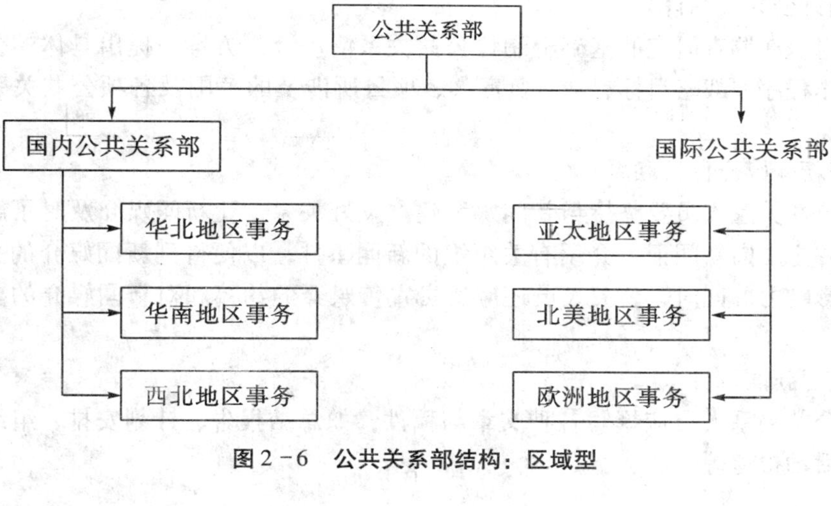

图2－6　公共关系部结构：区域型

第三节 旅游公共关系人员

旅游公共关系工作人员是指旅游组织内、外专门从事旅游组织公众信息传播、关系协调与形象管理事务的调查、咨询、策划和实施的人员。旅游组织公共关系活动的专业水准和工作质量，与公共关系人员的素质和能力直接相关。随着公共关系的蓬勃发展，特别是公共关系职业化程度的提高，社会对公共关系人员的专业化要求也在日益提高。

一、旅游公共关系人员的日常工作

旅游公共关系人员的日常工作琐碎复杂、面广线长，既有一般的事务性工作又有专业的技术性工作。

1. 了解组织信息

旅游公共关系人员要了解组织的全部情况，如了解机构运作情况、产品服务质量情况、资金周转状况、市场供需状况、员工素质状况、管理人员水平、行政事务效率等各种情况。

2. 反馈组织信息

旅游公共关系人员要及时与组织领导沟通信息，掌握组织存在的问题及主要矛盾，了解领导对组织今后如何发展的看法，并及时反映问题、汇报工作，为制订公共关系计划奠定基础。

3. 旅游公共关系调查

旅游公共关系调查可分为组织内部公众调查与组织外部公众调查。内部公众调查可了解旅游组织内部情况，掌握员工的心态与动向，有的放矢地开展组织内部的公共关系工作。外部公众调查可了解旅游组织在社会公众心目中的形象，有计划地实施公共关系活动。

4. 制订公共关系计划

旅游组织在调查研究的基础上制订公共关系活动计划方案，提出具体的公共关系主题、工作程序、战略目标、项目负责人、项目所涉及的范围及各项公共关系工作的具体要求。

5. 与新闻媒介保持联系

旅游公共关系人员要坚持与新闻媒介建立友好关系，让新闻媒介及时了解旅游组织情况，并主动向新闻记者介绍有关组织的新闻事件，以便得到新闻媒介的关注，扩大组织的影响力。同时，公关人员还应负责宣传媒介的约稿和对新闻媒介的要求作出回答。

6. 撰写新闻稿件

旅游公共关系人员应撰写各种文章与稿件，如总结报告、计划安排、组织重大的公共关系活动报道等。

7. 策划公共关系专题活动

策划公共关系活动专题策划应包括组织记者招待会，举办各种展览、展销会，组织参观浏览，开展各种庆典、纪念活动，资金筹集活动以及特殊的调查、竞赛和抽奖活动等。

二、旅游公共关系人员的基本素质

什么是人的基本素质？从心理学的角度看，它是指一个人的心理、生理状态的外在表现；从管理学的角度来分析，它是指人的平常表现、气质、品格、修养、才华、学识等方面的基本品格。人的素质应该是一个多维的动态综合体系，既有先天遗传的神秘色彩，又有后天不断努力实践的烙印。旅游公共关系人员是设计、实施旅游公共关系活动的主体，其素质直接关系到旅游公共关系工作的成败得失、有效程度和创造活力。因而，研究旅游公共关系人员的素质培养具有重要意义。

什么是旅游公共关系人员的基本素质？首先应该是一种现代人的全面发展的素质。例如，具有现代人的思维方式，现代人的知识和能力结构，现代人的观念意识等。其次，结合旅游公共关系职业的特点，它指的又是一种整体职业素质，包括强烈的公共关系意识；自信、热情、开放的职业心理，完善的旅游公共关系专业知识结构和能力结构以及良好的品德素质。

1. 公共关系意识

所谓公共关系意识，是公共关系实践在人们思维中的反映，是公共关系人员捕捉各种机会进行公共关系策划的自觉性。公共关系意识一旦形成，就会成为制约人们公共关系行为的一种力量。当然，公共关系意识不可能是先天获得，而是需要通过学习逐步培养的。

公共关系意识是旅游公共关系人员应具备的基本素质的核心。因为没有公共关系意识的人，即使他有再好的心理条件或公共关系专业知识及能力结构，也不可能成为一名合格的旅游公共关系人员。当然如果不具备公关意识，也能干一些实施性的公共关系工作，或机械地模仿别人的做法，但即使是能完成这些工作，他也可能因缺乏公共关系意识而走入误区，更不要说创造性地完成公关工作了。反之，如果具有良好的公共关系意识，他就能很好地从事公共关系策划工作，同时也能创造性地完成公共关系工作。

公共关系意识是一种综合性的职业意识，它大致包含以下几个方面的内容：

（1）形象意识

形象意识是公共关系意识的核心。在公共关系思想中，最重要的是珍惜信誉、重视形象的思想。良好的组织形象是组织的无形财富，现代旅游组织必须十分重视塑造组织形象，这就需要具有强烈形象意识的人来加以塑造和维护。因为他能清醒地懂得知名度和美誉度对自己组织的生存和发展的价值，他会像保护眼睛一样维护组织形象，甚至视其为自己的生命。因此，珍惜信誉、重视形象是现代旅游公共关系人员最起码的思想意识。

（2）公众意识

作为旅游公共关系人员，不仅要有良好的形象意识，而且心中要有公众。形象是为组织的特定公众对象所塑造的。离开了公众，孤立的组织形象是毫无意义的；而忽视公众，组织的生存就会受到威胁，自然也就谈不上组织的发展了。因此，任何旅游组织的公共关系工作都必须以公众为对象，并且始终以公众利益为第一出发点。现代公共关系教育的先驱、美国著名的公共关系学者爱德华·伯内斯指出：公共关系工作是为了“赢得公众的赞同”，“公共关系应首先服务于公众利益”。现代企业组织普遍强调的社会责任，实际上就是一种服务公众意识的体现。旅游公共关系工作者只有具备服务公众的意识，才能真正明确旅游公共关系工作的方向，并在满足公众利益和要求的基础上来改善组织形象。

（3）沟通意识

沟通意识，实际上就是一种信息意识。一个旅游组织为了塑造一个能够为公众所接纳的良好形象，以求得公众对组织的支持，就必须倾听公众对组织的各种建议和批评；而旅游组织为了推销自身的良好形象，提高知名度和美誉度，又必须运用交流的技巧，将自身形象宣传出去。所以，旅游公共关系工作者必须具备双向交流的现代沟通意识，掌握各种传播技能，才能有效地开展旅游公共关系工作。

（4）真诚互利意识

真诚互利是公共关系的功利观。旅游公共关系工作也讲功利性，但前提是绝不能损害公众利益，而是强调组织与公众之间的互惠互利、共同发展，在满足公众利益的前提下来谋取组织自身的发展。任何旅游组织都是想通过公共关系活动来塑造自身的良好形象，以追求组织的经济效益和社会整体效益的最佳统一，但其前提是在真诚、透明的基础上，平等互利，任何隐瞒欺骗、坑害公众的行为都必将损害组织自身的形象。

（5）立足长远意识

塑造旅游组织的良好形象，不是朝夕之功、立竿见影的事，而是需要通过长期不断的努力，才能取得成效，维护组织良好形象更需持之以恒的耐心。公共关系活动区别于广告和推销的地方就在于其立足长远，注重长期效益，而不是急功近利，只关注眼前短期效益。因此，立足长远意识包含两层意思：一是旅游组织公共关系工作必须长年坚持不懈；二是旅游组织公共关系人员应当立足长远，不能为眼前利益牺牲未来长远利益。

（6）开拓创新意识

公共关系既是一门科学又是一门艺术。作为科学，它有规律可循，有相对稳定的操作程序；作为艺术，它又有突破固定程式、追求无重复的创造性的特点。所以，旅游公共关系人员必须具备开拓创新的意识，才能在旅游公共关系活动的策划、实施中突破模式，实现超越，塑造出具有个性且又具备竞争力的组织形象。

2. 心理素质

旅游公共关系人员的心理素质是旅游公共关系人员基本素质的基础。不少公共关系方面的著作在论述公共关系人员的心理素质时，往往从人的性格的角度来分析，强调外向型性格的人适合于干公共关系工作，而内向型性格的人不适合此类工作。其实未必如此。心理学研究表明，典型外向型性格者善交际、喜聚会、有许多朋友；容易激动，行动常碰运气，凭一时冲动而不假思索；爱活动，闲不住，容易粗心大意，多变化；有攻击性，容易发脾气。典型内向型性格者安静、退居、自省；不善交际，除密友外与人常保持一定的距离，朋友不多；做事深思熟虑，有周密的计划，很少轻举妄动；不爱激动，喜欢用谨慎、严肃的态度处理事务；很少以攻击性的方式行事，极少发脾气，能够控制自己的感情。由此可见，这两种性格的人都有不适宜于公共关系工作的方面，也具备有利于公共关系工作的方面，尤其是内向型性格的人的长处是不能忽视的。

从上述分析可以看出，从人的性格角度来探讨公共关系人员的心理素质是不全面的，既然是探讨心理素质，还是应该从旅游公共关系工作对人的心理要求这个角度入手为好。根据旅游公共关系工作的实际需要，对旅游公共关系人员的心理素质要求应包括以下几方面：

（1）自信

自信是旅游公共关系人员职业心理的最基本的要求。一个人有了自信心，才会产生自信力，并激发出极大的勇气和毅力，创造出奇迹。古人云：“自知者明，自信者强”。自信者敢于面对挑战，敢于追求卓越。缺乏自信，往往自认卑微，自我否定，社交中会畏缩不前，甘拜下风，这种心理障碍将抑制自我才能的发挥，失去推销企业形象的机遇。正如法国哲学家卢梭所说：“自信心对于事业简直是奇迹，有了它，你的才智可以取之不尽，用之不竭。一个没有自信心的人，无论他有多大才能，也不会有成功的机会。”当然，这种自信并不是盲目的自信，而是建立在周密的调查研究基础之上，知己知彼，对自己能力有充分肯定的自信。尤其是当旅游组织遇到公共关系危机时，自信的公共关系人员会镇定自若，以稳健的姿态，凭借智慧、勇气、耐心和毅力化干戈为玉帛，使组织转危为安。

（2）热情

从事旅游公共关系工作的人员应有一种热情的态度。公共关系工作不是一种吃喝玩乐很轻松的工作，而是一个既动脑又动手且包含学识、技能的职业，它需要付出大量的智力和体力劳动的艰辛。与一个普通工人在生产线上按部就班地完成自己工序的任务不同，公共关系需要去创造、策划，要做到嘴勤、手勤、腿勤。许多公共关系人员的头脑中几乎没有八小时的工作概念，有的只是加班加点的工作习惯。如果没有高昂的工作热情，就不能全身心地投入，就无法高质量地开展工作。热情的工作态度还能使旅游公共关系人员兴趣广泛，对事物的变化有一种敏感性，且充满了想像力和创造力，工作主动而富有效率。另外，旅游公共关系人员也需要凭借热情来与各种各样的人打交道，结交众多的朋友，以拓宽工作渠道。旅游公共关系人员在与公众的交往过程中，情绪会自觉不自觉地感染他人，如果没有高昂的工作热情，就做不好公共关系工作。

（3）开放

旅游公共关系工作是一种开放性的、创造性很强的工作，这就要求公共关系人员具有开放的心理素质。开放的心理使公共关系人员有强烈的求知欲、关心新事物、接受新知识、新观念，在工作中大胆创新。缺乏开拓进取精神而满足现状，是组织信誉下降、不受公众欢迎的重要原因。公共关系工作讲究个性张扬，讲究别出心裁、出其不意，要敢于走前人没有走过的路，必然要承受巨大的心理压力。开放的心理能使公共关系人员在很多方面表现出一种高姿态，超脱狭隘的心界，冷静、豁达、乐观地面对困难与挫折，而不计较一时一事的得失。而且，具有开放心理的人，宽容大度，能接受各种各样与自己性格不同、风格不同的人，并善于“异中求同”，与各种类型的人建立良好的关系。

3. 业务素质

旅游公共关系人员的业务素质是指公共关系的专业知识和基本技能。良好的专业知识和基本技能，直接关系到旅游公共关系人员整体职业素质的提高，在很大程度上决定了公共关系人员的业务能力和思维能力。

(1) 合理的知识结构

旅游业是和人打交道的行业，旅游公共关系更是一门带有较强的艺术性和挑战性的工作，不能仅凭经验和感觉。旅游公共关系人员应是旅游组织的“军师”，要足智多谋地为组织出谋划策，这无疑需要广博的知识、超人的智慧。因此，旅游公共关系人员必须具备合理的知识结构。这包括两个层次：

第一，具备旅游公共关系基础理论和实务知识。

公共关系基础理论知识包括：旅游公共关系的基本概念、旅游公共关系的发展史、旅游公共关系的职能、旅游公共关系的工作原则、旅游公共关系构成要素、旅游公共关系工作程序、旅游公共关系的机构与人员等。旅游公共关系实务知识包括：旅游公共关系的调研、旅游公共关系的策划、旅游公共关系的实施和评估、公众的分析、社交礼仪等知识。

第二，与旅游公共关系密切相关的学科知识。

旅游公共关系是一门新兴的交叉型、边缘型社会学科，与公共关系密切相关的学科有管理学类学科，包括管理学、市场学、营销学等；传播学类学科，包括传播学、广告学、新闻学等；行为科学类学科，包括社会学、心理学、社会心理学等。此外，旅游公共关系人员对旅游学、政治学、经济学、法律学、历史学、哲学、逻辑学、伦理学、统计学等都应有相应的了解。

需要强调的是，旅游公共关系人员的知识结构应该是一种动态、开放的结构，除了上述两方面的知识结构外，旅游公共关系人员还应随时吸收新知识、不断丰富和发展自己，才能胜任旅游公共关系工作。例如，随着我国出入境旅游业务的蓬勃发展，旅游公共关系人员必须了解国际关系、国际服务贸易常识、世贸规则、国际旅游市场营销、涉外旅游公共关系、涉外礼仪等方面的专业知识和有关国家的政治、经济、文化、习俗等情况。静态、封闭的知识结构是没有发展前途的，它会因环境和趋势的变化而被淘汰。

(2) 完善的工作技能

技能是指掌握和运用专门技术的能力。旅游公共关系工作是一项专业性很强的工作，因此，合格的旅游公共关系人员应具备较强的工作技能。

美国公共关系学者斯科特·卡特利普、艾伦·森特和格伦·布鲁姆在他们所著的经典性公共关系著作《有效公共关系》中，曾将公共关系工作概括为这样十大类：写作，编辑，与新闻媒介的联络，特殊事件的组织与筹备，演讲，制作，调研，策划与咨询，培训，管理。由此可见，公共关系工作对从业人员的能力要求较高。当然，这并不意味着每一个旅游公共关系人员都要十全十美，什么能力都具备。旅游公共关系工作是一种群体工作，实际的情况往往是，一个旅游公共关系人员只从事一部分公共关系工作，而非承担全部的公共关系工作。因而，对大多数旅游公共关系工作者来说，他们只需要具备从事旅游公共关系工作的一些基本技能就可以了，只有少数旅游公共关系人员才需具备某些特殊的专门技能。

旅游公共关系人员的基本技能主要包括：

① 表达能力。能写会说是对旅游公共关系人员最基本的能力要求。旅游公共关系人员担负着对内、对外的传播沟通、塑造组织形象的任务，因此，应当具备良好的语言与文字的基本传播技能。

旅游公共关系人员与人交往，需要较强的口头表达力，要层次清晰、简洁明了地表达思想；发布信息能吸引人、打动人，且谈吐动听。不仅如此，为增强语言感染力，旅游公共关系人员还要善于发挥动作、表情等肢体语言的作用。这样，才能收到良好的效果。

旅游公共关系人员还要进行文字传播，需要撰写大量的文字材料，比如撰写新闻稿、演讲稿、报告书、起草活动计划、方案、公文稿、工作总结、信函、贺卡，甚至撰写临时的祝酒词等。这些都需要公共关系人员有扎实的语言基本功和较强的文字表达力。

不仅如此，外语表达能力在涉外旅游活动中也显得十分重要，国际公共关系协会提出的口号是“联结全世界”，充分说明了现代公共关系超国际交流的特征。因此，旅游公共关系人员还应当把外语水平当做表达能力的一个重要方面来要求自己。

② 策划、组织能力。旅游公共关系人员的策划组织能力是指从事旅游公共关系活动时计划、安排、协调、控制等方面的能力。旅游公共关系人员要经常组织各种公共关系活动，筹备各种会议，能够将千头万绪、具体繁杂的事务做得有章有法、有条有理，使每个参加者都能在整个活动中感到心情舒畅、深感自己受到重视，对活动留下深刻印象，从而在公众中建立起本组织的声誉。

③ 社交能力。旅游公共关系人员应是组织的“外交官”和社会活动家，要有较强的处世融群的能力，能以自己独特的人格魅力和出色的社会交际能力为组织赢得公众。旅游公共关系人员在开展各种活动中要善于应酬，能在与形形色色公众打交道中应付自如、左右逢源、广交朋友。

④ 创新能力。任何一次成功的公共关系活动，都会显示出其独创性，墨守成规、生搬硬套是搞不好公共关系工作的。任何一次成功的公共关系活动，必然都是一次思维和行为的创新，也必然是一种新的工作方法的尝试。旅游公共关系人员必须富有创新精神和丰富的想像力，才能使旅游公共关系工作搞得新颖别致，富有成效。

⑤ 观察反应能力。旅游公共关系工作需要公共关系人员经常对旅游组织状况进行调查研究，充当组织的“耳目”和“哨兵”。这就要求公共关系人员必须具备敏锐的洞察能力，善于从一些普通的资料、数据、信息或新闻报道中看出潜在的问题；善于掌握政策、理论，从平静的表象中发现潜在的变化，捕捉各种有价值的信息，从而把握组织和公众各方面的变化，及时提出对策，提高组织的应变能力。

⑥ 自控、应变能力。公共关系人员必须有耐心、有克制力、有韧劲，无论在何种情况下都能表现出极强的涵养，以自己的冷静使对方平静，以自己的和颜悦色和理性态度来消除对方的冲天火气、怒气，从而达到维护组织声誉的目的。旅游公共关系工作是极富挑战性的工作，旅游公共关系活动中常常会遇到各种各样的难题和意想不到的突发事件甚至危机，这就要求旅游公共关系人员能做到“每临大事有静气”，沉着机智、冷静果敢、快速应变，有条不紊地化险为夷。在日常旅游公共关系事务的处理中，旅游公共关系人员也需要有活跃的思维、机智的谈吐和灵活机动的应变能力。

⑦ 思维判断能力。人与人之间的工作差距，表面看来是技能的差距，实则思维方式的差距。公共关系活动是一种智力活动，公共关系人员要对复杂的现象做出综合分析，确定公共关系问题的症结所在，就必须要有健全的思维判断能力。

⑧ 特殊的专业技能。旅游公共关系工作经常需要使用一些技术性强的手段，如编辑、绘图、印刷、摄影、美工、广告、民意测验、市场调研等。此外，有助于开展公共关系工作的技能还包括书法、跳舞、下棋、集邮、烹饪等。

总之，广泛的兴趣，全面的技能，广博的知识，是旅游公共关系人员自我完善的努力方向。当然，公共关系人员不一定都能十全十美地掌握所有这些技能，但起码在某些方面要比较精通且概知其他，才能在工作中应对自如。

4. 品德素质

品德是指人的品性和道德素养。道德品质，是人们在道德问题上的品格、行为的本质表现。道德是调节人们之间以及个人同社会之间关系的行为规范的总和。它能辨识善与恶、正义与非正义、公正与偏私、诚实与虚伪等行为，并以正义、公正、诚实和善意为行为规范。通过教育和舆论的力量，使人们逐渐养成良好的品德。

职业是社会分工及发展的结果。职业分工的明确，使得职业道德产生了需要和可能。由于职业的特点和社会的需要，不同的职业对从事该职业的人员有着不同的职业道德要求。公共关系职业近百年的发展使得其对从业人员的道德要求逐步呈现，且不断趋于成熟。这些职业道德要求包括：

（1）公道正派，廉洁奉公

公共关系事业是高尚的事业，致力于这一事业的公共关系人员应有高尚的品德，要为人正直，办事公道，作风正派，公私分明，不拿原则做交易。旅游公共关系人员的工作性质和特点，决定了其拥有较多的社会关系，且掌握着一定的权力。这些关系和权力不仅对组织有利，而且对个人也有用，因而公共关系人员具备不谋私利，不徇私情、廉洁奉公的职业道德十分重要。

（2）恪尽职守，实事求是

塑造旅游组织良好形象是旅游组织公共关系人员的根本任务。因此，衡量一个公共关系人员是否具有职业道德，最重要的是看他对公共关系事业是否尽心尽责，对公共关系工作是否恪尽职守。恪尽职守，要求公共关系人员热爱本职工作，对工作极端地负责任，有强烈的职业责任感，能充分履行和发挥本职工作的社会责任、经济责任和道德责任，而不能从事任何与履行职责无关或相悖的事务，不能违背法纪和规章制度，不能泄露组织的机密或做有损组织形象、信誉的事。

同时，旅游公共关系人员对待职业的态度上要体现出实事求是的原则。“真实”是公共关系的生命所在。这是因为公共关系通过传播手段来发布信息、树立信誉、塑造形象，因此要求传播的信息必须真实、可靠。缺乏“真实”，就不能取得公众的信任和配合，就不能有效地开展旅游公共关系工作。旅游公共关系人员无论说话、办事、做人都要表里如一，实事求是，不可投机取巧，一切行为都须经得起事实的检验和时间的考验。

（3）谦虚团结，宽怀大度

旅游公共关系工作是一种群体工作，合作互助、团结友爱、相互信任和相互尊重是工作有效、事业成功的可靠保证。因此，旅游公共关系人员在待人接物上应表现出耐心，尊严、谦虚和节制；言谈举止和衣着应得体、有分寸；要做到作风民主、平等待人、气度宽宏、容人之短、知错必改。唯有如此，才能使人产生认同感和亲近感，建立起相互之间的亲密关系。

三、旅游全员公共关系

所谓全员公共关系是指组织每一位成员都要具备公共关系意识，并将公共关系意识渗透到组织经营、管理、生产、服务等每一个环节、每一个层面，在组织内部形成浓厚的公共关系氛围和文化。

作为一种经营管理职能，公共关系的职责是管理组织的无形资产。所谓无形资产是指不具备独立实物形态，但又通常依托于一定实体，以价值形态存在和控制于特定主体，对生产经营发生长期、持续影响的经济资源。无形资产是与有形资产同样重要的经济资源，它已成为一种确定的生产要素，在竞争中的作用也将日益重要。通常情况下无形资产分为以下四种类型：①可确指的知识产权型无形资产（如专利权、商标权、著作权等）；②可确指的获得性特种权利资产（如土地使用权、租赁权、专营权、进出口权、产销权、优惠权等）；③不可确指的非知识产权型无形资产（如组织形象、商业信誉、科研能力、管理水平、员工素质等）；④不可确指的自然条件赋予的无形资产（如地理环境、人文环境、自然资源等）。可见无形资产的这种“无形”和宽泛，大大地增加了公共关系工作的难度。公共关系工作的成功不仅需要依靠组织内外的专职公共关系员，而且有赖于组织各个部门和全体员工的整体配合。

旅游业是服务性行业，在旅游组织中的每一个成员都处在生产服务的第一线，每一个人都是接触外部公众的触角。在旅游公共关系活动中，从创优质产品、提供优质服务到宣传引导公众舆论，都需要旅游组织内部员工的精诚团结和勤奋努力。因此，旅游业的全员公共关系是最突出的。可以说，在旅游组织中上至最高领导，下至普通员工，都是专职或兼职的公共关系员。

本章小结

旅游公共关系活动的基本目的是使旅游组织获得公众的信任、合作与支持，得以在良好的社会环境中生存和发展。旅游组织在整个公共关系活动中始终处于组织、策划、实施、监控等主导地位，是旅游公共关系活动的主体。无论是从适应外部环境还是内部环境来看，公共关系部在旅游组织中都有着其他职能部门不可替代的作用，是帮助旅游组织开展公共关系工作，协调各种关系的专业机构。旅游公共关系从业人员应具有较高的职业素质，包括：开展公共关系工作必备的公共关系意识以及基本知识结构和能力结构、良好的职业心理素质、良好的品德素质等。我国在1991年制定了《中国公共关系职业道德准则》，旅游公共关系从业人员应在工作中自觉遵守。旅游产业的特性决定了旅游公共关系必然是全员公共关系。

复习与思考

1. 名词解释

全员公共关系　公共关系部　公共关系意识

2. 填空题

（1）如果按照旅游组织所承担的社会职能、工作内容和目标的不同对旅游组织进行分类，可以把旅游组织分为________、________、________三类。

（2）目前，我国旅游组织公共关系部的设置完全是根据工作需要并结合自身条件而设置的，其形式大致有________、________、________三种。

（3）旅游公共关系人员的知识结构应该是一种________、________的结构。

（4）一个合格的公共关系人员应具备良好的________素质、合理的结构、实用的________技巧，并还要遵守________。

案例分析

周总理智取“九龙杯”

20世纪50年代，上海一家宾馆接待了一外国访问团，宴会中使用了“九龙杯”。此“九龙杯”乃国宝，一套36只，因每只杯子上都刻有九条龙，且神形各异、磷光耀目而得名。席间，一外国客人对“九龙杯”爱不释手，故作醉酒状将“九龙杯”放入其皮包内，此举恰被一服务员看到，服务员立即上报当班经理。当班经理感到此事非同小可，若不及时处理，国家财产将受损失，但如何处理又非常棘手。恰巧周恩来总理当时也在上海，他得知此事后，巧妙安排了一场演出取回了“九龙杯”。

宴会结束后，夜幕降临、华灯初上，一场别开生面的魔术表演开始了。只见魔术师手拿三只“九龙杯”放在餐桌上，并将一块魔布盖在上面，随着魔术师“啪”的一声枪响，再掀开魔布，三只“九龙杯”都不见了，接着魔术师先彬彬有礼地走到一位客人那儿拿回了一只“九龙杯”，然后又从容地走到那位外国客人面前，不慌不忙地从他的皮包里取回了那只“九龙杯”，当然，第三只“九龙杯”也从由工作人员扮演的观众那里取了回来。演出博得了阵阵掌声，尤其是那位外国客人对中国魔术的魅力深为叹服。

【案例思考】

1. 九龙杯事件给你些什么启示？

2. 旅游组织公共关系人员应具备哪些基本素质？

一场“奇特的”舞会

一连数天，长春天气异常，雷雨交加。由广州至长春的两架班机迫降在沈阳。另外两架至长春、延吉的班机也延误了。总共498位中外旅客同时滞留在沈阳航空港，有关方面猝不及防，旅客的吃住都遇到了极大的困难。一时间，旅客们满腹牢骚，怨声载道。沈阳机场客运公司的领导带领多位服务员立即动脑筋、想办法，开展了一场特殊情况下的服务活动。她们到旅客餐厅和沈阳凤凰饭店、华厦饭店、沈海大旅社等处联系住宿，千方百计给旅客安排好日常生活。为给旅客解除心头烦闷，她们专门安排了录像节目，开放游艺室，为旅客提供乒乓球、桥牌以及各种棋牌和游戏活动。为了解决少数旅客的困难，还提供了婴儿车、婴儿床、奶瓶、三轮车、手摇车、担架等。尽管如此，旅客的怨气也还一时难消。有说要赶到长春参加投标，误了大事怎么办？有的说要赶到长春开会，还有的说要赶回去结婚……竟有不少旅客不相信长春天气的骤然变化。沈阳机场的服务员们一边耐心解释，一边热情地为旅客服务，问寒问暖。她们冒着寒风细雨，骑着自行车去邮局为旅客拍电报、挂长途电话。热情的服务使旅客的怨气逐渐平息，但北方秋天的寒气却无法抵御。从广州来的旅客，衣着都很单薄，有的还穿着夏天的裙子。秋风吹来，一个个冻得直打哆嗦。服务人员借来了毛毯、棉衣、羊毛衫、热水袋等物品，但还是解决不了这么多旅客的御寒问题。怎么办呢？“跳舞！”一位服务员灵机一动，提出了这一建议。对呀！活动开了就发热，而且还会使低落的情绪活跃起来。这个建议立即得到了大家的一致赞同。一时间，服务员们又紧张地忙碌起来。没有舞厅，就把候机厅里的沙发搬开，以候机厅为舞厅；没有乐队，就放乐曲伴奏。舞伴不够，服务员就亲自上场。一场特别的舞会就会这样开始了。舞场上，有人穿着风衣，有人披着棉袄，有人夹着热水袋，还有人披着毛毯……他们兴致盎然，男男女女伴着乐曲翩翩起舞。

可是，旅客们怎能知道，为了这场舞会，服务员们有的放弃了轮休日，有的放弃了和恋人的约会，有的家中还有吃奶的孩子，一连两天顾不得回家看一眼。他们眼睛熬红了，嗓子喊哑了，双腿跑肿了。大家只有这样一个念头：自己怎么苦都成，但一定要让误机的旅客满意。

一部分旅客改坐火车，服务员就一次次钻进飞机货舱里去为旅客找行李，一次次去火车站为旅客购车票。一位外国旅客的心脏病复发了，服务员及时找来大夫给他医治，并送来了美味的病号饭。

一位80多岁的老人行动不便，服务员把他安排在贵宾室里，送来毛毯、打来饭菜，还时常端茶送水，一天跑来问候十几次。“秋风阵阵凉，树叶渐渐黄。人心格外热，友谊传四方。”当舞会进入高潮时，一位回国观光的华侨，用浓重的闽南口音吟诵出这四句发自内心的赞叹。一位美国旅客连声高喊“OK！OK！”

天气放晴了，几百位中外旅客笑容满面地登上飞机。临别时，他们与服务员一一握手告别，有的流下了泪水，有的留下了热情洋溢的感谢信。

【案例思考】

在航班被迫推迟的突发事件中，航空公司是怎样进行全员公关的？

第三章　旅游公共关系的客体

第一节　公众及其分类

旅游公共关系的一切活动都是为了达成组织与公众之间的良好关系状态。这就决定了旅游公共关系的工作对象是旅游组织的公众。公众是公共关系学中的一个基本概念。准确把握这个概念，科学地对公众进行分类，对于把握公共关系的真谛，进而有效地开展旅游公共关系活动至关重要。

一、公众的概念与特征

（一）公众的概念

正确认识和理解公众是开展公共关系活动的前提和先决条件。

公众，是指与特定的公共关系主体相互联系及相互作用的个人、群体或组织的总和，是公共关系工作对象的总称。

正确理解公众就要将其与群众、人民、人群和受众等相关概念区分开来。

人民，作为一个政治、哲学及社会历史范畴，量的方面泛指居民中的大多数，质的方面指一切推动社会历史前进的人们，其中包括劳动群众，也包括各个历史阶段中推动历史发展的阶级、阶层或集团。

群众，包含于人民的范围之中。它的内涵比人民更具体更稳定。人民是一个流动的概念，在不同的历史时期有着不同的内容，但其主体和稳定的部分始终是从事物质资料生产和精神资料生产的劳动者，这部分人就是群众。

人群，是社会学用语。结构比较松散，凡是聚在一起的许多人均可称之为“人群”，而不一定要有合群的整体意识和牢固的联结纽带。

受众，是传播学的概念，在新闻学、广告学中也通用。它的含义和公众很接近，从传播沟通的角度上讲，受众的含义就是指一些信息、资料的接受者，或者说是接收到了信息的那部分公众群体。

相比之下，公众作为公共关系学的概念，有其特定的解释：公众是与某一特定的组织机构相联系的、所处的地位相似或相同，具有共同的目的、共同的利益、共同的问题、共同的兴趣、共同的背景、共同的意识或共同的文化心理等“合群意识”的社会群体。可见，公共关系中的公众有其特定的含义，即公众是指与特定组织相关联的具有“合群意识”的社会群体。如果缺乏“合群意识”，就不能称之为公众，只能称之为“群”或“人群”；如果没有公共关系主体，也就没有公共关系客体的存在，而且不同的公共关系主体有着不同的客体对象。而旅游公共关系的客体，则是指旅游公共关系的工作对象即旅游公众。所谓旅游公众，就是指与特定的旅游组织利益相互关联、相互作用的个人、群体和其他相关组织的总和。旅游公众是旅游公共关系传播沟通的目标对象的总称。

因此，作为公共关系的客体要素的公众，应当具备一些共同特征。

（二）公众的基本特征

1. 同质性

所谓公众的同质性，即指公众内在的共同点、一致性或关联性，亦叫“群体意识”或“合群意识”，如共同的问题、共同的利益、共同的目的、共同的背景等“共同点”。正是这些内在的共同之处，才使某一群人、某一社会团体或组织机构走到一起，具有相同或类似的态度和行为，形成某一组织的特定公众对象。

旅游公众是由旅游组织的性质确定的，不同旅游组织有不同的公众对象。而同一旅游组织可能有许多公共关系问题同时出现，从而涉及各种不同的公众，也将形成若干类不同质的公众类别。这些不同质的公众都是相对不同的“共同点”而言的，而由某一“共同点”所关联的公众，其本身是同质的。

2. 整体性

公众的整体性指公众的复数性，即公众不是单一的个体，也不是单一的群体，而是与某一组织运行有关的整体公众环境。公众环境指组织运行过程中所有必须面对的社会关系和社会舆论的总和。组织的公众对象涉及范围很广，社会的方方面面，组织的里里外外，相互关联，构成复杂。公共关系工作不可只注意其中某一类公众而忽略了其他公众，对其中任何一种公众的疏忽，都可能致使整个公众环境的恶化，而公众环境的恶化必然影响组织的生存和发展。

因此，旅游公共关系工作必须将组织面对的公众视为一个完整的环境，并用全面系统的观点来分析自己面临的公众对象。

3. 层次性

一方面，公共关系的“公众”是个体的集合，公共关系是与群体发生关系，它要研究的是与群体有关的问题。正因为某个共同的问题而把一些人或一些组织联结在了一起，才形成了特定的公众对象，所以，一般公众都是以群体的方式出现的。即使在某些情况下，公共关系活动中的公众是一个人的形式出现的，对于开展公共关系活动的主体来说，这种单个公众也具有群体性的代表意义。

另一方面，公众这种群体的具体存在形式不是单一的，而是复杂多样的，可以是个体、群体或组织三个层次。公众存在形式的多样性，决定了公共关系工作的日常工作对象包括各种各样的组织关系、群体关系或个人关系（当然，这种个人应当理解成群体或组织的成员代表，而不是仅仅一个单一的个体）。即便是同一类公众，也可以有不同的存在形式，如旅行社面对的游客公众，可以是松散的游客个体，可以是临时个体集合成群体的散客旅游团，还可以是某一组织出面包团旅游的专门旅游团。

因此，公众的层次性决定了公共关系是一种立体的、多元化的社会关系，包括个人关系、群体关系、组织关系，这就决定了公共关系工作中的传播媒介和沟通方式的多样性。

4. 相关性

公众的相关性表现在两个方面：

一方面，公众不是抽象的、各组织“通用”的，而是具体的，与特定组织相关联的。旅游公共关系中的公众也总是相对于一定的旅游公共关系行为主体（旅游组织）而存在的。

另一方面，一群人之所以成为某一组织的公众对象，是由于一定的利益关系而与该组织具有相关性和互动性，即公众不仅和特定组织的利益相关联，而且彼此相互影响。公众的意见、观点、态度和行为对该组织的目标和发展具有现实或潜在的影响力和制约力，甚至决定组织的成败；同时，该组织的决策和行为也对这些公众具有现实或潜在的影响力和制约力，影响他们利益的实现、需求的满足、问题的解决等。

这种相关性是组织与公众形成公共关系的关键。旅游公共关系工作中，寻找公众、确定公众，很重要就是寻找和确定这种相关性，并把它们揭示出来，分析清楚，从而确定旅游组织的目标公众。

5. 可变性

公众不是一成不变、封闭僵化的对象，而是一个开放的系统，处在不断发展变化的过程之中。任何组织的公众对象，其组成、数量、形式、性质等均会随着公共关系主体条件及客观环境的变化而变化：有的关系产生了，有的关系消失了；有的关系扩大了，有的关系缩小了；有的关系稳固了，有的关系动摇了；甚至有的关系发生了性质上的变化。比如，公众在不断扮演不同的角色：即可以是旅游组织的员工、社区居民、报社读者，还可以是商店的顾客、餐馆的食客、列车上的乘客等。所以，有人比喻公众是一支游行的队伍，而不是立定不动的士兵。公众的形成取决于共同问题的存在及相互关联的利益维系，一旦某个共同问题得到解决，尽管作为社会群体的人群依然存在，但公共关系意义上的公众已不复存在，只有当新的公共关系问题又出现时才会形成新的公众。旅游公众环境的变化必将导致旅游公共关系工作目标、方针、手段的变化。反过来，旅游组织自身的政策、产品、服务、促销行为等的变化也会导致旅游公众环境的变化，使公众的意见、态度或行为发生相应的变化，而这种变化的结果又反过来对组织产生相应的影响和制约。

可见，旅游公共关系工作必须以发展的眼光来认识自己的公众。

6. 可导性

公众的态度、动机和行为受到个体和环境两方面因素的影响，所以，旅游公共关系主体经常可以借助于对环境因素的改变来达到逐渐影响旅游公众态度和行为的目的，即让有利于旅游主体的公众行为发生，防止不利于旅游主体的公众行为出现。如果没有了公众的可引导性，旅游公共关系工作就失去了意义。信息传播、广告新闻发布、新形象效应等旅游公共关系活动和策划都是利用了公众的可导性这一特点。

以上我们从同质性、整体性、层次性、相关性、变动性和可导性六个方面来概述了公众的特点。当然，公众的具体形式和结构是复杂多样的，但上述几条特征则是共同的。旅游公共关系工作为使旅游组织在变化的环境中求生存、求进取，就必须强化公众意识，认识公众对象、了解公众对象、掌握公众对象。

二、现代公众意识

现代公众意识是现代公共关系观念的重要内容，也是现代经营思想和管理理念的重要标志。面对日益开放、日益多元化和信息化的社会环境，任何组织都不可能漠视公众对其具有的重大影响甚至是决定作用。任何组织必须树立现代公众意识，树立公众至上的经营思想和管理理念。这就要求组织无论在制定目标或政策时，还是在从事管理和经营活动中，都必须分析公众，研究公众，高度关注公众利益，倾听公众声音，满足公众需求，加强与公众沟通，争取公众的理解、信任、支持和合作。美国公共关系学者康费尔德（B. R. Canfild）曾经说过，“在所有的决策和行为上，均以公众的利益为前提”。

树立现代公众意识，重视公众，在实践中体现为公共关系活动的主体，特别是现代市场竞争下的旅游企业、组织，因其产业关联性、综合性极强，公众关系将更加复杂多样，其决策者更应当能够在深入、正确理解领会公众含义的基础上，运用适当的公众分类方法对组织所处环境中的公众进行分类研究，只有对公众进行准确的细分，旅游公共关系活动才不至于无的放矢，才能卓有成效。

三、公众的分类

了解公众的一般特征，仅仅是认识公众的第一步，为了更好地把握公众，有的放矢地开展公共关系工作，还需要进一步熟悉和掌握各类公众的分类方法。不同的组织有不同的公众；而同一组织与各相关公众之间又有不同的利益关联点，涉及不同性质、不同层次的问题，所以，任何一个组织都不会只面对一种类型的公众。公共关系政策的制定和公共关系方法的运用，都有赖于区分不同的公众。因此，公众的分类是公共关系工作中的一项重要内容。同样，一个旅游组织经常面临着复杂而又广泛的公众群体，必须根据旅游公共关系工作的具体目标，区别和选择公众对象，才能针对目标公众的特点采取适当的工作方法来开展旅游公共关系工作。

从不同的角度，根据不同的标准，可以对公众进行不同的划分。常见的几种公众分类方法主要有：

1．根据公众与组织的隶属关系划分

根据公众与组织的隶属关系分类可以划分为内部公众和外部公众两大类。

内部公众是隶属于组织的那部分公众，即组织将其成员作为公众看待。如旅游组织内部的员工、股东、顾问、董事会以及员工家属等。他们是一个组织“内求团结”的根本依靠力量，又是组织“外求发展”的重要支柱，是形成组织向心力和凝聚力的源泉。

外部公众是指组织成员以外的公众，即组织外部环境中的各种公众对象，包括旅游者、社区、政府、新闻媒体、竞争者和合作者等。外部公众对组织的生存和发展同样能产生重大作用。

鉴于上述公众分类方式，一个旅游组织的公共关系工作可分为两大部分：

内部公共关系活动——内求团结完善；

外部公共关系活动——外求和谐发展。

然而，现实中一些旅游组织的公共关系活动有所偏颇：似乎一提公共关系就是外部公共关系，即怎样处理外部公众关系，而忽略了内部公众的协调。外部公共关系的宣传、广告、交往热热闹闹，内部员工关系却紧紧张张、活动冷冷清清。应该明确，内部公共关系状态的良好是企业组织全方位公共关系工作的根本前提，特别是对劳动密集型的旅游组织来说，组织形象往往是通过员工的言行来传递的，如果组织内部没有凝聚力，对外就难以形成竞争力和令人信赖的组织形象。

2. 根据公众对组织的重要程度划分

根据公众对组织的重要程度，可以划分为首要公众和次要公众两类。

首要公众，指对组织的生存、发展和事业成败有着决定性作用的公众，即决定组织命运的那部分公众，如旅游组织内部的员工、股东、旅游消费者等。他们同旅游组织的利益休戚与共、息息相关，是推动旅游组织正常运转、促进组织发展的动力。为维持、改善和发展这部分公众同组织之间的关系，对这类公众需投入大量人力、物力、财力和时间。例如，旅游饭店宾客关系中的重要人物的活动，像美国前总统里根在长城饭店宴请，英国女王曾下榻白天鹅宾馆。这些重要人物必须置于重要位置，重点接待，稍有差错就会造成不利影响。

次要公众，指对组织的生存、发展有一定影响，但没有决定性意义的公众。如相对于员工、顾客来说，政府和社区百姓等就相对次要些。尽管这些部门对组织的生存和发展不直接产生影响，但他们从各个方面制约着组织。因此，组织在做好首要公众工作的同时，要努力调节好组织与次要公众的关系，为组织的发展创造有利的公众环境。

上述这种划分只是相对的，特定情况下二者可发生转化。从投入产出效果来考虑，要保证首要公众，兼顾次要公众。

3. 根据公众对组织的态度划分

根据公众对组织所持的态度可以将公众分为顺意公众、逆意公众和边缘公众三种类型。

顺意公众，指对组织的政策和行为持赞同意向和支持态度的公众。

逆意公众，指对组织的政策和行为持否定意向和反对态度的公众。

边缘公众，指对组织的政策和行为持中间态度或观点意向不明朗的公众。

这三种公众也是可以发生转化的，顺意公众和逆意公众可以相互转化，而边缘公众可以向两边转化。在公共关系活动中，顺意公众的意见、态度和行为对组织的目标和活动具有至关重要的意义，他们不仅在行动上支持组织，还可以通过他们的社会关系扩大组织在社会中的影响，提高组织的知名度和美誉度。所以，组织的公共关系人员要重视这一群体，他们是组织生存、发展的基本依靠对象，但公共关系工作不可忽视其态度和行为上变动的可能性，要及时反馈信息并做出相应的调整，以防止顺意公众的逆转而对组织产生消极影响。边缘公众由于其对组织各方面的态度不明朗，他们既可能转化为顺意公众，又可能转化为逆意公众，从公众构成人数的多寡来说，争取边缘公众常常是公共关系工作的重点。对于逆意公众，公共关系人员要本着“多交友、少树敌”的原则，悉心研究逆意公众形成的原因，有针对性地开展公共关系工作，促使逆意公众放弃抵触情绪，逐渐理解组织的立场、观点和行为，进而争取实现与他们合作。

4. 根据公众构成的稳定程度划分

根据公众构成的稳定程度可将公众分为临时公众、周期公众和稳定公众三类。

临时公众，是因某一临时原因、偶发事件或专题活动而形成的公众。如因飞机航班误点而滞留机场的旅客、景区发生意外事故受伤的游客、旅行社投诉的游客等等。这类公众往往事先难以预测，在旅游组织遭受临时公众压力时，需要公共关系部门进行紧急应对。所以，现代旅游组织的公共关系机构必须具备应对临时公众的能力。

周期公众，是按照一定周期和规律而形成的公众。如每逢“黄金周”出现的游客、寒暑假乘车的学生旅客、传统节假日餐馆的食客、一年一度具有地方特色的花会、灯会的各方来宾等。这类公众往往可事先预测，事先制订出相应的公共关系工作计划，从而有准备、有针对性地开展公共关系工作。

稳定公众，指具有稳定结构和稳定关系的公众，如老主顾、常客、社区居民、业务合作伙伴等。稳定公众是组织的基本公众，组织往往对其采取额外的优惠政策和特殊的保障措施，以示亲密关系。从某种意义上说，稳定公众的多寡可以作为考察组织公共关系成熟性的一个标志。

上述公众类型的划分，是制定公共关系临时性对策、周期性政策和稳定策略的依据。

5. 根据组织对公众的态度划分

根据组织对公众的态度可将公众划分为受欢迎的公众、不受欢迎的公众和被追求的公众三类。

受欢迎的公众，是指迎合组织的需要并主动对组织表示兴趣和交往意向的公众，即与组织是两厢情愿的公众。如自愿的旅游投资商、赞助者，慕名前来的顾客，为组织采写正面宣传文章的记者等。这种关系因双方均采取主动的姿态，不存在沟通障碍，沟通的结果一般对双方都有利。

不受欢迎的公众，指违背组织的利益和意愿，对组织构成潜在或现实威胁的公众，即组织力图躲避的公众。如持不友好态度的记者，反复纠缠索要赞助费的团体或个人等，这些都是组织力图躲避、不愿接触的公众。对此，组织往往会巧妙地设置障碍、制造困难，将其拒之门外，以减少对组织的威胁。

被追求的公众，指符合组织的利益和需要，但对组织不感兴趣、缺乏交往意愿的公众，即组织对其一厢情愿的公众。如社会名流、著名记者、政府要员等。他们对任何组织都是一种求之不得、难以如愿的关系对象，需要组织去主动追求、建立关系以扩大影响。对组织来说，把握这部分公众关键是要设法建立沟通渠道，讲究交往艺术，把握好传播时机。

6. 按照人口基本结构划分

所谓按照人口基本结构进行分类，即按国别、性别、年龄、职业、经济状况、受教育程度、政治或宗教信仰、种族和民族背景等进行分类。旅游企业、组织，如宾馆饭店等机构，对自己的公众进行人口结构分析尤为重要。饭店客人来自世界各地，哪些客人作为公共关系工作的重点，需要依据对宾客基本状况的分析来积累资料，以使公共关系工作有的放矢。

以国别讲，并非所有国家都是理想的旅游消费市场，对此应该有所侧重，将一些经济稳定、交通便利且对旅游地感兴趣的国家和地区作为旅游公共关系工作的重点。同时，还应该对这些国家和地区出国旅游者的具体分布情况作一个大致的了解。这样一分析，对国外游客公共关系工作的重点就会明确一些。

另外，按人口基本结构分类公众，还需注意这些结构间的纵横交错的复杂关系，而不能过于简单化，如年龄和国别的关系即应如此。从日本游客看，其中青年所占比重较大，98%的中学和高中都有组织修学旅游，日本每年还有上万对新婚夫妇中的75%要到国外度蜜月，因此，争取日本青年来华旅游观光则是我国旅游公共关系工作的重点；美国出国旅游者中青年所占比重也比较大，但来华的旅游者则中老年居多，其主要原因是旅途遥远、花费大，作为没有经济收入或经济收入较低的青年人则难以负担，因此，企业如果将重点目标还是对准青年人，就是不现实的。

7. 按照公众的一般发展过程划分

按照公众发展过程不同阶段的特点，可以将公众分为非公众、潜在公众、知晓公众和行为公众四种。

所谓非公众，是指同本组织不发生任何利益牵连的社会群体。它既不受组织影响，又不对组织产生影响。划分出非公众可以帮助我们将其排除在公共关系活动的范围之外，减少不必要的资源浪费，从而减少公共关系工作的盲目性。

潜在公众，是指由于组织的行为引起了某个共同的问题（但公众尚未意识到该问题的存在），由于这种共同的问题而影响到的社会群体就是组织的潜在公众，也叫未来公众或隐蔽公众。对于潜在公众，需要公共关系人员未雨绸缪，加强预测，及早发现问题，采取必要的预警措施，防患于未然，以维护组织的社会形象。潜在公众阶段是公共关系工作中比较主动的阶段。

知晓公众，是由潜在公众发展而来的，指那些已经意识到自己面临的问题和处境，并明确知晓该问题与特定组织有关，从而构成组织不可回避的现实公众。作为知晓公众，他们不仅已经意识到问题的存在，并且急于了解问题产生的根源及解决的办法，只是还没有付诸行动而已。此时，知晓公众对任何与他们所面临的组织及有关问题的信息都十分关注，对组织来说，应采取积极主动的公共关系姿态，及时沟通，主动传播，满足公众被告知的心理需求，使公众对组织产生信赖感。这对于主动控制舆论局势非常重要。在公共关系工作中，能否以积极的态度、正确的方法，把握适当的时机对知晓公众开展公共关系工作，往往是公共关系工作成败的关键。

行为公众，则是指那些不仅意识到问题的存在，而且为了求得问题的解决，已经或正在采取某种实际行动的那部分公众。在这个阶段，公众已对组织构成压力，迫使组织必须采取相应的行动。无论公众的行为是积极的还是消极的，组织的反应都不能只停留在语言、文字上，而必须有实际的行为。也就是说，行为公众必然促成公共关系行为的发生。面对行为公众，组织公共关系工作已很被动，但除了采取积极的补救措施和行动之外，别无选择。当然，高超的公共关系行为会使行为公众的压力转变为动力，甚至可以把危机转变为对组织有利的契机，这是公共关系人员努力追求达到的最佳效果。

把公众划分为非公众、潜在公众、知晓公众和行为公众是一种纵向分类方法，其意义是把公众理解为一个“连续发展的过程”。

值得强调的是，对公众的分类还可以有其他一些方法，在实际旅游公共关系工作中，可以不拘泥于上述这些划分方式，具体问题具体分析，而且在有些情况下要综合运用分类方式，根本目的是有利于开展旅游公共关系工作。

第二节　公众的心理定势分析

在现实生活中，面对同一问题，不同的公众会有不同的反应和行为，这些反应和行为的差异都与公众心理差异有关。为使旅游公共关系工作更具有针对性和科学性，我们需要研究、分析旅游公众的心理和行为因素。

影响公众行为的心理因素有很多，一般地讲，公众心理分析主要从知觉、需要、态度、价值观、团体压力、逆反心理、流行心理、舆论与流言等方面入手。

一、知觉与公众行为

知觉是大脑对当前直接作用于感觉器官的客观事物的整体反映。人脑对外界的刺激有各种不同方面的感觉，如视觉、听觉、嗅觉、味觉、触觉等。知觉是在感觉的基础上产生的，事实上，知觉就是各种感觉的复合。

知觉只限于当前在大脑中呈现的事物的整体映像。而认识到事物的一定意义，则是人脑的更高一级的机能思维起的作用。正是在知觉的基础上，使我们能够认识到事物的名称、性能、因果关系等意义。知觉是思维的“窗口”，为思维提供各种感性认识的知觉信息；而思维则对这些信息进行去粗取精、去伪存真、由此及彼、由表及里的加工处理，把知觉组织起来使其具有一定的意义。

由于知觉总是受到认识主体的主观能动性的影响制约，致使人们的知觉往往与现实的客观世界不完全一致。受这种主观意识的影响，人们对客观事实的知觉经常会出现程度不同的歪曲或变形的现象。造成这种现象的主要原因：一是知觉选择性，二是知觉的偏见。

知觉的选择性是指在知觉过程中，为了清晰地反映对象，人们总是从许多事物中自觉不自觉地选择知觉对象的心理过程。正是由于这种选择性的存在，使得人们在同一时间、同一场合中面对众多现象和事物的时候，只能有选择地感知其中少数内容，形成清晰的知觉；而对其他大部分内容则视而不见、听而不闻，不会形成清晰的知觉。

造成知觉的选择性的原因，既有客观方面的原因，又有主观方面的原因。客观因素主要是知觉对象具有的不同于周围环境的某种特性，主观因素则是知觉主体及个人的主观因素，如需要和动机、兴趣爱好、性格气质、经验与知识等。在旅游公共关系传播中，这种知觉的选择性影响着传播的效果。作为旅游公共关系人员，一方面应注意发挥公众主观因素的积极作用，避免其消极作用；另一方面应充分利用环境中各种客观因素，创造有利条件，趋利避害，扬长避短，以促使公众自觉选择的结果与旅游公共关系目标相一致。

知觉的偏见则是人们在感知事物的时候，由于特殊的主观动机或外界刺激，对事物产生一种片面或歪曲印象的心理过程，常常表现为一些心理定势的作用。心理定势就是人的认识和思维的惯性、倾向性，即按照一种固定了的倾向去认识事物、判断事物、思考问题，表现出心理活动的趋向性和专注性。它直接影响着旅游公众态度和行为，既有积极的定向作用、推动作用、稳定作用，也有消极的妨碍作用、惰性作用、误导作用。下面简要介绍几种心理定势。

1. 首因效应

首因效应即第一印象的强烈影响。事物给人留下的最初印象往往有着强烈的影响作用，左右着人们对事物的整体判断，影响着人们对事物以后发展的长期看法。第一印象一旦形成就比较难以消除。因此，在旅游公共关系工作中要十分注意传播中的首因效应。无论是人、产品、环境，还是组织行为，都要尽可能给公众留下良好的第一印象，避免因为不良的第一印象而造成知觉的片面性。旅游业有句话叫做“一开始就提供准确、完美的服务”，意义即在于此。

2. 近因效应

近因效应指最近或最后印象的强烈影响。事物给人留下的最后的印象往往也非常深刻，难以消失。对一件事物或对一个人接触的时间延长以后，该事物或人的最近的信息就会对人们的认识和看法产生新的影响，甚至会改变原来的第一印象。旅游公共关系传播活动中也要注意这种近因效应，注意用新信息去巩固、刷新公众心目中原有的印象或不良印象。所以，旅游组织的公共关系活动并不是一劳永逸的，而是需要不断开展新的活动来“刷新”自己，从而保持较高的知名度和美誉度。

3. 晕轮效应

晕轮效应即一种片面的知觉。人们在认识事物或认识人的时候，往往会将对象的某些突出的特征或品质推广为对象的整体印象和看法，从而掩盖对象的其他特征或品质，形成某种幻化的知觉。这种幻化的知觉会产生美化或者丑化对象的作用。旅游公共关系活动可以适当利用这种晕轮效应来扩大组织或产品的影响，美化组织或产品的形象，如旅游饭店经常借政界要人、影视明星的入住来宣传造势，推广“名人广告”、“名流公共关系”。但同时也要注意尽量避免因为滥用这种晕轮效应而使公众反感甚至讨厌，更要反对利用晕轮效应来蒙骗公众，因为这背离了公共关系的实质。

4. 定型作用

定型作用即固定的僵化印象对人的知觉的影响，也称“刻板印象”。人们往往自觉或不自觉地凭借自己以往形成的固有经验或固定的看法去判断、评价某类人或事物的特征，并对该类人或事物中的个体加以类推。如认为教师就是文质彬彬的，商人是唯利是图的；国有旅游企业服务质量一定可靠，私营旅游商品经营者常常以次充好，等等。这种看法一旦在人脑中定型，就会造成“先入为主”的印象，形成新的认识上的偏差，妨碍人与人之间的正常交往或对事物的正常判断。开展旅游公共关系工作，一方面要研究和顺应公众的某些刻板印象，使自己的形象与公众的经验相吻合；另一方面也要努力传播新观念、新知识、新经验，以改变公众某些狭隘的偏见和由此造成的误解。

二、需要与公众行为

需要是人对特定目标的渴求与欲望，是推动行为发生的直接动力。需要反映了人作为有机体对其生存和发展的条件所表现出的匮乏状态，这种匮乏既可能是心理的，也有可能是生理的。在正常状态下，有机体的生理状态和心理状态是趋于均衡的。倘若在生理上或心理上出现了某种缺失，便会导致均衡状态的破坏。在这种场合下，有机体就处于一种不舒服的紧张状态。只有减少或消除这种紧张状态，才能恢复到满意的均衡状态。因此，需要可以看做是减少或消除这种紧张状态的心理反应。

美国著名心理学家马斯洛在《人类动机理论》一文中就提出了人类需要层次理论，并在其撰写的《动机与人格》中作了进一步阐述。

马斯洛的需要层次理论对我们研究公众的需要与行为有很大的启发性。马斯洛认为人有许多基本需要，并将这些需要编排成一个具有高低层次的系统。马斯洛的需要层次理论主要由三个方面的内容组成：人类有五种基本需要（如图 3－1 所示），需要是有层次的，行为是由优势需要所决定的。

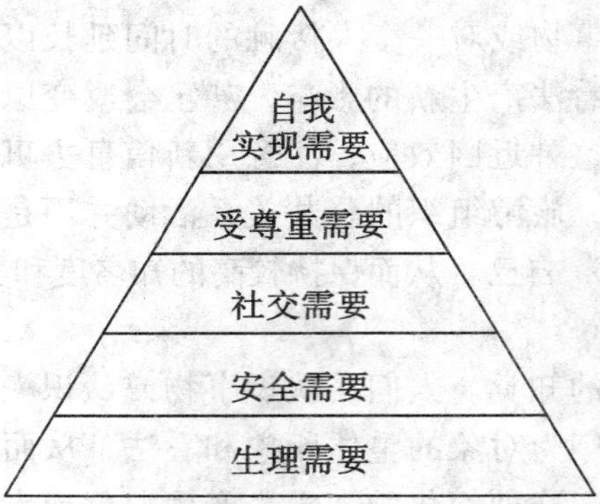

图 3－1　马斯洛的需要层次理论示意图

1．人类的五种层次需要

生理需要是人类为了维持其生命的最基本的需要，也是需要层次的基础。马斯洛认为，当人们这些需要还未达到足以维持生命之时，其他需要将不能形成激励作用。

安全需要是在生理需要得到一定的满足之后的自然需求。它不仅要考虑眼前的安全，而且要考虑到今后，考虑到自己生命、财产免遭危险或威胁。

社会交际的需要是在生理和安全需要得到相应的满足之后占主导地位的一种需要。

人类是有感情的动物，希望与别人进行交往，避免孤独；希望与伙伴和同事之间和睦相处，关系融洽；希望归属于一个团体，得到关心、爱护、支持、友谊和忠诚。社会交际的需求比生理和安全的需求来得细致，各个人之间的差别也比较大，它和一个人的性格、经历、教育、信仰都有关系。譬如自我调节能力强的人其归属感的表现就比较淡薄。

受尊重的需要的产生是由于：当一个人开始满足归属感的需要之后，他通常不只是满足于做群体中的一员，而且要求得到别人的尊重。希望别人对自己的工作、人品、能力和才干给予承认并给予较高的评价，希望自己在同事之间有一定的声誉和威望，并因受到别人的尊重而发挥一定的影响力。

自我实现的需要是马斯洛需要层次理论中最高级别的需要。自我实现的需要就是要实现个人的理想与抱负，最大限度地发挥个人的聪明才智和潜力，实现自己的人生价值，从而获得一种胜任感和成就感。

2．五种需要的层次关系

马斯洛认为，对于一般人来说，这五种需要由低到高依次排列成一个阶梯，当低层次的需要获得相对的满足之后，下一个需要就占据了主导地位，成了驱动行为的主要动力。在这里，生理需要和安全需要属于低级需要，尊重的需要和自我实现的需要属于高级需要，归属感和爱的需要为中间层次，基本上也属于高级需要。先满足低级的需要之后，才能逐级上升，满足更高一级的需要。

马斯洛还认为，这个层次顺序并非很刻板，而是有着许多例外的。比如涉及理想、崇高的社会价值等，具有这样价值观的人可以成为殉难者，他们为了某种理想或价值甘愿牺牲一切。由此可见，人们对需要的追求是不同的。当一个人同时面临多种需要时，他会做出怎样的选择，这便涉及“优势需要”的问题了。

3．优势需要决定行为选择

马斯洛认为，在同一时间、地点、条件下，人存在多种需要，其中有一种占优势地位的需要决定着人们的行为。当一种需要满足之后，一般地说它就不再是行为的积极推动力，于是，其他需要就开始发生作用。但不能就此认为某一层次的需要必须完全满足之后，下一层次的需要才会成为优势。实际上，优势需要获得满足的过程中，它的动力作用随之减弱，同时高一级的需要会越来越处于优势地位。

马斯洛认为，由于个人的动机结构发展的状况不同，这五种需要在体内形成的优势位置也就不同，但是任何一种需要并不因为高层次的要求获得满足而自行消失，只是对行为的影响比重减轻而已。此外，当一个人的高级需要和低级需要都能满足时，他往往追求高级需要，因为高级需要更有价值，只有当高级需要得到满足时，才具有更深刻的幸福感和满足感。但是如果满足了高级需要，却没有满足低级需要时，有些人可能牺牲高级需要而去谋取低级需要，还有些人可能为了实现高级需要而舍弃低级需要。

对于任何旅游组织而言，要争取各类公众的支持就必须得研究他们的需求，并尽力满足他们的需要。例如旅游者的行为往往同时受到多种需要的支配，在旅游业可以满足旅游者的食、住、行、游、购、娱六大需要的功能中，此时此刻会有一种是旅游者最为迫切的、起主要支配作用的“优势需要”。旅游公共关系人员应该把这一点作为制定公共关系策略的依据，并作为评估旅游公共关系效果的标准之一。又如旅游组织内部的成员——管理者和员工的需求、老员工和新员工的需求，以及不同人在不同时期的需求等，都可能不尽相同，研究他们的需求，及时满足他们的“优势需求”，才可能产生激励功能，以调动组织不同成员的积极性，促进组织目标的实现。

三、态度与公众行为

（一）态度

态度是人们在认识和行为上相对固定的倾向，包括人对事物和社会认知的倾向、情感的倾向和意图的倾向。譬如赞成或反对、喜欢或厌恶、肯定或否定等等，这些倾向一经形成就会比较稳定、持久地影响着人们对事物的判断和看法，影响着人们的行为方向和方式。

一般说来，态度由认知、情感、意图三个因素构成。①认知，是指主体对态度对象的认知，包括感知、思维、理解、看法等。认知是主体对态度对象的整体了解和评价，特别是对对象的价值评价，好或坏、有用或没用等，这是态度形成的基础。②情感，是指主体对态度对象的情感体验，如喜好或厌恶，热爱或仇恨，同情或冷漠等。情感是主体对于态度对象的情绪反应，它以认知为基础，又左右着人的行为方向，在态度中具有调节作用。③意图，是指主体作用于态度对象的行为准备状态。意图是由认知因素和情感因素所决定的对于对象的行为反映倾向，即准备“做还是不做”，“要做，该怎么做”，亦即潜在的行为倾向，这是态度的外显因素。

态度并非行为，而行为以态度作为内在动力。态度可以被看做是心理向行为过渡的临界点，态度是行为的准备状态，行为是态度的最终表现。态度的变化直接影响着行为的变化，行为的变化导致态度各个因素相互关系的变化。其间，伴随着情感的激励作用，即按照情感的方向激励着主体采取一定的行为，作用于态度对象。态度的这三个因素相互联系，相互制约，形成了一个相对稳定的统一体。

（二）影响和改变态度的因素

态度的形成和改变是同一发展过程不同的两个方面。态度一旦形成，在一定时间内不会轻易改变，它具有稳定性的特征。但随着外界环境的变化和主体认识水平的提高，态度又会发生不同程度的改变。旅游公共关系活动旨在通过传播沟通影响、改变目标公众的态度，进而改变其立场、观点和看法，从而使公众的行为和旅游公共关系主体的目标达到协调、统一。态度的形成和改变受到以下一些主客观因素的制约。

1．社会因素

社会因素是指社会上各种事物，包括社会制度、社会群体、社会交往、道德规范、国家法律、社会舆论、风俗习惯，等等。它们的存在和作用是强有力的，影响着人们态度的形成和改变。社会上刚出现了新的事物，往往会遭到一些人的抵制和反对，但只要这种新事物有利于社会和个人的发展，它迟早会被人们所接受。因此，一个新开发的旅游线路，往往需要借助公共关系、营销方法造势，引导公众形成消费潮流。

2. 团体因素

团体因素包括一定的信仰、目标、组织形式、规章制度、行为规范、成员与团体的关系等，也是一种强有力的客观因素。团体影响力的大小，取决于个人与团体的关系。个人与团体的关系越密切，在团体中的地位越高，其归属感就越强，那么团体就越能对他施加影响，使之形成适应预期的态度，改变不相适应的态度；反之亦然。这种现象在旅游团的活动决策中体现得最为明显。

3. 宣传因素

宣传因素是指在宣传过程中由宣传者的威信、宣传内容、宣传方式方法等结合成为一种客观的说服力，影响着被宣传者有关态度的形成和改变。旅游企业运用报纸、电视、杂志等宣传媒体进行公共关系传播，是开拓市场、树立形象及优化公众环境的一种重要策略。

4. 个性因素

主观的个性因素含个性倾向性因素和个性心理特征两个因素。

个性倾向性因素是指个体心理活动中稳定的意识倾向性特征，主要有需要、动机、兴趣、理想、信念、价值观、世界观等因素。它们作为各种心理动力而调节着主体的行为，而态度则受这个系统中诸因素的影响。例如，需要对态度的形成和改变就起着很大的作用。需要是主体期望获得某种事物的一种心理动力状态，能激起主体为此采取一定的行动。因此，凡是能够满足需要的对象，就容易产生喜好的、积极的态度；反之，凡是对阻碍满足需要的对象，则会产生厌恶的、消极的态度。可见，需要是态度形成和改变的一个心理动力。

个性心理特征是指个体心理活动中稳定的心理特征，包括能力、气质和性格三个因素。例如，气质主要以其灵活性和可塑性影响着态度的改变和形成。灵活性及可塑性较强的多血质者较易改变态度，灵活性及可塑性较差的黏液质者和抑郁质者较不易改变态度。性格方面，外向型以及顺从型者较易改变态度，内向型者及独立型者则相反；理智型者善于通过认知因素来改变和形成态度；意志型者易于通过目的的明确而改变和形成态度；情绪型者易受到情感因素的影响而改变态度。

5. 态度系统特性因素

一个人的态度的形成，往往会经过相互组合而成为一个态度系统。该系统的各种特性，作为主观的心理条件而影响着态度的形成和改变。态度如果具有以下特性，则较不易改变：态度是在幼小时期形成的；态度发展到两个极端；态度所涉及的关系较为复杂；态度在长时期内前后是一贯的，并已形成相应的信念；态度中认知、情感和意图三个因素完全协调一致；态度强烈地激励着行动，并使主体取得较多的满足；态度与价值观联系较密切；等等。如果态度具有更多的上述特性，则其牢固程度就更强，所表现的行为就更强烈，因而要改变它也就更不容易。

综上所述，态度的形成和改变，是上述各种主客观因素相互作用的结果。其中，客观因素是外因，以社会因素为主；而主观因素是内因，以思维和个性倾向性为主。外因通过内因起作用，使态度得以形成和改变。旅游公共关系工作者如能恰当地把握好主客观因素的相互作用，就能对旅游公众的态度施加积极有效的影响。

四、价值观与公众行为

价值观是一个人对周围事物的是非、好坏、善恶和重要性所作的评价。人们对各种事物，如对自由、幸福、荣辱、和平等，在头脑中都有好坏、轻重、主次之分，这样的排列，构成了人们的价值体系。价值观和价值体系是决定人的态度和行为的心理基础。在相同的客观条件下，不同的人，由于有不同的价值观和价值体系，就会产生不同的行为。

一个人的价值观是由人生观决定的，所以，归根到底，一个人的行为总和他的人生观联系在一起。人生观是对人生的意义、人生价值的看法和态度。人生观不同，对是非、好坏的判断标准就不同。

价值观是人生观的核心。不同的国家、民族和组织，不同的社会生活和文化传统，会形成不同的价值观，进而导致公众的态度和行为的差异。旅游公共关系传播工作应该认真研究公众的价值观，根据公众的价值观来设计和调整旅游产品和服务形式，以及传播沟通的具体方针和策略。

价值观决定了人们的行为方向和能达到的程度，即决定了人们向往什么、追求什么、喜欢什么、推崇什么。由价值观产生的人们的追求和向往，直接决定着人们的行为取向。这种追求和向往的努力程度取决于以下几个方面：

第一，个人的成就感、事业心。成就感很强的人，在工作、目标的追求上，就比较注重结果，争取成功。

第二，过去的成功和失败的经历。一个能够不断实现自己目标的人，他的向往水平就高；一个追求某种目标经常遭受挫折的人，他对这一目标的向往水平就会降低。

第三，周围环境、生活条件的影响。家庭、亲朋、同事、社会风气、团体气氛都会对人的向往水平产生影响。一个充满生机的集体，其成员的向往水平就较高。

第四，对目标的接近程度。距离目标越近，就越容易提高人的向往水平。

这些影响人们价值观的因素，对于公众心理分析极具现实意义。尤其对于旅游企业的员工，即内部公众，公共关系工作需要根据以上因素去创造条件和制造团队氛围，促使大家形成积极、向上的价值观，以增加企业的活力和动力。对于企业外部的旅游者、社区群众、政府工作人员等公众，认识和分析其不同的价值取向类型，对于选定具体的目标公众群体，设定或调整旅游公共关系目标和传播行为也有很重要的参考价值。

五、团体压力和公众行为

1．从众心理的定义

团体是由两人或两人以上组成的，并通过人们彼此之间相互影响、相互作用而形成。它是具有共同目标的一种介于组织与个人之间的人群集合体。团体和组织是有差别的，但差别不在于规模的大小。组织强调的是一定的职权分工和合作，而团体强调心理上的联系和作用。从团体的作用上看，它强调各成员相互依赖，在心理上彼此意识到对方的存在，各成员间在行为上相互作用，彼此影响，有明显的认同感。

从众心理是指在社会团体的压力下，个人不愿意因为与众不同而感到孤立，从而放弃自己的意见，采取与团体中多数人相一致的行为，以获得安全感、认同感和归属感。这种现象称作社会从众行为，或叫团体压力下的顺从现象，俗称为“随大流”。从众心理对于某些公众态度和行为的产生具有明显的影响作用，值得旅游公共关系工作者分析研究。

从众行为的主观原因是不愿意被孤立。当个人的意见与众不同时，心理上就有一种紧张、有一种孤立的感觉，从而使个体产生不愿意标新立异，而愿意顺从多数人的倾向。从众行为的客观原因是外来的影响和压力。当团体中出现不同意见时，为了保持团体行动的一致，达成团体目标，使团体免遭分裂，团体确实会对有异议的成员施加影响和压力。这种影响和压力是逐渐施加的，它的形式和强度也是逐渐改变的。开始是讨论和协商，进而劝说、诱导，再而批评、攻击，以至孤立、排斥。

正由于上述两方面的原因，通常从现象来看，团体成员都有顺从团体的倾向，但也不都是这样。实际上有顺从的，也有不顺从的。顺从有口服心服的真顺从，有口不服心服的暗顺从，也有口服心不服的假顺从，或者权宜顺从。哪些因素决定团体成员是顺从还是不顺从呢？这取决于团体、个人及问题本身的性质这三方面因素。

2. 决定团体成员是否从众的因素

从团体方面来说，这些因素可以归纳为五点：第一，团体的性质起重要作用。个人越需要这个团体，则越愿意顺从。第二，如果这个团体一贯是团结的，团体成员间的感情深厚，则容易顺从；反之，不容易顺从。第三，如果这个团体的气氛是民主的，允许不同意见的发表，则个人的不同意见容易坚持；如果是专横的，排斥异己，打击报复，则个人不同意见不易坚持。第四，如果团体中绝大多数的人的意见一致，只有一人意见不一致，则易于顺从；如果有其他人或一些人与其意见一致，则不容易顺从。第五，如果团体的多数意见受到社会支持，个人意见不受社会支持，则容易顺从；反之则不容易。

从个人方面来说，也可以归纳为五点：第一，如果个人在团体中的地位比别人高，不容易从众；反之则易从众。第二，如果个人的智慧与能力高，不容易从众；反之则易从众。第三，如果个人的情绪是稳定的，不易从众；情绪不稳定，则易从众。第四，重视人际关系的人，易从众；不重视人际关系的人则相反。第五，态度与价值观对个人是否产生从众行为也有影响。如果个人整体观念强，重视组织原则，则易从众；反之则不易从众。

从问题本身的性质与明确程度方面谈，对非原则的问题比对原则问题容易从众，对一般问题比对重大问题容易从众。此外，有明确答案的，不易从众；没有明确答案的易从众。

应该注意的是，团体压力与权威命令不同，它不是自上而下的命令，也没有硬性的条例规定，并不是强制性的。它是通过多数人的一致意见和态度，形成一种无形的压力，对个人的心理构成影响，往往比权威命令更能制约和改变个人的行为。认识到这一点，旅游公共关系人员就应该充分重视旅游组织团队氛围的营造，良好的团队氛围会对组织成员行为起着约束和维系作用；不良的团队氛围则会对组织成员行为产生不良的导向。这也正是不少旅游组织积极创建优秀企业文化的目的所在。

六、逆反心理与公众行为

1．逆反心理

逆反心理指作用于个体的同类事物，超过了个体感官所能接受的限度而产生的一种相反的体验，使个体有意识地脱离习惯的思维轨道，向相反的思维方向探索。

公众的逆反心理的形成，原因是多方面的，概括起来有以下三个方面：

（1）好奇心。那些具有好奇心的公众，对任何事情都喜欢富于幻想，渴望变化，敢于藐视传统，追求新奇，不拘于成见，因而在一定的条件下，就会发生逆反行为。

（2）好胜心。有一些公众，喜欢赶新潮，样样事情都走在别人前面，把自己能做到别人做不到的事情作为一种荣誉。这样的人，往往会产生逆反行为。

（3）抵触心。公众对某些讲得过分的东西，往往会产生厌恶感，形成一种抵触情绪。在这种抵触情绪的支配下，他们会向着相反的方面去追求，从而形成逆反行为。

2．逆反心理和公共关系

了解和掌握公众的逆反心理，对于一个旅游组织的公共关系有很重要的意义。公众的心理复杂多变，作为旅游组织的公共关系人员，在制定公共关系方案和措施时，必须做到：

第一，不落俗套，时时求新。任何一个组织都有自己特定的东西，不存在完全一模一样的两个组织，所以如果一味地简单模仿别人的做法，势必会落入俗套而导致公众的逆反行为。

第二，实事求是，切忌弄虚作假。弄虚作假会使公众产生强烈的逆反心理，会导致组织的信誉一落千丈。所以，旅游组织必须有实事求是的态度，以优质的产品、优质的服务作为组织信誉的实力保证。

第三，分析和掌握公众的逆反心里，抓住时机，出奇制胜。从表面上看，公众的逆反心理变幻莫测，但仔细分析，它还是有规律可循的，这种规律就存在于公众的行为之中。旅游组织的公共关系人员，要善于分析，正确掌握公众心理，抓住其“逆反”状态与表现时机，制定相应的公共关系措施，出奇制胜，就能起到很好的效果。反之，如果分析失误，利用不当，就会在行动中适得其反，铸成大错。

第四，逆反心理所引起的行为，只有在一定的条件下才能起积极作用，因此，组织在运用逆反心理时千万不能把它强调到不适当的地步，更不能利用逆反心理来损害公众的利益。只有通过正确利用逆反心理来引导公众的行为，才能使公众的行为有利于组织的生存和发展。

七、流行心理与公众行为

在现实生活中，我们常常会发现一种现象：一个时期内，社会上相当多的公众对特定的观念、行为、语言、生活方式等产生崇拜、追求。这种现象我们就称之为“流行”。所谓流行心理，是指社会上相当多的公众在较短的时期内，追求某种行为方式，直接成为一种时尚，从而使公众相互之间互相模仿的连锁性感染。我们通常讲的流行歌曲、流行服装等，就是从这个意义上阐发的。

流行作为一种社会心理现象，具有以下几个方面的特点：

1. 迅速性

公众的流行现象具有迅速扩散和蔓延，而后又在较短时间内消失的特征。这就是所谓的“风行一时”之说。

2. 时代性

流行，这种社会心理现象总是同社会物质文化生活的发展相关。不同的时代，社会物质生活水平和社会精神生活水平的不同，就会导致流行的不同。一般来讲，在社会的复杂时期和大量受到外来影响的时期，就会特别多地产生流行。

3. 下行性

流行的发生、发展往往是自上而下的。流行的倡导者，多半是在社会上有影响、有地位的公众；流行的发源往往是在政治、经济、文化较为发达的城市。一句话，流行往往是下层模仿上层、乡村模仿城市、落后模仿发达。

流行作为一种社会心理现象，它对于公众行为的影响是很大的，这是旅游公共关系人员必须认真加以对待的问题。实践表明，根据流行的特点及其形成的原因，因势利导、有的放矢地开展旅游公共关系活动，就能更好地顺应公众的心理需要，同时也能实现旅游组织本身发展的目的。为此，作为旅游公共关系人员就应该做到：

第一，根据流行迅速性的特点，旅游组织应该有意识地对其形象进行集中性的公共关系宣传，使其形象能够在较短时间内为旅游公众所接受。

第二，根据流行时代性的特点，旅游组织应根据不同的时间，不同的政治、经济、文化发展水平，适时地通过有效的公共关系手段“制造”流行，并促使旅游公众感到“这是大家所追求的”而加以效仿，这样获得的公共关系效果往往十分理想。

第三，根据流行下行性的特点，旅游组织在一定时期内，可设计出符合人们潜在需要的“流行”产品，并首先在政治、经济、文化较为发达的地区，或者在比较有地位、有影响的社会公众中进行“试点”，从而引发一般社会公众效仿，一时间蔚为风尚。这就是人们通常所说的“引导消费”。

在中国旅游业发展的进程中，由一些先导者率先推出的主题公园、海底世界、生态旅游、工业旅游、“农家乐”、“驴族之旅”等形式多样的旅游方式的流行，繁荣了中国的旅游市场，但群起而效仿却不注意进一步创新，就会由流行的“时尚旅游”变成无人问津的“过时旅游”。所以，在利用旅游者流行心理的同时，也必须注意旅游者的逆反心理。

八、舆论、流言与公众行为

1. 舆论与公众行为

舆论，指的是社会公众的意见和看法，是社会上大多数人的共同观念。社会舆论形成之后，就会成为一种群众性的意见，对社会产生更大的影响。

著名的美国政治家林肯说过：“得到民意的支持，任何事情都不会失败；得不到它的支持，任何事情都不能成功。”事实上，旅游公共关系人员正可以通过舆论来触摸公众的脉搏，把握社会的变动。公共关系的交流内容也只有融入社会舆论的潮流之中，才能真正获得公众的信赖，提高组织知名度，起到塑造组织形象、建立组织信誉的作用。从这个意义上讲，所谓旅游公共关系活动的实质内容就是要制造良好的社会舆论氛围。因此，对于一个旅游组织来讲，尤其应注意做到：

第一，尊重舆论。由于社会舆论的主体是公众，是社会组织的生存基础，也是社会组织的基本力量。所以，现代旅游组织的生存和发展，应立足于舆论和民意的支持之上。

第二，倾听舆论。旅游组织开展公共关系活动需要倾听代表大多数公众意愿的舆论，便于及时获知反馈信息，了解公众对旅游组织的印象和反映，并以此作为决策的依据。

第三，顺应舆论。舆论是标志社会运行的基本情况的晴雨表，也是衡量一切社会组织的政策和措施正确与否的试金石。所谓“民意不可欺”“、民心不可侮”，任何旅游组织，如果不顾舆论的向背一意孤行，不但难以与公众结成良好的公共关系，而且会破坏自身的生存环境，甚至走上绝路。

第四，引导舆论。公共关系还要及时引导公众的舆论，通过宣传、解释和劝导，帮助公众做出抉择，与旅游组织采取一致的合作态度。引导和促成公众的舆论，必须尊重客观事实，反映广大公众的意愿，才能树立起旅游组织真正的良好形象。

随着旅游业的蓬勃发展，不仅改善了人们的精神文化生活状态，而且也给世界经济带来了新的活力。但旅游业的过度开发，会导致生态环境的恶化以及世界自然文化遗产的破坏亦是不争的事实。鉴于舆论的呼声，旅游业必须重视可持续发展问题的研究，并以有效的传播机制和传播手段来实施推广可持续旅游发展理念，才能使旅游业得到政府、环保、文物、交通、卫生等部门以及广大旅游者的理解和支持，获得可持续地发展。相反，若置旅游发展已出现的负面效应而不顾，就会因自然环境、社会环境和舆论的恶化而失去相关公众的支持，从而使旅游业的进一步发展受到严重制约。这绝不是危言耸听，而是旅游发展必须解决的公共关系现实问题。

2．流言与公众行为

流言是指某个时候在一定社会成员中传播的共同关心的话题。从传播内容来看，流言大致可分为和人们的切身利益相关的，和人们有间接关系的，和一般人没有直接关系的奇闻趣事、丑闻、隐私等三类。由于流言传播的主要途径是口述耳闻，所以在传播过程中会受到许多主观和客观干扰，从而使传播内容发生扩张和变形，使之越来越离奇，而离奇的内容更容易吸引人，致使流言的传播速度更快，范围更广。

流言具有很强的破坏力，可以置人于死地。诸如“流言杀人”；流言可以动摇军心；流言可以引起抢购、挤兑风潮；流言甚至可以触发暴力。对某个组织来说，它也可能会带来机遇，但对整个社会来说，它是一种不安定的因素。

流言是一种社会现象，它的产生和传播具有必然性，它是人们的一种情绪和愿望的反映。首先，流言反映的是人们的一种不安和不满的情绪，它传播的内容往往是一些坏消息，是反映人们的一种担心、恐惧、怀疑、不满的心理。其次，流言反映的也是人们的一种愿望，是希望发生或不希望发生的一种愿望。人们传播涨价的流言，是希望不要涨价，害怕涨价；人们传播名人隐私、明星丑闻的流言，反映了人们在妒忌心理作用下希望这些明星出丑的愿望。由于流言是人们的一种情绪和愿望的反映，因此在传播过程中，传播者会加入个人的情绪和主观愿望，从而使流言更加离奇、离谱。

流言是一种不确切的消息。有些流言一开始就是无中生有，有些流言开始确有其事，但是越传越离奇。人们在接受和传播流言时，往往以“无风不起浪”作为理由。既然流言是反映人们的一种情绪和愿望，因此用简单的禁止的办法是行不通的，它会使流言更甚。由于流言是一种缺乏事实根据的消息传播，因此制止流言的最好手段也是唯一的手段就是澄清事实。对于具有高度敏感性的旅游业来说，在工作中必须重视行业内外、企业内外有关流言的传播情况，并及时采取有效措施加以控制。

第三节　旅游组织的基本目标公众

旅游组织，无论是旅行社，还是饭店或其他旅游企事业单位都有特定的目标公众对象。一般来讲，公共关系上常把目标公众分为内部公众和外部公众两大类。内部公众是指组织内的成员，而外部公众则包括多种类型，如顾客公众、社区公众、媒介公众、政府公众、名流公众和国际公众等。

一、内部公众

内部公众是组织内部沟通、传播的对象，是组织内部全体成员构成的公众群体。内部公众既是内部公共关系工作的对象，也是外部公共关系工作的主体，是与组织自身相关性最强的一类公众对象。是公共关系“内求团结，外求发展”的主要依靠力量。

加强内部公众沟通的目的，是培养组织成员的向心力、凝聚力，培养组织成员的主体意识和形象意识。内部公众关系的公共关系意义可以从两个方面来认识：

第一，旅游组织需要通过自身成员的支持来增强内聚力。

在饭店服务业，有一句名言：企业有两个上帝，那就是客人和员工。一个组织的存在价值及整体形象在取得社会的认可之前，首先需要得到自己成员的认可；组织的目标和任务在赢得社会支持之前，首先需要赢得自己成员的配合和与支持。否则，组织的价值和目标将会落空，组织将无法作为一个整体面对外部社会公众。因此，良好的内部公众关系是开展公共关系工作的起点。组织内部的公共关系工作首先要增强内聚力，将全体成员组合成一个有机整体。

第二，旅游组织需要通过全员公共关系来增强外张力。

旅游组织的对外影响力有赖于全体成员的努力与配合。因为就人对人服务的旅游企业来说，每个组织成员都会是组织与外部接触的触角，特别是普通员工处在对外工作关系的第一线，组织的整体形象必须通过他们在各自工作岗位上的良好行为具体体现出来。在对外交往中，每一位组织成员都是非常重要的公共关系行为主体，这种主体性的发挥则有赖于他们对组织的认同感和归属感。组织的外张力与组织的内聚力成正比。一个组织如果希望其成员能够时时处处自觉地维护组织的形象，就应该时时处处善待和尊重自己的成员，将他们作为重要的公共关系对象，努力培养他们对组织的认同感和归属感、主体意识和形象意识。

旅游行业具有最明显的全员公共关系特性。这是一个通过提供服务来展示形象的窗口行业，每一位员工的服务过程都直接影响着客人对整体服务质量的评价。所以，旅游企业就要通过一定的内部公共关系措施来提高员工的向心力、凝聚力，并由此使其自觉地做好本职工作，维护企业形象。简单地说，旅游组织要增进其凝聚力、向心力，就要处理好员工关系，而处理好员工关系就要求组织的管理者尽可能地满足员工的各种需求。首先是重视员工的物质生活需求。具有吸引力的薪资报酬和优厚的福利待遇，可以解决员工的后顾之忧，让其安心地在岗位上工作，也能够使员工产生自豪感。其次是重视员工的精神需求。员工的工作积极性和聪明才智的发挥程度还受到工作氛围、人际关系、心理满足程度等精神方面因素的影响。必须把企业的价值和发展目标与员工的个人职业设计结合起来，这样才能使企业始终保持一支稳定、高效、团结的员工队伍，企业的发展就有了人力资源的保证。要做到这些，就要创造条件让员工实现信息共享、参与组织决策、管理透明化，给员工更多的学习发展机会。

二、顾客公众

顾客公众是指购买、使用旅游组织提供的产品或服务的个人、团体或组织。顾客公众包括个人旅游消费者和团体旅游消费者，他们是旅游组织的最重要的外部公众。

市场经济发展至今，先后经历了产品观念、服务观念、定制化服务观念，到今天有人说已经进入体验经济的时代。在买方市场时代，企业竞争的核心和实质越来越超乎产品本身，已提升到了文化、观念和价值观的层次上。这正需要在旅游生产者、经营者以及一切为旅游消费者提供产品和服务的旅游从业者头脑中植入双赢战略、关爱公众、共同进步等公共关系的思想观念。

具体来说，怎样处理好顾客关系呢?

第一，要树立顾客至上的经营理念。在旅游业有一句名言“顾客永远是对的”，这是一种很重要的具有哲学辩证思想的经营理念。

第二，要提供优质的产品和优良的服务以及提供完善的售后服务。曾是美国最大的汽车销售商的乔吉拉德有句名言：“我相信销售真正始于售后，并非货品出售之前”。他们正是凭着这种完美的售后服务，很快赢得了市场。旅游企业积极开展“售后服务”对于完善旅游组织形象十分必要。

第三，妥善处理各种纠纷，认真对待顾客投诉。在服务行业，客人投诉是一件很难避免的常事。公共关系人员在对待这一问题上应做到诚恳、耐心、及时、认真，给客人一个满意的答复。相反，过去那种“货物售出，概不退换”的做法，实不足取。

第四，正确引导顾客消费。顾客在消费时带有极大的盲目性，组织可以通过“导购”、电子媒介展示、举办旅游知识培训活动、编印说明材料、免费尝试或折扣消费等种种措施来积极引导消费，若能引导旅游消费的潮流和时尚，也就实现了企业的营销目的。

三、社区公众

社区公众是指旅游组织所在地的地方政府、社会团体和其他社会组织以及当地居民百姓。社区关系又称为“区域关系”、“邻里关系”、“地方关系”。社区是一个组织赖以生存发展的基本环境，是组织“生根立足”之本，对于任何一个旅游组织都非常重要。“公共关系始于门前”讲的就是这个道理。

社区关系直接影响着旅游组织的生存环境。社区如同组织扎根的土壤，没有良好的社区关系，组织就会失去立足之地。社区公众是由特定的活动空间所确定的，区域性、空间性强。地方性组织的活动直接受社区的制约，需要本地的资源来发展自己。因此，社区关系便直接影响着组织其他各方面的关系，如员工家属关系、本地劳动就业问题、本地顾客关系、地方媒介关系、地方政府关系，等等。

社区关系还直接影响着组织的公众形象。社区公众涉及当地社会政治、经济、文化、教育等各个层面，类型繁多，涉及面广，对组织客观上存在着各种不同的要求和评价。由于处在同一社区，对组织的某一种评价和看法又极容易相互传播，形成区域性的影响，因而尤其不可忽视。

处理好社区关系，旅游组织要做到以下几个方面：

第一，严格遵守有关的法律法规和规章制度，尊重社区当地的民俗和生活习惯，做到入乡随俗。

第二，旅游组织应主动关心社区建设，应尽可能地给予社区支持和帮助。

第三，实行门户开放政策。经常邀请社区百姓参加旅游组织的活动，接待参观，听取意见和建议，密切与社区的邻里感情。

旅游景区的开发往往遇到“社区关系”的困扰，若不能很好地解决当地旅游区居民的生活、工作等相关利益问题，就会给当地旅游业的发展带来种种障碍，旅游地社区问题管理是我国旅游业发展必须研究的公共关系课题。

四、媒介公众

媒介又称新闻界，指新闻传播机构及其工作人员，如报纸、电视、广播、杂志等部门及其编辑、记者。媒介关系是公共关系工作对象中最敏感、最重要的公众关系。

1. 媒介关系的特殊重要性

新闻媒介对于组织具有双重角色特点：一方面，新闻媒介是组织与公众实现最广泛、最有效沟通的必然渠道，具有工具性特点；另一方面，新闻界人士是组织需要特别重视的特殊公众，具有对象性特点。媒介与公众合二为一的双重角色，决定了媒介关系是公共关系工作中传播性最强、最敏感、公共关系操作意义最大的一类公众关系。

2. 正确处理媒介关系

处理好媒介关系，是旅游组织公共关系的重要课题。要建立并保持良好的媒介关系，公共关系人员应从以下几个方面努力：

第一，要熟悉新闻媒介。旅游公共关系人员应了解并熟悉媒介组织的特点，不同的媒介组织有不同的业务性质和影响范围，对于这些旅游公共关系人员都应该非常清楚。即使对于媒介组织内部的结构、各部门的职责等情况，也应该掌握得越清楚越好。这样，当旅游组织需要通过新闻媒介进行公共关系传播时，就能有的放矢，不会强人所难。

第二，要保持媒介渠道的畅通性，与媒介建立经常性的联络渠道，由专人负责随时可以沟通联络。旅游组织的公共关系部门应该建立与媒介公众经常性的联系渠道，由专人负责此项工作。

第三，要正视新闻媒介的批评报道。对于内容属实的批评报道，组织应首先承认错误并表示感谢，其次要马上查清事情真相及其原因，并立即采取补救措施，再请媒体做正面的宣传报道，以及时挽回影响。对于内容失实的批评报道，组织也应保持冷静，要诚恳地向新闻媒体提供真实的情况，以澄清事实真相。

第四，要掌握正确的交往原则。与新闻界人士要以诚相待，提供真实的新闻信息，不文过饰非；同时要了解新闻界的职业行为准则，维护他们的职业尊严。切忌以经济性手段来影响新闻媒介的独立性和客观性，不能用金钱等物质手段诱惑对方按自己的意图进行报道，更不能将自己的观点强加于对方进行不合理的报道，这不仅有损于新闻界的信誉，也同样是公共关系之大忌。因为背离了公共关系真实性的活动原则，最终会破坏双方真诚、持久的合作关系。

五、政府公众

政府公众是指政府各行政机构及其工作人员以及旅游组织的具体上级管理机构和管理人员。任何社会组织都必须接受政府的管理和制约，因此需要与政府的有关职能机构和管理部门打交道，这是所有传播沟通对象中最具权威性的对象。旅游组织必须与政府各职能部门建立和保持良好的沟通，这是组织生存、发展的重要保障和条件。

旅游组织与政府保持良好沟通的目的，是争取政府及各职能部门对本组织的了解、信任和支持，从而为组织的发展争取良好的政策环境、法律保障、行政支持等社会政治条件。一方面，政府的认可和支持是具有高度权威性和影响力的认可和支持；另一方面，与政府建立良好关系能够为组织争取有利的政策、法律和社会管理环境。通过建立良好的政企关系，旅游组织能够及时了解到有关政策的变动，能够较方便地争取到政策性优惠或支持，能够对有关本组织的问题在进入法律或管理程序之前参与意见，使之对旅游组织的发展有利。

因此，旅游组织需要主动建立和加强与政府有关部门之间的双向沟通。具体来讲，应该做到以下几个方面：

第一，旅游组织的公共关系部门应该详尽地分析研究政府的方针、政策、法规，提供给本组织领导及各部门参考，使组织的一切活动都保持在政策法规许可的范围内，并随时按照政策法规的变动来修正本组织的政策和活动。

第二，旅游组织的公共关系部门应随时将实际工作部门的具体情况上传至政府有关部门，并根据本地区、本行业、本部门的特殊情况，主动地提出新的政策设想和方案，并通过适当的渠道进行说服性的工作，协助发现并纠正政策执行中出现的偏差或失误。

第三，正确处理与政府的关系，需要熟悉政府机构的内部层次、工作范围和办事程序，并与各主管部门的具体工作人员保持良好互动，避免人为造成的“踢皮球”和“公文旅行”的现象，提高行政沟通的效率。

六、名流公众

名流公众指那些对社会的舆论和社会生活具有较大的影响力和号召力的有名望的人士，如政界、工商界、金融界的首脑人物；科学界、教育界、学术界的权威人士；文化、艺术、体育、影视娱乐圈的名人、明星等。这类关系对象的数量有限，但对传播的作用很大，能够在舆论中迅速“聚焦”，影响力很强。公共关系活动中通过社会名流去影响公众和舆论，往往具有事半功倍的效果。

旅游组织和社会名流保持良好关系的目的，是为了借助于他们的知名度扩大组织的公共关系网络，扩大组织的公众影响力，提高组织的社会形象水平。这也正是“名人效应”的体现。旅游管理部门和旅游企业组织可以经常和各界名流联络和合作，借助于社会名流的知识和专长，借助于社会名流的优势关系网络，借助于社会名流的社会声望，并利用公众崇拜名流的心理，提高本组织在社会和公众心目中的地位。

七、国际公众

国际公众指旅游组织的业务、人员及其他活动进入国际范围，对别国的公众产生影响，并需要了解和适应对象国的公众环境的时候，该组织所面对的不同国家、地区的公众对象。国际公众对象具有与本组织完全不同的社会和文化背景，因此传播沟通活动有着显著的跨文化特征。

搞好国际公众关系的目的是为了争取国际公众和舆论的了解、理解与支持，为本组织及其活动、产品和人员塑造良好的国际形象，创造良好的国际声誉。这在世界经济一体化的今天，具有非常重要的意义。

不论是旅游企业还是旅游管理组织，为了更好地参与国际旅游大循环，发展外向型旅游经济，急需发展国际旅游公共关系。通过国际公共关系的方法，及时准确地了解国际旅游市场动向，了解国外的投资者、合作者和旅游者最新的需求；运用公共关系的手段，向国外的游客、舆论和市场传播自己的信息，树立自己的形象，介绍自己的产品和服务，提高自己的国际知名度和国际信誉。所以，良好的国际公共关系有利于促进这些方面的交流与合作，有利于树立中国在世界上的良好形象。

在实际的公共关系活动中，由于国际公共关系是一种跨文化传播，在信息交流和对外交往方面，不仅要懂得运用外国的语言文字，还要了解对象国的历史文化、风俗习惯、公众心理，以及了解国际服务贸易和对外交往中的国际惯例，使传播的信息尽量符合当地的公众习惯。总而言之，各类旅游组织一定要抓住机遇，运用国际公共关系帮助自己走出国门，走向世界。

本章小结

旅游公共关系的对象——各类旅游公众，是构成旅游公共关系的三大要素之一，对旅游公众的分析、分类并把握不同旅游公众的特点采取不同的公共关系活动策略是旅游公共关系工作的实质内涵。本章阐述了旅游公共关系中公众的概念、旅游公众心理分析以及常见的旅游目标公众分析方法，这是开展旅游公共关系活动必备的基础知识。

复习与思考

1. 怎样理解公众与人民、群众、人群、受众这组概念的关系？

2. 如何从知觉心理方面分析旅游公众行为？

3. 用马斯洛的需要层次理论分析旅游者一个完整旅游过程的各种需要，如何理解优势需要决定旅游者的行为选择？

4. 决定团体成员是否从众的因素有哪些？

5. 认识逆反心理、流行心理、舆论和流言现象对开展旅游公共关系活动有什么意义？

6. 观察一家旅行社或旅游饭店，运用旅游公共关系目标公众分析方法进行简要分析。

案例分析

35 次紧急电话——纠正失误如同救火

一位名叫基泰丝的美国记者，来到日本东京的奥达克余百货公司。她买了一台“索尼”牌唱机，准备作为见面礼，送给住在东京的婆家。售货员彬彬有礼，特地为她挑了一台未启封包装的机子。回到住所，基泰丝开机试用时，却发现唱机没有装内件，因而根本无法使用，她不由得火冒三丈，准备第二天一早就去奥达克余交涉，并迅速写好了一篇新闻稿，题目是《笑脸背后的真面目》。

第二天一早，基泰丝在动身之前，忽然收到奥达克余打来的道歉电话，随后，一辆汽车赶到她的住处，从车上跳下奥达克余的副经理和提着大皮箱的职员，两人一进客厅便俯首鞠躬，表示特来请罪，除了送来一台新的合格的唱机外，又加送蛋糕一盒、毛巾一套和著名唱片一张。接着，副经理又打开记事簿，宣读了一份备忘录。上面记载着公司通宵达旦地纠正这一失误的全部经过。

原来，在前一天下午清点商品时，售货员发现错将一个空心货样卖给了顾客。她立即报告公司警卫寻找顾客，但为时已晚。此事非同小可，经理接到报告后，马上召集有关人员商议。当时只有两条线索可循，即顾客的名字和她留下的一张“美国快递公司”的名片，据此。奥达克余公司连夜开始了一连串无异于大海捞针的行动，向东京各大宾馆查询，打了没有结果。再打电话问纽约“美国快递公司”总部。深夜接到回电，得知顾客在美国父母的电话号码，接着又打电话去美国，得知顾客在东京婆家的电话号码，最后终于弄清了这位顾客在东京的住址和电话。这其间的紧急电话，总计35次！

这一切让基泰丝深受感动，她立即重写了新闻稿，题目叫做《35次紧急电话》

【案例思考】

“在公共关系工作中，能否以积极的态度、正确的方法，把握适当的时机对知晓公众开展公共关系工作，往往是公共关系工作成败的关键。”结合本案例谈谈你对这句话的认识。

北京仿膳饭庄的公共关系艺术

北京有一家做肉末烧饼、小窝窝头等宫廷风味饭菜的仿膳饭庄，这家饭庄因皇家菜点的有趣传说而在中外游客中享有很高的知名度。外国游客中间甚至流传着这样的说法：到北京不吃仿膳的饭菜，就等于没有登上长城。一时间，仿膳的美名到处传扬，吸引着一批又一批中外游客前来品尝，营业额直线上升……

这背后，公共关系心理学中的“晕轮效应”帮了仿膳饭庄的大忙！人的认知中的晕轮效应，就好像刮风天气之前晚间月亮周围的大圆环（即月晕，又称晕轮）一样。月晕是月光照在带有水分的空气上造成的一种特殊的光学效应。因为这种效应，而使人们认识不清月亮本身的模样了。不识“月亮”真面目，只因月在“晕轮”中。

正是运用晕轮效应，仿膳饭庄展开了有声有色的公共关系活动。他们了解到，一般顾客对皇帝总有一种神秘感，尤其是外国客人，对于能品尝到中国皇帝吃过的饭菜更感到是一种莫大的荣幸。于是，他们决定以“皇帝吃过的菜”这个仿膳的特色为核心，展开宣传活动。为此，他们搜集了许多关于宫廷菜点的传说，编成一个个有趣的小故事，让餐厅服务员背下来，在上菜时，根据不同的顾客、不同的场合加以介绍。1984年，美国华盛顿市市长在仿膳饭庄举行答谢宴会，席间，服务员端上一盘点心，彬彬有礼地介绍到：“慈禧太后夜里梦见吃肉末烧饼，第二天早上碰巧赶上厨师也为她准备了肉末烧饼，她想到这是吉祥如意的象征。今天各位吃的就是这种肉末烧饼，愿大家今后事事如意、岁岁吉祥！”她的话引来一阵阵掌声。华盛顿市市长高兴地敬了这位服务员一杯酒，说：“下次来北京，还到你们这里做客。”

【案例思考】

1. 北京仿膳饭庄的做法带给你哪些启示？
2. 旅游饭店如何结合自身的特色运用公众心理分析来开展公共关系活动？

第四章　旅游公共关系的传播

第一节　旅游公共关系传播的基础知识

一、传播的基本特征

传播是连接旅游公共关系主体与客体的纽带，是旅游公共关系的工作手段和基本要素之一。旅游公共关系活动的过程，其实质就是旅游组织与旅游公众之间的一种信息传播活动和信息交流过程。传播作为人类的一种活动古已有之。古代的烽火台就是人们传递军情的工具，只不过它是较为原始的传播方式罢了。今天我们所说的传播已具有十分丰富的内涵，它不仅包含着信息传递活动，同时也强调情感交流。在旅游公共关系中，传播不仅要完成"告诉公众什么"的使命，同时还要实现同公众之间的情感沟通，使旅游组织与其公众之间通过传播而达到和谐一致。在旅游公共关系活动中，情感交流更显得重要，它往往能起到特殊的效应。因此，不能将传播简单理解为信息的单向传递过程，同时应强调它的双向交流特性。鉴于此，我们对传播作如下解释：

传播是指个人或社会组织利用各种媒介，有计划地向公众传递信息和交流情感的活动过程。传播作为一种社会现象，作为信息交流的过程，主要具有以下特征。

1．普遍性和社会性

传播是人类社会关系得以形成的手段和工具。传播活动是伴随人类社会共生共存的一种普遍现象。社会学家查尔斯·科利称传播"是人类关系赖以存在和发展的机制，是一切智能的象征和通过空间传达它们及通过时间保存它们的手段。"人类学家爱德华·萨皮尔认为在社会中，"每一种文化形式和每一种社会行为的表现都或明或暗地涉及传播"。一个人独自沉思默想是一种传播；语言、声音、音乐是有声的传播；文字、图像、服饰是无声的传播；《论语》中"学而时习之，不亦说乎？"是时间上的传播；"有朋自远方来，不亦乐乎！"是空间上的传播；两个人谈心是人际间的传播；报纸、广播、电视是大众的传播。正因为社会生活中传播行为无处不在，有人将传播同衣、食、住、行并列为人类生活的五大需求。由此可见，旅游活动本身就是一种开阔视野、愉悦身心、传播知识、沟通情感的集物质与精神于一体的传播沟通活动。

2．双向性与动态性

传播活动以信息为材料，这些材料包括知识、意见、感情、愿望、消息、资料、情报等。传播活动就是传播者将这些信息传送给受众，而受众又可反馈给传播者，从而实现信息的共享，表现出明显的双向性、对称性和动态性。这是一个不断循环往复的过程。公共关系学中双向对称理论的提出就是吸收了传播学理论中的这一特性。而旅游传播活动如果离开了这一双向动态过程，就无法实现旅游组织和相应公众之间的信息交流和沟通。

3. 多项性与复杂性

传播的正常进行需要一定的条件，其过程涉及多项要素——既包括基本要素也包括隐含要素。因此，传播过程中的信息分享活动不仅是传播者和受众的问题，还要研究分析主客体背后的许多复杂因素。多项要素的影响和制约使传播过程必然是一种十分复杂的机理，因而对传播效果的控制应是多维的。

二、传播的基本类型

1. 自身传播

自身传播是指集传播者、受众于一身的自我内在交流形式。美国社会心理学家米德将自我分为“主我”（I）和“宾我”（me）。自我的这两部分经常相互交流和对话，进行自身内部交流，如沉思默想、自言自语、自问自答、自我欣赏、自我陶醉、自我发泄、自我反思、自我安慰等。从某种意义上讲，自身传播是个体为适应环境变化而进行的自我心理平衡和调节，是一种内心思维活动，在很大程度上属于心理学范畴。由于其客观存在，而成为人类传播的基本单位。自我传播也被内部公共关系所利用，如有些组织为员工准备的“出气室”或“发泄室”等，就是利用自我传播而调节内部员工情绪和精神状态的可行手段。

2. 人际传播

人际传播是指个人与个人之间进行的沟通交流活动。这是最广泛、最常见的一种传播方式，分为面对面和非面对面两种传播形式。前者一般通过语言、表情、动作等媒介进行交流；后者一般通过电话、电报、信函等进行交流。人际传播具有个性化、灵活性、人情味、信息反馈及时、传播效果易于显现等特点。在以服务为特征的旅游活动中人际传播得以最广泛地应用，如旅游服务人员、接待人员、导游员、讲解员与游客之间的交流沟通，游客与游客之间的交流沟通，企业内部员工之间的交流沟通等，都会影响到旅游公共关系的建立和完善。

3. 群体传播

群体传播是指在两人以上、松散的非组织性集群中进行的沟通交流活动。如旅游信息发布会、旅游促销展览会、旅游专题演讲报告会、游客代表座谈会以及与散客旅游团、组织内部非正式群体进行的沟通交流等，都属于群体传播形式。群体传播具有相对集中、面对面、易于反馈调整等特点，是旅游内外公共关系常见的一种有效传播手段。

4. 组织传播

组织传播是指一个正式组织在其内部或外部开展的沟通交流活动。组织传播包括上情下达、下情上呈、平行交流、正式群体的传播、非正式群体的传播、单向传播、双向传播等各种形式。这是一种以组织为主体的具有目的性、层次性、有序性、可控性的传播形式，其传播对象复杂多样。组织传播是旅游公共关系活动中疏通组织内外沟通渠道、密切组织内外公众关系的重要传播类型。

5. 大众传播

大众传播是指借助职业传播者（如新闻、出版等单位），通过现代化的大众传播媒介（像报纸、杂志、广播、电视、电影、书籍等），将大量复制的信息传播给极其广泛而分散的受众的传播形式。大众传播具有传播主体高度组织化、专业化，传播手段现代化、技术化，传播对象众多，传播速度快、覆盖面广、影响性强等特点。大众传播的迅速发展是现代社会科学技术高度发展的产物。旅游组织在旅游公共关系活动中要远距离、大范围地进行有效信息传播，影响旅游公众态度、改变舆论导向、塑造组织形象，就必须经常借助大众传播手段。

传播的五种基本类型既自成体系，又互为补充，其关系如图 4－1 所示。从其树状的层次系统中，自身传播位于最底层，是最基础的传播形式。而大众传播则处于该系统的顶端，具有最大的传播规模和包容能力，在这个系统中，由下往上，传播特征出现以下变化：受众面越来越大；传受双方在感情距离上越来越远；信息的个性化越来越淡；组织系统和传播技术越来越复杂。

图 4－1　五种传播类型关系图

三、传播的基础理论

（一）拉斯韦尔的 5W 模式

美国人哈罗德·拉斯韦尔 1948 年发表了《社会传播的结构与功能》一文而成为传播学的创始人之一。拉斯韦尔在该文中提出了界定传播研究范畴的经典模式——5W 模式。此模式将传播行为简化为五个要素（见图 4－2）：

（1）传播者是谁（Who）；

（2）传播内容是什么（Says What）；

（3）传播渠道是什么（In Which Channel）；

（4）传播对象是谁（To Whom）；

（5）传播效果怎样（With Which Effects）。

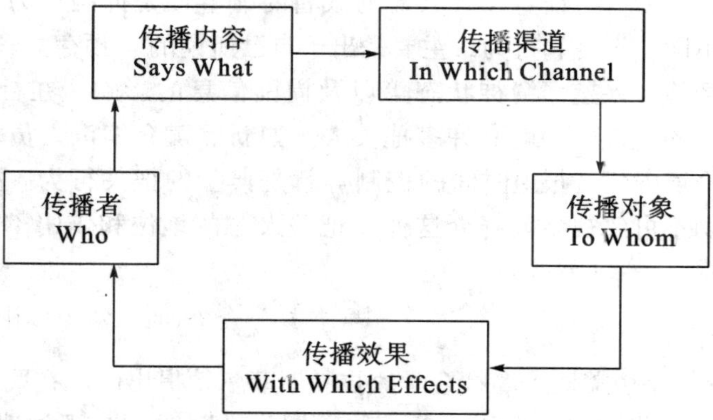

图4－2 公共关系双向传播模式图

旅游公共关系的传播可借鉴拉斯韦尔的要素所设计的双向传播模式图，如图4－2所示。图中涉及的要素也正是旅游公共关系所要讨论的五大问题：传播者是特定的旅游组织或其代言人，传播对象是相应的旅游公众，旅游公共关系工作实际上就是选择适宜的传播内容和传播渠道，传播旅游组织的信息，并收集反馈旅游公众的信息，然后调整组织的传播行为，进一步通过更有效的传播来协调旅游组织和公众之间的关系，以最终取得双方的相互了解、信任与支持，实现旅游组织特定的公共关系目的。所以，拉斯韦尔所提出的五大研究对象也完全可以视为旅游公共关系传播研究的基本范畴。

1．旅游公共关系传播的主体分析

旅游公共关系传播的主体分析包括：旅游组织的声誉与形象，旅游组织代言人的权威性或影响力，旅游传播者的可信度及传播技能，旅游公共关系机构与人员等。

2．旅游公共关系传播的内容分析

旅游公共关系传播的内容分析包括：旅游传播内容的真实性、新鲜性、刺激性、重要性以及与公众的相关性等。

3．旅游公共关系传播的媒介分析

旅游公共关系传播的媒介分析包括：旅游传播媒介的选择原则，传播媒介的特点，传播的分类，传播的符号，传播的主要途径等。

4．旅游公共关系传播的对象分析

旅游公共关系传播的对象分析包括：传播对象的特点、类型、心理等。

5．旅游公共关系传播的效果分析

旅游公共关系传播的效果分析包括：传播效果的类型，影响传播效果的因素以及基本理论分析等。

（二）把关人理论

美籍德国心理学家库尔特·卢因（1890－1949）在其所写的《群体生活的渠道》一文中提出了“把关人”的概念。“把关人”又称“守门人”（gate keeper），它是指在信息传播过程中，对信息的提供、制作、编辑和报道能够采取“疏导”与“抑制”行为的关键人物。把关人有时指个别人，有时指一个集体。把关人对某些信息准予流通的便是疏导行为，对另一些信息不让其流通或暂时搁置便是抑制行为。把关人之所以对信息交流采取不同的态度和行为，主要是出于自己所谓的“预存立场”，即自己原有的观点、意见、经验、兴趣、精神状态等以及周围信息的影响。在社会信息的提供、制作、编辑和报道的过程中，就有许多把关人。如新闻媒介编审人员对信息的审核以及对报道内容、报道方式、报道时间的控制等就是典型的把关行为。因此，旅游公共关系宣传活动中切不可忽视新闻媒介这种“把关人”的地位和作用，应当善待媒介关系，搞好媒介关系。

（三）两级传播模式

“两级传播论”是由美国著名社会学家拉扎斯菲尔德提出的。在两次世界大战之间的几十年内，对大众传播的威力流行着一种“魔弹说”或“皮下注射说”，即认为大众媒介对受众具有一击中的的“魔弹”效果或类似药到病除的“皮下注射”效果。这无疑是一种大众传播的强效果论观点。1940 年，拉扎斯菲尔德在美国俄亥俄州开展了一项有关总统选举的社会调查。但是，调查结果却使他开始对“魔弹说”产生了怀疑。调查结果显示，只有大约5%的人确认他们受了大众传媒的影响而决定投票倾向的，而真正影响人们投票行为的仍然是个人之间的接触和方方面面的劝说。于是，他提出了“两级传播”的假设“：观念总是先从广播和报刊传向‘意见领袖’，然后再由这些人传到人群中不那么活跃的部分。”也就是说，信息的传播，是按照“媒介—意见领袖—受众”这种两级传播的模式进行的。这里提出的中间环节“意见领袖”，其作用和意义举足轻重。意见领袖又称“舆论指导者”，指社会活动中的“消息灵通人士”或对某一领域有丰富的知识和经验的“权威专家”，而其态度和意见对广大公众影响较大的那一部分人。

在传播活动中，我们应当意识到：大众传播媒介的力量是巨大的，但不是法力无边的。我们在进行传播之时，千万不可忽视那些卓有成效的以人际传播和组织传播方式所达到的传播效果，即千万不可忽略“意见领袖”的指导作用。在旅游公共关系传播中，我们也要十分重视“意见领袖”的作用。例如，旅游专家以其丰富的专业知识、旅游爱好者以其丰富的旅游经验会成为出行者选择目标旅游地及相应旅游方式的“意见领袖”；参加某旅行社随团旅游归来的游客，会因其亲身的感受而成为与之接触的人是否再选择该旅行社出行的“意见领袖”；而旅游企业内部的“消息灵通者”、“智多星”、“主心骨”们会成为影响内部员工观点、态度、意向的“意见领袖”……如何发挥这些“意见领袖”的舆论指导作用，对旅游公共关系传播工作具有重要意义。

（四）受众选择的“3S”论

经过长期的观察和研究，传播学者发现受众（传播对象）在接触媒体和接受信息时有很大的选择性，这就是受众心理上的自我选择过程。这个选择过程表现为三种现象，简称为“3S”：选择性注意（selective attention）；选择性理解（selective perception）；选择性记忆（selective retention）。选择性注意是指人们的感觉器官在接受诸多信息的刺激时，不可能对所有信息的刺激一一作出反应，而只能是有选择地加以注意的心理状态；选择性理解是指不同的人对于同一信息作出不同意义的解释和理解，这与受众原有的需求、态度和情绪有关；选择性记忆是指人们记忆上的取舍，即人们往往只记对已有利的信息，或只记自己愿意记的信息，而其余的信息往往被忘记了。以上所谈的信息受众心理选择过程的三个环节，如图 4－3 所示，可以看成是受众（如旅游消费者）心理的三层“防卫圈”。信息如果不合受众的个人需求，则被挡在“防卫圈”之外。由此可见，公众对外部信息刺激不是被动地作出反应，而是有着认知主体内部的心理过程，这对旅游公共关系工作有很大的启发。如为了强化旅游信息传播对公众的影响力，我们需要考虑信息传播适宜的刺激强度、对比度、重复度、变化性以及版面位置和播发时间等，还有信息传播与受众原有的生活、工作、观点、态度、兴趣等是否接近。只有以公众为对象有针对性地选择传播内容、传播媒介和传播方式，才能提高旅游公共关系传播的有效性。

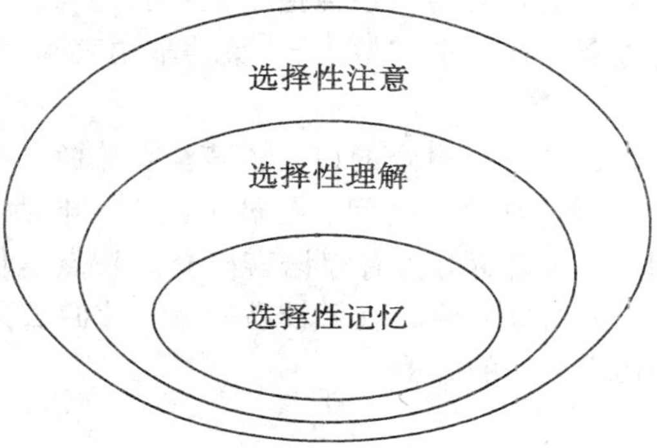

图 4－3　受众心理的三层“防卫圈”

（五）议题设置论

1972 年，传播学学者麦库姆斯等经过科学调查研究认为，大众传播媒介具有一种选择并突出某种问题，从而使这些问题引起大众和社会重视的功能，即大众传播对某些议题的着重强调和这些议题在公众中受到重视的程度构成强烈的正比关系。或者说，在大众传播中越多次、大量地突出报道某一事件，就会使社会公众突出地议论这一话题，这便是“议题设置”。议题设置是大众传播媒介的一个重要功能，这正是“把关人”的作用所在。在旅游公共关系传播活动中，通过大众传播媒介在社会中形成一个热点话题，让这个话题直接或间接地与组织及其产品或服务挂钩，从而能达年到良好的传播效果。如 1984 年北京长城饭店策划的里根访华答谢宴会的新闻事件，无形中大大提高了长城饭店的知名度和美誉度；近两年河南有关媒体对河南焦作旅游资源的频频报道，在业内掀起了“焦作现象”、“云台山现象”的热门话题，可以说当地旅游形象的迅速崛起无不与借助新闻媒介“设置议题”功能的发挥有关。

第二节　旅游公共关系传播的媒介

一、一般传播媒介

旅游公共关系传播的媒介是公共关系借以沟通、传播信息的载体。一般传播媒介从物质形式上分可有三大类：符号媒介、实物媒介和人体媒介。

（一）符号媒介

符号是人际信息传递过程中一种有意义并能引起互动的载体。符号媒介是现代社会运用最广泛的传播媒介，也是公共关系传播中最主要的媒介。符号媒介可分为：有声语言媒介、无声语言媒介、有声非语言媒介、无声非语言媒介。

1. 有声语言媒介

有声语言即自然语言，是发出声音的口头语言。在旅游公共关系活动中，均有大量的有声语言媒介进行传播，如答记者问、与员工谈心、电话交流、内外谈判、各种演说、为宾客致迎送词、导游讲解等。有声语言媒介的特点是信息反馈迅速，形式灵活多样，可见机行事、投其所好，传播效果较易控制。旅游公共关系人员要频频与人交往，应当是驾驭有声语言艺术的高手。

2. 无声语言媒介

无声语言是有声语言的一种文字符号形式。在旅游公共关系传播活动中，多是通过印刷文字进行信息传递。其方式有：谈判决议、会议纪要、社交书信、调查报告、电文、简报、导游手册、景点文字介绍、标牌指示等。

无声语言媒介的特点是可超越时空，可字句斟酌，可记录保存，但信息反馈不如有声语言及时迅速。能说会写是旅游公共关系人员的两大基本功，扎实的文字功底是旅游公共关系人员必须训练的传播技能。

3. 有声非语言媒介

有声非语言，也就是“类语言”或“副语言”。它是传播过程中一种有声而不分音节的语言。常见的形式有：说话时的重音、语调、笑声和掌声。有声非语言媒介的特点：第一，无具体的音节可分，其信息是在一定的语言环境中得以传播。第二，同一形式其语意并不是固定不变的。比如，同是以笑声为媒介，可能负载着正信息，也可能负载着负信息；又如掌声，可以传递欢迎、赞成、高兴等信息，也可以传递一种礼貌的否定等。

4. 无声非语言媒介

无声非语言，指的是各种人体语言。它是以人的动作、表情、服饰等来传递信息的一种无声伴随语言。在旅游公共关系传播中，无声非语言是一种广泛运用的重要沟通方式。表现在视觉上可分为动态的和静态的两类，即势态语言和情态语言。势态语言指人的手、肩、臂、腰、腿、足等等身体部位做出表现某种具体含义的动作符号；情态语言指人脸部表情动作构成的语言，其中眼神和微笑是情态语言中重要的人际沟通手段。无声非语言媒介的特点：第一，具有鲜明的民族文化性，比如人的有些动作，在不同的民族文化中所表示的语义信息会完全不一样。第二，强化有声语言的传播效果。在交谈时，如果伴有适当的人体语言，会明显增强口头语言的表达效果。掌握无声非语言技能对提高导游员、景点解说员、饭店服务员与游客和顾客的沟通效能来说，很有实用意义。

上述符号媒介的分类，可用“语言非语言”和“有声—无声”两个纬度进行划分，如图 4 -4 所示：

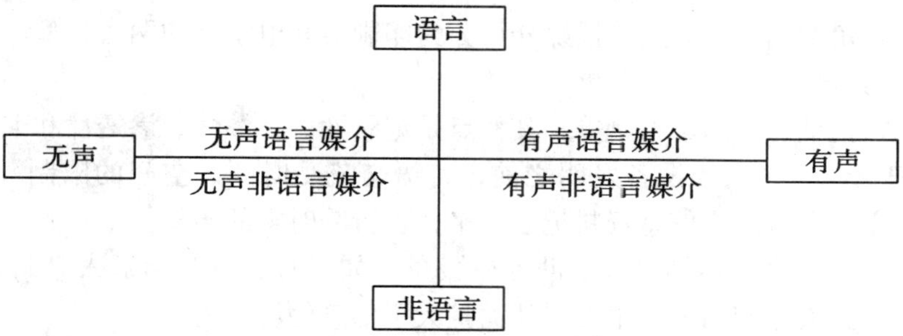

图 4 -4　符号媒介的分类

（二）实物媒介

实物媒介，指的是实物上包含有某种信息，实物充当了信息传递的载体。它包括旅游商品、象征物、公共关系礼品等。

旅游商品，其本身就是一种典型的实物媒介。旅游商品运载信息的要素有品牌、商标、包装、外表形态、内在质量、售后服务以及广告设计等。

象征物，如旅游企业组织的象征雕塑、店徽、店旗、带有企业徽标的购物袋、信笺等，无不起着传递组织特定信息的作用。

公共关系礼品，包括两层含义：第一，非商品化，它必须是一种不进入（或尚未进入）市场流通的物品，常常需要旅游组织根据一定的公共关系目标设计制作，让其成为宣传组织信息的一种载体。第二，公共关系礼品的交际价值大于礼品的使用价值，因为其中还含有信息价值和情感价值的成分。

（三）人体媒介

人体媒介，是借助人的言语、行为、服饰、素质和社会影响作为传递信息的载体。它包括组织成员（从领导到员工）的形象、社会名流、新闻人物以及能影响社会舆论的其他公众等。就旅游组织来讲，要高度重视培养组织成员的公共关系意识，注重仪容仪表和良好的言谈行为方式，注重个人形象对组织公共关系传播的影响和作用。旅游公共关系传播的三种物质媒介，其作用各有所长。符号媒介使用方便，运用广泛，信息反馈及时；实物媒介在以上方面虽然不及符号媒介，但可信度却比较高，旅游商品、景观特色、饭店食宿等实物媒介所传递的信息，自然要比广告来得可靠；人体媒介的作用既不如符号媒介广泛，也不如实物媒介牢靠，但它却利于传播双方的感情沟通。对旅游组织来说，只有恰到好处地运用这三种传播媒介，才能获得最佳的公共关系传播效果。

二、大众传播媒介

大众传播媒介是近现代科学技术发展的产物，在旅游公共关系活动中起着特别重要的作用。相比一般物质媒介来说，其传播范围广、速度快、影响性强，能引领甚至控制社会舆论，是不可缺少的公共关系传播媒介。

（一）大众传播媒介

从媒介的角度划分，大众传播媒介可分为印刷类和电子类的两大类型。

1. 印刷类媒介

主要包括报纸、杂志、书籍等，其特点是记录性、扩散性、渗透性和准确性。

（1）记录性。在录音设备发明之前，言语交流受时间、空间的限制，无法记录，无法重现。文字则可以将信息资料记录下来，进行跨时空的传播。

（2）扩散性。文字传播可以借助各种媒介（如甲骨、竹简和纸张等）传送到遥远的地方，扩散到大范围的公众中去，从而扩大了信息的影响力。

（3）渗透性。文字信息可以长时间保存，可以对读者产生反复刺激和影响；而读者在接受信息时可以从容阅读、反复思考，因此文字传播的信息渗透性比较强。

（4）准确性。文字媒介的信息在制作时可以字句斟酌、反复推敲、论证、修改，使信息的表达更具条理性、逻辑性和准确性。

2. 电子类媒介

主要包括广播、电视、电影、录像、光碟等，其特点是时效性、远播性、生动性和技术性。

（1）时效性。电子媒介具有最好的时效性，与印刷类媒介相比，其对信息的传播可以更迅速、及时，消息的报道与事件的发生、发展能够做到同步进行。

（2）远播性。电子媒介通过电波做远距离的传播，不受空间的局限，不受气候的影响，即使相隔遥远，信息的报道也能及时同步传播。

（3）生动性。广播和电视通过声音、图像、色彩、文字的组合，使信息的传播比印刷类媒介更加生动，现场感比较强，更富于感染力。

（4）技术性。与印刷类媒介相比，电子类媒介的科技含量更高，无论播发还是接受信息，都需要专门的技术设备，而且制作和播送信息的操作过程复杂，需要专门的技术人员。

（二）传播特点

由上可见，两类传播媒介各有所长。现对常见的公共关系大众媒介的传播特点作如下分析：

1. 报纸传播的优势和劣势

（1）优势

①读者有很大的选择余地。读者可根据自己的需要与兴趣挑选阅读内容，可精读、可泛读；在阅读时间上也可自由安排，可随时阅读。加之报纸携带方便，不受阅读时

间和场所的限制，可随时随地阅读，读者有较大的灵活性和主动权。这一特点赋予了报纸以很强的竞争性与生命力。

②便于保存和检索。这是印刷媒介的独到之处。“今天的新闻就是明天的历史”，“温故而知新”。读者可以剪报储存，重复阅读，加深印象，并可长期、反复使用，使读者拥有分配时间与空间的相对自由。

③可充分处理信息资料。报纸的容量较大，根据需要，可以增刊、增版，并可采用连载和专访等形式，提高信息的传播量和连续性，增强新闻报道的广度和深度。

④制作比较方便，成本相对较低，易普及。

（2）弱点

①报纸传播速度不如广播、电视迅速及时，印刷媒介都有一个采写、编辑、印刷、出版、发行的过程，因而会影响其传播的时效性。

②理解能力受限。受读者文化水平的限制，更无法对文盲产生传播效果，限制了读者数量。

③直观感方面不够形象生动。报纸会因纸质和印刷的关系，色泽大都单调，插图和摄影不如杂志精美，更不能与视听结合的电视相比了。这会在一定程度上影响它对读者的吸引力。

2．杂志传播的优势和劣势

（1）优势

①杂志是以“深”和“广”取胜，不是以“快”取胜。杂志作为一种印刷媒介，可以说是报纸向深度和广度发展的产物。相对于报纸而言，杂志的内容更深入细致，报道更详尽、完整、系统。

②时效较长。相对于报纸而言，读者对杂志的保存意愿更强，从而阅读的有效时间较长，伴随其长时期的保留价值，可持续不断地发挥其传播效果。

③针对性强。每种杂志都有自己特定的读者群，传播者可以面对明确的目标公众制定有针对性的传播策略，做到“对症下药”，不仅能节省传播费用，而且可以提高传播的有效性。

④印刷精美，表现力强。同报纸相比，杂志印刷精美，图文并茂，色彩艳丽，更具有视觉吸引力和感染力，易于让人产生心理上的认同。

（2）弱点

①出版周期长。杂志也称期刊，根据发行周期长短，可分为周刊、旬刊、半月刊、月刊、双月刊、季刊和年鉴等。由于其出版周期较长，不能迅速及时报道消息，特别是对瞬息万变的信息更是束手无策。

②传播声势受限。杂志也受文化水平的限制，特别是有些专业性较强的杂志，更要求有一定的理解力，因而普及性不如报纸。另外，受其版面和发行量的限制，杂志无法像报纸和电视那样造成铺天盖地的宣传效应，难以构成强大的宣传气势。

3．广播传播的优势和劣势

（1）优势

①传播速度快、范围大、影响性强。广播时间和收听时间可同步，而且还可以采

用现场广播的方式，一般不受时空的限制，能迅速、及时、远距离、大范围地传播信息。广播使用有声语言传播信息，而声音的优势在于具有真实感，听其声如临其境、如见其人，播音员声情并茂的语言可调动听众的情感，有很强的鼓动性和感染力，因而广播是影响舆论、形成氛围的强有力的手段。

②收听方便、对象广泛。广播以声音传播信息，只占时间不占空间，可主动向听众发动“进攻”，传播方式较灵活，收听方便自由，不受收听状态的限制。广播也不受年龄、性别、职业、文化、空间、地点等条件的限制，特别是不受文化水平的限制，从学龄前的儿童到白发老人都可收听，对文化水平低的公众，广播更是主要的信息传播手段，听众对象十分广泛。

③多种功能。广播从功能上讲，能传播信息、普及知识、提供娱乐、教育指导；从其制作方法来讲，也是丰富多彩，如新闻联播、录音新闻、实况转播、演讲、对话、讨论、讲座、演唱等，从而使相同的传播内容取得丰富多彩的传播效果。因此，广播能满足不同阶层、不同年龄、不同文化、不同职业听众的多方面的需求。

④成本低廉。广播无论是筹建还是使用，成本均较低。广播设备简单，节目制作方便、迅速，且比电视、报刊费用低廉；收听广播则更为简便，花几十元钱便可长时间地收听广播。

（2）弱点

①传播效果稍纵即逝，信息不便记录和保存，难以查询，无法给听众留下深刻的印象。

②听众被动。广播是线性的传播方式，即内容按时间顺序依次排列，听众受节目顺序限制，只能被动接受既定的内容，时间和内容上都无法自由选择，亦不能反复收听。

4. 电视传播的优势和劣势

（1）优势

①传播速度快、时效性强。电视与广播一样，用电波传送信号，能超越时空从四面八方把信号直接传送到观众家里，传播速度快，覆盖面广，特别是现场直播，具有很强的时效性。

②多种功能，博采众长，具有真实感强、艺术性强、娱乐性强等特点。电视集形象、色彩、声音、文字于一体，图文并茂，音像同步，具有很强的艺术感染力，容易引起观众的共鸣；电视可真实、生动地再现或直播各种事件的发生、发展过程，时间上的同时性和空间上的同位性使其纪实性很强，给人以逼真、可信、深刻、亲切的印象，能使观众产生身临其境的现场感和参与感；电视不受文化水平的限制，老幼皆宜，雅俗共赏，到目前仍是最受欢迎的一种大众媒介。

（2）弱点

①同广播一样，观众处于被动接受状态。电视传播也是稍纵即逝，不易保留，难以重复观赏；在收看时间和内容上也同样受限制，难以自由选择；加上受场地、设备条件的限制，使信息的传输和接受都不如报刊、广播那样具有灵活性。

②电视节目从制作、传送到收放，耗时耗资，成本较高。

三、互联网络媒介

互联网是指全球最大的、开放的、由众多网络互联而成的计算机网络，以及这个网络所包含的全世界范围内的巨大信息资源。从网络的角度讲，互联网不仅是一个国际性的计算机网络集合体，即一种连接在一起的物理实体，更重要的是从信息资源的角度讲，互联网是一个面向全世界、全社会的巨大的信息资源，它能根据不同用户的不同需要提供诸多不同的信息服务。作为物理实体的计算机网络只是信息传播的载体，而巨大的信息资源才是互联网的生命力之所在，互联网的神奇、美妙和实用，就在于它拥有的信息资源本身。

互联网含有极丰富的信息资源，并能使处于异地的计算机方便地进行信息交流与资源共享。人们利用它可以进行科学研究、文档查询、联机交谈、电脑购物等。从公共关系传播意义的角度，互联网是现代电脑技术、通讯技术的硬件和软件一体化的产物，代表了现代传播技术的最高水平，是人类传播史上的一个重要里程碑。它的出现，从根本上改变了人类的传播意识、传播行为和传播方式，并影响到人类社会生活的方方面面。它同传统的大众媒介和其他电子媒介相比，具有如下传播特征：

1．超越时空，范围广泛

互联网的传播是在电子空间进行的，能够突破现实时空的许多障碍和限制，真正全天候地开放和运转，实现超越时空的异步通讯。而且，它是由无数个局域网（如政府网、企业网、学校网、公众网等）联结起来的世界性的信息传输网络，因此，它又是传播范围真正广泛的“无边界媒介”。

2．高度开放，尽显个性

互联网是一个高度开放的系统，在这个电子空间中，任何人都可以利用这个网络平等地获取信息和传播信息。无论对传播者还是受传者来说，在互联网这一媒体中都享有高度的自由。在 Internet 上，无论信息内容的制作、媒体的运用和控制，还是传播和接受信息的方式、信息的消费行为，都具有鲜明的个性，使人际传播和大众传播都在高科技的基础上大放光彩。

3．综合媒体，双向互动

互联网以超文本的形式，使文字、数据、声音、图像等信息均转化为计算机语言进行传递，不同形式的信息可以在同一个网上同时传递，使其综合了报纸、杂志、书籍、广播、电视、电话、传真等各种媒介的特征和优势。不仅如此，电脑互联网成功地融合了大众传播和人际传播的优势，能实现大范围和远距离的双向互动。不仅远距离、大范围地实现沟通，而且受众的主动性、选择性和参与性大大增强，使得传播沟通的双向性大大加强。

由于互联网具有以上与传统的大众媒体和其他电子媒体不同的传播特征，特别是其包含的巨大信息资源，双向交互式的信息传达方式，与公共关系所倡导的“双向交流与沟通”的观点十分吻合。现如今“网上公共关系”、“网上广告”对大多数组织与公众来讲，已是习以为常的传播手段了。作为旅游组织、企业、机构来说，如果不懂得运用互联网的强大功能从事公共关系活动的话，就可能成为信息化社会的落伍者。

四、选择传播媒介的原则

在了解各类传播媒介特点的基础上，还要综合考虑不同的传播对象、传播内容等进行有针对性的媒介选择，才能使传播媒介发挥出应有的传播效果。旅游公共关系活动有效选择传播媒介的原则主要有：

1．根据传播对象来选择

要综合考虑传播对象的经济状况、教育程度、职业习惯、生活方式以及他们通常接受信息的习惯等。例如，对经常加班加点的出租车司机来说，最好采用广播方式；对文化比较落后、又没有普及电视的偏远山区农民来说，采用有线或无线电广播较合适；要引起儿童的兴趣和注意，制作电视和卡通片效果最好；对普遍采用现代化办公条件的大小公司、部门、机构而言，用互联网传播信息效果较佳；对思维活跃、相对集群的中学生、大学生来讲，用校园海报发布信息效果较为理想；对喜欢阅读和思考的知识分子，应多采用印刷类的传播媒介，因为阅读报刊、书籍已成为他们的生活方式。总之，以公众研究为出发点，不仅是选择传播媒介的基本原则，也是贯穿整个旅游公共关系工作的基本思想。

2．根据传播内容来选择

对比较简短的快讯、通俗易懂的信息内容，可选覆盖面广、速度快、且对文化水平要求不高的广播；对内容复杂、需要人们反复思索才能明白或具有保存价值的信息内容，广播则显得力不从心，使用印刷类媒介更便于公众深入思考和反复使用；对趣味性强的信息内容或庆典活动、开张仪式、大型公共关系活动的盛况等，采用电子类媒体特别是电视则生动逼真，能产生非常诱人的轰动效应。因而，相应的传播内容赋予相应的传播媒介，才能得到最有效的传播。

3．根据经济条件来选择

俗话说“看菜吃饭，量体裁衣”。任何旅游组织公共关系活动经费都是有限的，而越是现代化的传播媒介其费用越高。例如，用电视旅游广告宣传效果最好，但费用最高，通常以秒计算。因此，旅游公共关系传播媒介的选择，从“投入产出”的效果考虑，一要注意组织的实际承受能力，二要注意实际效果，要以最少的成本，获得最大的传播成效。

第三节　旅游公共关系传播的效果

一、旅游公共关系传播效果的四个层次

传播效果是传播过程的最终结果，也是对任何传播过程的总评价。古人云，“良言一句冬日暖，恶语伤人六月寒”。孔子也说过：一言可以兴邦，亦可丧邦。这些都从一定意义上说明了传播的效果。旅游公共关系工作其实就是一种传播沟通行为，其传播的目的是为了向公众传递信息，沟通感情，影响旅游公众的态度和行为，最终顺应组

织的期望。因此，旅游公共关系传播的有效性，是以公众按照旅游组织欲达成的结果而产生其情感、思想、态度和行为方面的变化为依据。根据旅游公众对信息接受的不同层次，旅游公共关系传播效果可呈现不同的层次。分层次考查旅游公共关系的传播效果，可以帮助旅游人员明确公共关系传播工作在不同阶段的侧重点，以利于提高旅游公共关系的针对性，避免旅游传播的盲目性。一般来说，旅游公共关系传播目的可分为四个层次：传达信息，联络感情，影响公众态度，引起公众行为。无论在哪个层次上达到了目的，都可以说是取得了一种传播效果。

1. 信息层次——分享信息

这是旅游公共关系传播最基本的传播层次。许多旅游公共关系活动都是在这个层次上展开的。作为一个现代旅游组织，树立形象的第一步就是让公众了解自己，熟悉自己。因此，旅游公共关系工作最基本的内容就是想方设法把旅游组织的有关信息传递给公众，增加公众对组织方针、政策、产品、服务及各种信息的了解和感知。而旅游公共关系工作是否有效，就看旅游组织的基本信息是否通过各种方式和途径传送到相关公众那里，若公众及时、准确、充分地获得了所需要的信息，公共关系传播就是有效传播。

2. 情感层次——联络感情

这个层次上公共关系传播的目的，是力求引起公众对旅游组织在感情上产生共鸣和思想上的沟通。如一封感人肺腑的信函、一段情感真挚的欢迎词、一部打动人心的旅游宣传片、一场联欢、一次舞会、一次宴请等等。所有这些，都可在一定程度上密切公众的感情。以情感人、以诚动人，联络公众感情并增进其对组织的积极情感，是公共关系活动的一项重要任务。这个层次的传播效果在于对内增强凝聚力，对外增强吸引力，从而为旅游组织创造和谐相容的公众氛围。

3. 态度层次——改变态度

公众是支持组织还是成为组织的异己力量，这是由公众的态度决定的。态度层次的公共关系传播旨在转变公众对特定旅游组织原有的不良态度和心理状态，强化或重建其对组织的积极态度，将公众对组织的误解、敌意、冷淡转变为认可、理解、同情、信任和支持，为更深层次的传播奠定基础。

4. 行为层次——引起行为

行为层次是公共关系传播效果的最高层次。一般的顺序是先有态度后有行为。旅游组织公共关系活动的最终目的就是促使公众产生某种组织所期望的行为，如贯彻执行某项方针、政策，接受某项服务，购买某项产品等。当然，行为层次上的传播效果是以信息层次、情感层次、态度层次的效果为基础的。

事实上，不同旅游组织在不同的时期，由于公共关系传播活动的目的要求不同，对传播效果的理解也应不同，不能统一地用是否引起公众的行为作为唯一的判断标准。如某一新的旅游产品服务项目首推时主要是告知公众信息；当公众对某项产品服务不满时，应设法转变公众的认知和态度；当公众疏忽时，组织则应采取措施加强与公众之间的情感沟通；当企业经济效益滑坡时，则要促使旅游者对企业服务及产品的进一步了解和消费。不管是哪种层次的传播活动，只要达到了旅游组织在某一时期公共关系传播的预期目的，都应该称之为成功的传播活动。

二、旅游公共关系传播效果的影响要素

旅游组织利用传播手段进行公共关系宣传的目的是塑造组织良好的形象，提高组织的知名度和美誉度，争取社会公众和旅游者对组织的了解、理解、支持与合作。要取得理想的传播效果，要求旅游组织应在公共关系传播的各个环节创造有利条件，排除各种干扰。因此，分析影响和制约传播效果的因素，创造最佳的传播条件，对取得良好的公共关系活动效果有着十分重要的作用。

影响传播的构成要素可分为两类：一类是传播过程的基本要素，包括信源、信宿、信息、媒介、信道和反馈等；另一类是影响传播的隐含要素，如传播活动中的时空环境、心理因素、文化背景和权威意识等。前者是公共关系传播的“硬件”，后者是公共关系传播的“软件”。其中每一个要素，都会对旅游公共关系传播效果产生影响。

（一）基本要素

1．信源

信源即指信息的发布者，也就是传播者。在旅游公共关系活动中，一般是指某一个具体的旅游主体旅游组织（或其代言人）。

在传播过程中，信源是传播活动的起点，是有效传播的第一个重要条件。传播者是信息传递关系中的主动者，他发出的信息能否被公众接受，很大程度取决于传播主体的自身状况。美国社会心理学家卡尔·霍夫兰在耶鲁大学对大众传播及态度改变问题进行的几十年研究的成果表明，传播者的权威性、客观性及受欢迎的程度是影响传播效果的重要因素。因此，在进行旅游公共关系传播时，要特别注意根据情况的需要，或邀请有权威影响的旅游界专家，或请与公众感情接近的人士作为企业组织的代言人，尽量减少传播中的商业气息，把握公众的心理与情感，熟练地运用语言艺术，以客观、公正、权威、受公众欢迎的面貌来传播组织信息，这对强化公共关系传播效果起到积极的作用。

2．信宿

信宿即指信息的接受者，也就是受众。如旅游组织欲传播沟通的社会公众和旅游者。

作为接受信息的客体来讲，传播对象是一个能动的因素，其在接受信息时不是消极被动地被灌输，而是具有较强的选择性。如传播对象的心理需求、团体背景、接受能力等情况不同，旅游公共关系传播必须考虑所传递的信息是否为对方所需要，考虑对方的知识水平、理解能力、思维能力、社会经验等带来的信息接收习惯和接受能力，考虑其社会角色、社会地位、所在社会团体背景所形成的社会价值观、行为规范和准则等。只有全面了解公众对象，尽可能地投公众所好，才能做到有的放矢，取得良好的传播效果。

3．信息

从哲学的观点来看，信息是指客观事物本身所具有的一种反应特性，它可以通过

声音、运动、动作、形态、表情等多方面表现出来。从公共关系传播这一角度来看，信息是指具有新内容、新知识的消息，其中包括观念、态度和情感等，是传播者所要传播的内容。而信息内容自身的一些特点也是影响传播预期效果能否实现的重要变量。这包括：

（1）信息的新鲜性。信息就是指含有新内容、新知识的消息。因此，对传播内容来讲，首要的要求就是其新鲜性。对人们习以为常、尽人皆知的消息就没有传播价值了。旅游公共关系传播若总是一个面孔、没有任何新颖独到之处，就难以吸引公众的关注，不能被公众接受。

（2）信息的重要性。现代信息社会，人们每天被大量信息所包围，每时每刻都会受到大量信息的冲击，但只有相对重要的信息才有传播价值。而信息是否重要可从几个方面考虑：影响性、显著性、发展性、异常性等。对受众影响性大、传播效果显著的信息要及时传播；具有发展性和异常性的信息内容，容易引起公众的关注。因此，从传播价值大小和引起公众关注度的角度，或是信息本身重要，或设法使公众感到信息重要，才可能达到良好的传播效果。

（3）信息的相关性。根据受众选择“3S”论的传播理论，传播对象对信息往往是选择性接受、选择性理解、选择性记忆。因而，旅游公共关系活动要考虑尽可能使传播内容与传播对象原有的观念、兴趣、生活、工作、需求相接近，与受众相关性越强，传播效果会越好。

（4）信息的真实性。从公共关系活动的基本原则出发，真实是公共关系的生命所在。旅游公共关系宣传的信息必须真实、客观才会长期赢得公众的信任和欢迎，否则只能损害旅游组织的声誉和形象。失去了公众和旅游者的信赖，最终就会失去旅游业的长远利益。

（5）信息的趣味性。从心理学的角度分析，信息的相关性能吸引公众的有意注意，而趣味性则更能吸引公众的无意注意。在旅游公共关系传播过程中，要重视信息传播的情趣和意味，以增强对公众的吸引力。当然趣味性也有高雅与低俗之分，低俗的信息传播必然损害组织的声誉和形象。

（6）信息的时效性。时效性包括时间限制和时间效率两个方面。在旅游公共关系传播活动中，要注意有些信息本身可能很重要，但若不注重其传播的时间限制，就可能失去信息应有的传播价值。但是，信息传播也不能一味图快，还要考虑最佳时机的选择问题，时机不当，传播可能会是低效或无效的。

4. 媒介与信道

媒介原意指中间物，即中介。从传播的意义上说，媒介是指用以记录和保存信息并随后由其重现信息的载体。媒介与信息密不可分，离开了媒介，信息就不复存在，更谈不上信息的交流和传播了。信道是指信息传递的途径或渠道。信道的性质和特点，将决定对媒介的选择。如谈话是以声波为交流信道的，则所选择的交流媒介只能是具有“发声”功能的物体、材料和技术手段。如果以频道为信息传播渠道，则媒介选择只能是电子类的载体。

旅游公共关系传播活动中，传播渠道和媒介的选择是很值得重视的技术性问题，不同渠道和媒介的选择都应以传播的有效性为依据。这必然以公众为对象，尽可能选择适合公众习惯、公众熟悉并为公众所乐意接受的传播途径和媒介。

5．反馈

反馈指受众对传播者发出的信息做出反应的过程。在传播过程中，这是一种信息的回流。传播者可以根据反馈的信息来检验传播的效果，并据此调整、充实、改进下一步的传播行为。旅游公共关系活动中，密切关注社会公众和旅游者对所在旅游组织信息的反馈，是提高旅游公共关系传播工作的针对性和有效性的基本前提。

（二）隐含要素

1．时空环境

时空环境包括时间和空间两个方面。

从时间角度看，真正衡量传播效果的是单位时间内所传播的有效信息量。这取决于是否“遵时守信”和讲究“传播时机”。传播的任何一方，或“无故失约”，或“拖延时间”，或“姗姗来迟”，都会使另一方对这次传播活动的态度和情感发生变化，其传播行为也会随之而变，从而影响传播效果；而传播时机对传播效果也有一定的影响，应避免在连续紧张工作后或人们的体力、情绪都不佳时进行传播，因为这时人们的思绪比较零乱，难以有效接受信息。

从空间的角度看，传播信息总是在具体的物理空间环境中进行，不同的空间环境会使人对信息有不同的感受，并产生不同的传播效果。空间环境影响传播效果，一般有两个方面：一是距离位置的安排；一是交流环境的气氛。

首先，距离位置的安排要符合心理平衡的需要和传播目的的需要。

从心理平衡的角度来看，人具有一种本能的生物性的防卫意识。每个人身体周围的空间称之为身体领域，只有互相尊重彼此的身体领域，才能保持心理的平衡。为此，旅游公共关系活动中的人际交往距离的恰当把握很重要。初次交往不要急于缩短距离，否则使人感到不自然和不安，甚至讨厌，尤其是异性交往时更要注意，不要被人视为轻浮、不严肃，以至破坏自己及所在组织的形象。当然，随着交往的进展和熟悉程度的加强，双方会相互适应，若一直使相互距离保持很远，又会使人产生冷漠和疏远感，搞不好会中断交往。这在旅游公共关系活动中或对游客服务中尤为要注意灵活应用。

位置的安排应根据信息传播目的来设置不同的就座方位。一般来说如果是单向传播不需要相互交流的（如演讲、报告），应采取并排同向的教室型座位排列，以此避免听众之间的横向交流沟通，从而加强纵向传播效果。如果是双向传播（如讨论、座谈、举办联谊会等），则应采用围桌而坐的方式，以增加彼此之间的交往次数和表示友好的机会。

其次，交流的环境气氛包括音响、照明、室内温度和整洁程度等。

实践证明，嘈杂、昏暗、脏乱的环境和安静、明亮、整洁的环境必有不同的信息互动。因此，无论是办公区、酒店、餐馆、旅游景区等，都不可忽视“环境效应”。

2．心理因素

心理因素主要是指信息接受者的认知、情感、态度等方面的心理状态。在不同的心理状态下，人们接收信息的效果是不一样的。心理学原理揭示了这样一条规律：凡是在一定活动中伴随着使人“愉悦”的情绪体验，都能使这种活动得到强化，而“不满意”的情绪体验，则使这种活动受到抑制。因此，传播行为的发生、延续和发展都是建立在双方心理相悦这一基础上的。没有心理上的沟通，是无法获得最佳的传播效果的。比如，在旅游胜地的花园内、树林旁，向游客提示、宣传“爱护花草树木”，同样的宣传牌上书写不同的话语，其效果截然不同：

①严禁摘花折枝，不准乱写乱画！违者罚款！

②除摄下美景，其他请别带走；除留下足迹，其他请别留下。

第①例用的是命令式的语气，这种“不满意”的情绪体验让人难以接受传播的观点；而第②例则运用语言艺术，力求唤起受众积极的“愉悦”情感和行为上的接纳。因此，从传播者的角度，注意以积极态度创造“愉悦”性的情感是促使传播取得成效的“催化剂”。同时，还要注意避免消极心理因素导致的沟通障碍：感情冲动时听不进不同的意见；感情压抑状态的人表现出孤僻、不愿与人交往的倾向，对一些信息有厌恶感。所以，当人情感失控时传播往往难以奏效。在旅游传播沟通过程中，公共关系人员以及一线的接待人员、服务人员、导游人员、一般管理人员都要关注心理因素对传播沟通的影响。

3. 信誉意识

信誉意识包括两个方面：一是指传播内容的可信度；二是指传播者被受众所信赖的程度。

在传播过程中，如果信息内容权威性越高，那么受众对之就越信服；反之就很难使受众信服，从而影响传播效果。因此，对旅游产品的宣传，旅游企业往往利用旅游者的亲身感受和赞誉以及有关权威机构的认定、评价和获奖情况等来提高其宣传的可信度。

传播者被传播对象的信赖程度，就如同其所传播的信息内容一样重要，它将极大地影响着信息传播的效果。受众对传者所产生的信赖感，一般由三个因素形成：第一，产生于“权威效应”，即传播者客观上是这方面的专家、学者；第二，产生于“名人效应”，即传播者虽不是这方面的专家，但由于他的职位、身份而带来的声望，增加了感召力；第三，产生于“首因效应”，即传播者给受众的第一印象良好等。因此，旅游公共关系传播其代言人的选择对传播效果有着不可忽视的影响。

4. 文化背景

传播是一种文化现象。在传播过程中，传受双方的文化背景不同，必然会对传播效果产生影响。不同的经济环境、风俗习惯、民族心理、性格特征、思维方式和价值观念以及语言差异等，使人们对同一信息内容可能产生不同的主观感受。

1980年初，联合国秘书长飞抵伊朗协助解决人质问题。当伊朗的大众传播媒介一播放他抵达德黑兰时发表的谈话，“我来这里是以中间人的身份寻求某种妥协”时，就立即遭到强烈的抵制，甚至连他的座车也被人用石头袭击。产生这种后果的原因是“中间人”（mediator）一词在伊朗是指“爱管闲事的人”。因此，在跨文化传播活动中，欲取得良好的传播效果，就务必要了解和尊重传播对象的文化传统，注意消除语言障碍、习俗障碍、观念障碍等对传播效果造成的消极影响。这在跨文化传播十分频繁的旅游活动中，尤为重要。

总之，不仅是传播过程的基本要素，而且许多隐含要素都对传播效果有着不可忽视的影响。只有了解它，注意消除沟通障碍，才能取得更为理想的传播效果。当然，不同的影响因素有不同的排除方法，但总体上讲应注意缩小传播者与受众之间的差异。在旅游公共关系传播活动中，旅游组织不可能对社会公众和旅游者提出要求和指责，只能对策划传播的旅游公共关系人员以及一般旅游活动组织者自身提出要求，做好自己的工作，采取有效的沟通措施。例如，应尽量减少与公众在态度方面的冲突，传播目的、内容应尽量与公众利益相一致，以免引起抵触和反感；努力提高传播者的传播技术水平，做到准确、完整、清晰地表达本意；尽量选用适合公众的兴趣、口味和理解能力的传播媒介和传播方式，用公众乐意接受的媒介、语言或事例来说明所要传播的内容，不能自顾自地进行表达。总之，对旅游传播对象应当有的放矢、投其所好；对旅游传播者来讲，唯有自我调整、才能适应公众。

本章小结

传播是公共关系的三大要素之一，是社会组织联系公众的“纽带”和“桥梁”，是现代公共关系的核心内容。没有现代传播技术的产生，也就不会产生现代公共关系；没有传播的理论指导，公共关系的实务活动也难以有效进行。在公共关系发达的美、英等国，往往将公共关系教学和研究纳入传播学范畴，视传播学为公共关系学的理论基础。他们培养的公共关系人员要求熟知传播学知识，精通传播技巧，尤其是大众传播方面的经验。旅游业是以旅游资源（吸引物）为凭借、以有形或无形的服务为手段的与人打交道的行业，其产业的兴旺很大程度上取决于信息的传播沟通是否到位和有效。只有通过有效的传播与沟通才能在旅游企业、组织、机构同广大公众及旅游者之间建立起良好的合作关系，并为各方利益的实现架起互惠互利的桥梁。传播沟通意识的强弱、传播沟通技能的掌握和娴熟应用不仅影响旅游公共关系工作的成效，而且也是旅游这一综合性产业相互依托、相互促进的关键环节。可以说，如何把握传播的基本特征，怎样正确选择传播方式和传播媒介，能否熟练掌握传播基础理论的应用，是否善于消除影响旅游公共关系传播效果的各种因素，诸如此类的一些基本传播问题处理得不好，就会引发旅游业发展过程中的诸多矛盾和问题。因此，旅游公共关系工作必须高度重视和认真研究传播问题，必须熟悉和全面掌握旅游传播的基本理论和应用技能。

复习与思考

1. 什么是拉斯韦尔的5W模式？
2. 旅游公共关系传播的类型是什么？
3. 影响传播效果的因素有哪些？

4. 试结合实际案例分析互联网络媒介的优、劣势。

案例分析

“小燕子”的一封信

日本古都奈良在青山环抱之中，既有金碧辉煌的名胜古迹，又有迎春摇曳的美丽樱花，加之现代化的文化娱乐设施和世界第一流的旅馆，还有殷勤周到的服务。这些使每年春夏两季游人如织。四月以后，燕子也争相飞到旅馆檐下，筑窝栖息，繁衍后代。好客的店主人和服务员小姐还为小燕子提供营巢的方便。

可是，招人喜爱的燕子却有随便排泄的不懂事之处，刚出壳的雏燕更是把粪便溅在明净的玻璃窗上、雅洁的馆廊上。服务员尽管不停地擦洗，但燕子的我行我素总会给旅店留下一些污渍。于是，客人不高兴了，服务员抱怨了，经理也烦恼地锁上了眉头。燕粪的有碍观瞻成了奈良旅馆业的难题。一天，这家宾馆的经理终于想出了解决的妙方——以燕子的名义给客人写了一封信：

女士们、先生们：

我们是刚从南方赶到这儿来过春天的小燕子，没有征得主人的同意，就在这儿安了家，还要生儿育女。我们的小宝贝年幼无知很不懂事，我们的习惯也很不好，常常弄脏你们的玻璃窗和走廊，致使你们不愉快。我们很过意不去，请女士们、先生们多多原谅。

还有一事恳求女士们和先生们，请你们千万不要埋怨服务员小姐，她们是经常打扫的，只是“擦不胜擦”，这完全是我们的过错。请你们多多体谅。

你们的朋友　小燕子

【案例思考】

奈良旅馆为消除公众意见、转变公众态度展开的公共关系活动巧妙之处在哪里？这种方法可否比公共关系人员直接登门道歉更有效？

广州本田自我“曝光”

2007 年 3 月 19 日起，50 余万辆雅阁、奥德赛和飞度轿车被广州本田汽车有限公司实施召回。这次召回包括 2003 年 1 月 7 日到 2006 年 12 月 21 日期间生产的各款雅阁轿车共 419 613 辆。召回范围内车辆在长期使用过程中，助力转向油管可能会出现渗漏。情况严重时，可能出现转向操纵力增加，方向盘转动沉重。同时召回的还包括 2005 年 2 月 22 日到 2007 年 2 月 14 日期间生产的奥德赛轿车共 68 993 辆，2005 年 8 月 1 日到 2005 年 9 月 30 日期间生产的雅阁、奥德赛和飞度轿车共 39 800 辆。

【案例思考】

公共关系是坚持以“美誉为目标”的，广州本田自揭“家丑”的行为和公共关系的原则是否矛盾？你是怎样理解的？

第五章 旅游公共关系调查

旅游公共关系调查对旅游组织具有重要的意义。从市场营销的角度来看，当今绝大部分营利和非营利组织的活动都以市场为导向。丘吉尔和布朗（2008）认为，以市场为导向的组织具有三个特征：一是所有层级的组织成员都产生与顾客需求有关的市场信息；二是他们共享这些信息；三是他们根据这些信息产生组织战略。一句话，组织为了生存需要信息，进行市场调查就是为了获取信息。由于旅游组织公共关系的活动涉及面广，因此其对调查的需要更为强烈、要求更为严格。从事旅游公共关系活动的各级成员有必要了解相关的调查知识，以增进旅游组织运行的效率。下面将从旅游公共关系调查的功能、内容、程序和方法四个方面进行介绍。

第一节 旅游公共关系调查的功能

开展公关活动要经历四个阶段：调查、策划、实施和评估。旅游公关调查、旅游公关策划、旅游公关实施和旅游公关评估通常被称为旅游公关活动的“四步工作法”。任何一项旅游公关活动都有一个从开始到结束的过程，四个阶段就是四个特定的工作内容和侧重中心。这充分说明了旅游公共关系工作的计划性、连续性、节奏性和规范性。

旅游公关调查是旅游组织开展具体公关活动的第一个阶段，是整个旅游公共关系活动中最基本的环节。旅游公共关系调查不同于其他社会调查，它是就公众对旅游组织形象的评价进行统计分析，用资料或文字的形式显示公众的意见、态度和反映，或就某一具体公关活动条件进行实际考察。总体来看，旅游公关调查的功能主要体现在以下三个方面：

一、为旅游组织提供决策依据

决策是旅游组织为实现某一目的所做出的行动方案。决策是否科学，决定组织行动的成功与失败。而要做到决策的科学性，只有在决策前进行充分地调查，掌握旅游组织内部和外部的各种情况，有利和不利的各种因素，才能做出符合客观实际的正确决策。调查虽不能控制所有的决策因素，但它能为决策提供各种信息。有了这些依据，旅游组织的决策者便可以减少决策的主观性和盲目性。

二、为旅游公共关系的目标计划奠定基础

每一项公共关系活动的策划和目标的确定，都不是凭空产生的，除了充分了解旅游组织的历史、现状，与公众的关系外，还要了解公共关系活动所必需的人力、物力、财力和相关的条件。而这些，都必须产生于调查之中。旅游公共关系调查作为一种收集、分析信息的系统方法，其重要作用在于了解分析客观存在的公共关系形势，做出切实可行的公关计划，使计划能顺利地实施，并取得好的效果。

三、使旅游组织及时了解公众舆论

公众对旅游组织的认识、评价和反应，是旅游组织生存和发展的前提。因此，随时了解、把握公众舆论倾向，有利于旅游组织调整行为，塑造良好形象。旅游公关部门要随时向旅游组织提供公众舆论的动态变化，充分利用积极舆论，消除消极舆论的影响，摆脱旅游组织形象危机。同时，通过调查，使公关人员广泛地接触公众，增强沟通、理解，使公众了解旅游组织，感受到旅游组织对自己的重视，也是一种有效的感情联络。特别是一些高素质的公关人员，以自己的真诚和良好形象赢得了公众的信任，不仅能获得大量的调查材料，而且也是对形象的有效传播。

第二节　旅游公共关系调查的内容

旅游公共关系活动牵涉各个部门，调查的范围十分广泛，涉及的内容十分庞杂。但作为旅游公共关系调查，应基本立足于旅游组织公共关系问题的调查研究。具体来说，主要包括以下四个方面：

一、组织形象调查

旅游组织形象是公众对旅游组织的整体认识和评价，是决定旅游组织在公众中定位的基本条件。组织形象调查包括旅游组织基本情况调查和旅游组织整体形象调查。组织基本情况包括组织的历史、现状和发展前景。如一个公园，它的基本情况反映在它的规模大小、建立时间、目前状况等方面。组织整体形象是指组织在公众心目中的定位，主要体现在组织的知名度和美誉度等方面。

知名度是指一个旅游组织被公众知道的程度以及旅游组织社会影响的广度和深度。它是衡量舆论评价“量”的大小。美誉度是指一个旅游组织获得公众信任和赞美的程度。它是衡量舆论评价“质”的好坏。旅游组织整体形象是旅游组织实力的体现，是领导形象、管理形象、组织形象、服务形象等诸多因素的综合效应，是旅游组织生存和发展的前提，也是旅游组织的无形财产。

二、公众舆论调查

公众舆论调查即调查公众对旅游组织的认识、意见、评价以及和组织相关的行为。

公众既是公共关系的对象，又是旅游组织活动的直接参与者。因此，公众舆论调查应是旅游公关调查的主要内容。它包括公众的基本结构，各种层次的公众对旅游组织的不同认识和反映，以及公众当前最关心的问题和反映最强烈的问题。

进行公众舆论调查时，应注意公众的广泛性和代表性，如顾客公众、社区公众、政府公众、同行公众、内部公众、事件公众、新闻媒介公众等。此外，公众舆论调查是一项复杂而细致的工作，在注意其广泛性的同时，还要注意其变化性。随着旅游组织内部、外部各种因素的变化，公众舆论往往随之发生相应变化。因此，公众舆论调查要注意收集动态中的舆论变化，依赖一定的量和度的分析，才能准确把握住公众舆论的倾向性和变化趋势。

三、公关开展情况调查

一个旅游组织在发展中，必然要通过各种活动和行为与公众建立一定的关系和联系，这就构成了公共关系的历史和现状。而旅游组织将要进行的任何一项公关活动，都必须建立在这种历史和现状的基础上。譬如旅游组织曾从事过哪些公关活动？哪些是成功的？还存在哪些不足？有哪些经验和教训？目前公关活动实施中应解决的主要问题是什么？公关部门的人员构成、业务能力、经费以及公关部门在组织系统中是否具有应有的地位，是否得到领导的重视与支持，等等。这些内容的调查主要来源于历次公关活动实施后的原始材料，还有年度报表、总结、计划以及资料室的文献档案资料。

除此之外，还要对旅游公共关系活动传播效果进行调查。了解各种传播媒介对旅游组织公共关系活动报道宣传时所产生的效应，了解报刊的发行量、电视的收视率、广告的效益，以便随时选择和调整传播媒介，收到理想的传播效果。

四、公关活动条件调查

公关活动条件调查是指旅游组织在开展公关活动之前，对开展活动的主客观条件进行分析研究，因而具有很强的实用性和机动性。它主要包括以下两方面内容：一是旅游公关活动人、财、物的情况调查，即人力、物力和财力应确保旅游公关目标的实现；二是旅游公关活动客观环境分析。

旅游公关活动的环境包括宏观环境（又称总体环境、一般环境）和微观环境（又称个体环境、具体环境）。宏观环境分析是开展旅游公关活动前对政治、经济、社会、文化、法律等因素进行客观分析，对市场和人们的社会心理进行认真研究。不同的宏观环境对公关活动的内容和效果有着不同的影响。微观环境分析主要是对开展公关活动的场地、设备以及各项规章制度等进行分析，看是否具有开展旅游公关活动的有利条件。作为旅游公关部门，必须随时了解旅游组织所处环境，包括各种有利和不利因素，利用各种有利条件开展公关活动，并不断改善不利条件，尽可能为旅游组织创造一个良好的组织环境。

第三节　旅游公共关系调查的程序

不同的旅游公共关系调查项目，由于调查目的、内容和方法不同，工作程序也会有所不同，但基本程序是相同的。概括起来主要有：

（1）明确调查目标；

（2）设计调查方案；

（3）调查经费预算；

（4）制订调查工作计划；

（5）组织实地调查；

（6）调查资料的整理和分析；

（7）撰写调查报告。

以上七个步骤只是对旅游公共关系调查过程的简要描述，其过程如图5－1所示。

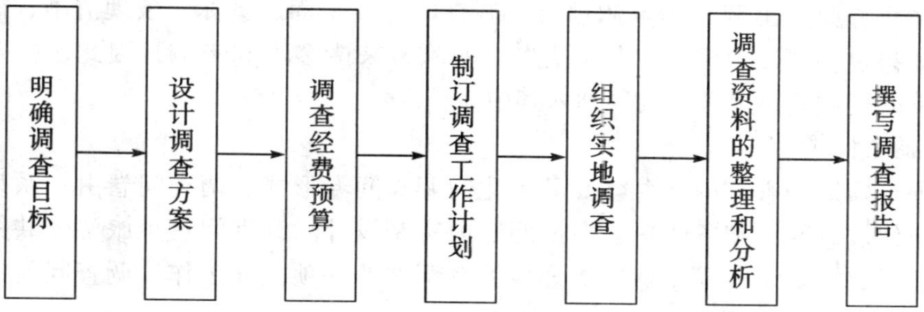

图5－1　旅游公共关系调查的程序和内容

一、明确调查目标

在旅游组织运营活动中，面对着复杂多变的市场环境，旅游组织必须对其有一个充分的了解和认识，而了解旅游市场的基本途径和方式是通过旅游公共关系调查来实现。首先旅游组织要明确旅游公共关系调查的目标，按照组织的不同需要，旅游公共关系调查的目标有所不同。组织制定经营战略时，必须调查宏观市场环境的发展变化趋势，尤其要调查旅游行业未来的发展状况；旅游组织制定市场营销战略时，要调查市场需求状况，市场竞争状况，旅游者的消费行为和营销要素情况；当旅游组织在经营中遇到问题时，应针对存在的问题和产生的原因进行调查。只有旅游公共关系调查目标明确具体，才能使调查工作做到有的放矢，围绕目标展开调查工作，从而抓住问题的关键。

二、设计调查方案

在明确了调查目标后，旅游公共关系调查的下一步工作是设计调查方案。一个完善的旅游公共关系调查方案一般包括以下七个方面内容：

1. 调查目的要求

根据旅游公共关系调查的目标，在调查方案中列出本次调查的具体目的要求。例如，调查的目的可能是了解旅游者对旅游组织形象的认知。

2. 调查对象

旅游公共关系调查的对象一般为旅游者、旅游供应商和经销商、各级政府部门、新闻界人士、社区公众等。根据调查目标，旅游公共关系的调查对象可以从非常单一的群体变化到各类公众。比如，旅游组织公关状态调查可分为局部状态调查和全面状态调查。局部状态调查是选择一类或几类公众进行调查，其目的是摸清组织在该部分公众中的印象如何，探索改善公共关系状态的措施，为组织决策服务。全面形象调查是在各类公众中进行普遍、综合的调查，这是全面考察旅游组织状态的一种手段，目的是为组织制定经营战略服务。

3. 调查内容

调查内容是收集资料的依据，是为实现调查目标服务的，可根据旅游公共关系调查的目的确定具体的调查内容。如调查公众对旅游组织形象的认知时，可按知名度和美誉度两个方面列出调查的具体项目，调查内容要全面、具体、条理清晰、简练。调查内容如果过多、过于繁琐，会对调查的实施带来诸多不利影响，因此，在确定调查内容的同时应避免将无关的内容列入其中。

4. 调查问卷

为便于实地调查，调查内容要具体化为调查问卷形式。调查问卷由一系列问题和备选答案组成，问题和备选答案根据调查内容来设计。调查问卷是旅游公共关系调查的基本工具，设计调查问卷是旅游公共关系调查的一项重要工作。调查问卷的设计质量直接影响到调查的质量。

设计调查问卷要注意以下几点：

（1）调查问卷的设计要与调查主题密切相关，重点突出，避免可有可无的问题。

（2）调查表中的问题要容易让受访者接受和理解，避免出现被调查者不愿回答，或令人难堪的问题。

（3）调查问卷中的问题要条理清楚，顺理成章，符合逻辑顺序。一般可遵循将容易回答的问题放在前面，较难回答的问题放在中间，敏感性问题放在最后；封闭式问题在前，开放式问题在后的排列习惯。

（4）调查表的内容要简明，尽量使用简单、直接、无偏见的词汇，保证在较短的时间内即可完成调查表的填写。

（5）要便于检查受访者填写的正确性，便于对调查问卷的数据处理和分析。调查表初步设计完成后，可由设计人员试答一遍，检查是否存在问题，修改后可做一次小范围的试调查，经进一步修改后，方可实施。

5. 调查地区范图

调查地区范围应与旅游组织活动范围相一致。当在某一城市做旅游公共关系调查时，调查范围应为整个城市。但由于调查样本数量有限，调查范围不可能遍及城市的每一个地方，一般可根据城市的人口分布情况，主要考虑人口特征中收入、文化程度等因素，在城市中划定若干个小范围调查区域。划分原则是使各区域内的综合情况与城市的总体情况分布一致，将总样本按比例分配到各个区域，在各个区域内实施访问调查。这样可相对缩小调查范围，减少实地访问工作量，提高调查工作效率，减少费用。

6. 样本的抽取

调查样本要在调查对象中抽取。由于调查对象分布范围较广，应制订一个抽样方案，以保证抽取的样本能反映总体情况。样本的抽取数量可根据旅游公共关系调查的精确程度的要求确定，调查结果准确度要求越高，抽取样本单位数应越多，但调查费用也越高。一般可根据调查结果的用途情况确定适宜的样本容量，样本的抽取可采用统计学中的抽样方法。具体抽样时，要注意对抽取样本的人口特征进行控制，以保证抽取样本的人口特征分布与调查对象总体的人口特征分布相一致。

7. 资料的收集和整理分析

市场调查中，获取间接资料一般使用文献调查法，收集原始资料常用的方法有访问法、观察法和实验法。一般说来，旅游公共关系调查普遍使用文献调查法、访问法和观察法。访问法可分为面谈调查法、专家调查法、问卷调查法等。这几种调查方法各有其优缺点，适用于不同的调查场合，旅游组织可根据实际调研项目的要求来选择。在本章第四节我们将具体介绍这几种调查方法。

资料的整理一般涉及审核、分组、编码、汇编统计图表四步。数据处理方法一般可采用统计学中的统计分组等方法，利用 Excel、SPSS 等统计软件，对收集的数据进行统计处理，使之条理化、系统化，显示出现象的总体特征。

若要对收集的数据做较深入的分析研究，还可应用一些数理统计方法，如回归分析、相关分析等。

三、调查经费预算

在进行经费预算时，一般需要考虑以下几个问题：

（1）总体方案策划费或设计费；

（2）抽样方案设计费；

（3）调查问卷设计费（包括测试费）；

（4）调查问卷印刷费；

（5）调查实施费（包括选拔、培训调查员，试调查、交通费，管理督导人员劳务费、礼品，复查费等）；

（6）数据统计处理费（包括数据审核、录入、查错等）；

（7）数据统计分析费（包括上机操作、统计、制表、作图、购买必需品等）；

（8）调研报告撰写稿费；

（9）资料费、复印费、通讯联络等办公费用；

（10）专家咨询费；

（11）劳务费（公关、协作人员劳务费等）；

（12）鉴定费、新闻发布会及出版印刷费用等。

在进行预算时，要将可能需要的费用尽可能考虑全面，以免将来出现一些不必要的麻烦而影响调查的进度。

四、制订调查工作计划

在完成设计调查方案后，根据调查方案的要求，为了保证旅游公共关系调查项目的顺利实施，还要制订一个调查工作计划。调查工作计划包括以下四项内容。

1. 组织领导及人员配备

建立旅游公共关系调查项目的组织领导机构，可由旅游组织的部门负责人来负责调查项目的组织领导工作，针对调查项目成立调查小组，并授权其负责项目的组织实施工作。

2. 访问员的招聘及培训

旅游公共关系调查中的访问人员可从高校中的经济管理类专业的大学生中招聘，根据调查项目中完成全部问卷实地访问的时间要求和每个访问员 1 天可完成的问卷数量，核定需招聘访问员的人数。招聘到访问员后，在实地调查开始前，对访问员进行必要的培训。培训内容包括：①访问调查的基本方法和技巧；②调查内容的基本情况；③实地调查的工作计划；④调查的要求及要注意的事项。

3. 工作进度

将旅游公共关系调查项目的整个过程安排一个时间表，确定各阶段的工作内容及所需时间。旅游公共关系调查包括以下几个阶段：①调查工作的准备阶段，包括调查表的设计、抽取样本、访问员的招聘及培训等；②实地调查阶段；③问卷的统计处理、分析阶段；④撰写调查报告阶段。可根据组织对调查结果需要的日期，确定完成调查项目的总时间，然后合理分配各阶段的完成时间，要保证在规定的时间内，能完成相应的工作内容。

4. 费用预算

旅游公共关系调查的费用预算主要有调查问卷设计印刷费，访问员培训费，访问员劳务费，礼品费，调查问卷统计处理费用等。旅游组织应核定调查过程中将发生的各项费用支出，合理确定调查总的费用预算。

五、组织实地调查

旅游公共关系调查的各项准备工作完成后，即开始进行问卷的实地调查工作。组织实地调查要做好两方面工作：

1. 做好实地调查的组织领导工作

实地调查是一项较为复杂繁琐的工作，要求调查组织者做到周密计划、细致安排，以保证实地调查工作按照调查方案和工作计划的要求进行。要按照事先划定的调查区域确定每个区域调查样本的数量，访问员的人数，每位访问员应访问样本的数量及访问路线。每个调查区域应配备一名督导人员，并明确访问人员的工作任务和工作职责，做到工作任务落实到位，工作目标、责任明晰。

2. 做好实地调查的协调、控制工作

调查组织人员要及时掌握实地调查的工作进度情况，包括协调各个访问员的工作进度；及时了解访问员在访问中遇到的问题，帮助解决；对于调查中遇到的共性问题，提出统一的解决办法。每天访问调查结束后，访问员首先对填写的问卷进行自查，然后由督导员对问卷进行检查，找出存在的问题，以便在后面的调查中及时改进。实地调查开始阶段，由于访问员刚开始工作，对调查区域的情况不十分熟悉，可能遇到的问题较多，可由调查人员组织一到两次访问员座谈会，由访问员介绍访问经验、体会以及遇到问题，以便访问员相互交流、借鉴，提高访问员访问技巧和水平。通过对实地调查的控制，可以及时发现调查中出现的问题，并予以解决；同时，可以有效地督促访问人员认真完成调查工作，保证调查问卷填写的正确性，提高调查问卷的填写质量。

六、调查资料的整理和分析

实地调查结束后，即进入调查资料的整理和分析阶段，收集好已填写的调查问卷后，由调查人员对调查问卷进行审核检查，剔除无效的调查问卷后，将合格的调查问卷统一编号，以便于调查数据的统计。调查数据的统计可利用电子表格软件完成，将调查数据输入计算机后，经统计软件运行后，即可获得已列成表格的大量的统计数据。利用上述统计结果，就可以按照调查目的的要求，针对调查内容进行全面的分析工作。

七、撰写调查报告

撰写调查报告是旅游公共关系调查的最后一项工作内容，调查工作的成果将体现在调查报告中，调查报告提交给旅游组织的决策者后，以作为组织制定战略、确定战术的依据。调查报告要按规范的格式撰写，一个完整的调查报告格式由题目、目录、概要、正文、结论和建议、附件等组成。

第四节　旅游公共关系调查的方法

目前，旅游公共关系调查中获取的间接资料（二手资料）主要是靠文献调查法，收集原始资料比较常用的调查方法是访问法和观察法。下面分别介绍这几种调查方法。

一、文献调查法

文献调查法用于间接资料（二手资料）的获取，它是利用现有文献进行整理、分析，以获得所需信息的一种调查方法。这些现有文献主要包括旅游组织内部和外部现有的各种信息、情报资料。有人估计过，世界上80%以上被认为具有开拓性的工作，实际上都是在重复前人的工作。也就是说，80%的数据采集活动都可以利用文献研究来代替。

与收集原始资料的调查方法相比，文献调查有以下几个特点：

第一，文献调查是收集已经加工过的二手资料，而不是对原始资料的收集。

第二，文献调查以收集文献信息为主，主要是印刷型文献和电子网络信息。

第三，文献调查所收集的资料包括动态和静态两个方面，尤其是偏重于从动态的角度收集各种反映市场变化的历史和现实的资料。

第四，文献调查的收集渠道，一是对组织内部资料的收集，二是对组织外部资料的收集。

二、访问法

访问调查广泛应用于原始资料的收集。

1. 访问调查的概念

访问调查是按所拟调查事项，有计划地通过访谈、询问方式向受访者提出问题，通过他们的回答来获得有关信息和资料的一种调查形式。它也是旅游公共关系调查中最常用、最基本的调查方法。

2. 访问调查的特点

访问调查的最大特点在于，整个访问过程是调查者与被调查者直接见面，并相互影响、相互作用的过程，也是人际沟通的过程。因此，访问调查要取得成功，不仅要求调查者做好各种调查准备工作，熟练掌握访谈技巧，还要求被调查者的密切配合。

3. 访问调查的形式

在实际调查中，访问调查有多种形式，按访问内容传递方式来概括，主要有面谈调查法、专家调查法和问卷调查法三种。

（1）面谈调查法

面谈调查通常是指召开座谈会或访问被调查者，通过面谈来实现收集调查资料的一种调查形式。面谈既可以是个别面谈，也可是群体面谈。个别面谈是通过个别口头询问，取得关于个人或家庭特性等方面的资料，如关于个人对旅游及其旅游组织的态度等方面的资料。群体面谈是通过座谈会等形式，邀请有关人士在一起座谈，如请他们对旅游市场和未来走向进行分析和判断等。此外，面谈调查还可以分为一次面谈或多次面谈，究竟采用何种方法，要从实际出发，根据旅游公共关系调查的目的和要求来确定。

面谈调查法具有以下几个明显的优点：

① 回答率高。回答率高可以提高调查结果的代表性和准确性，这是调查成功的首要前提。

② 受访问者因各种原因不愿意回答或者回答困难时，可以解释、启发和激励被调查者合作，完成调查任务。

③ 可以根据被调查者性格特征、对调查者的态度、心理变化及各种非语言信息，调查者可以扩大或缩小提问范围，具有较强的灵活性。

④ 根据对调查环境和背景情况的了解，有利于调查者判断所得资料的可靠性和真实性。

面谈调查法具有以下不足之处：

① 调查的人力、经费消耗较多，对于大规模、复杂的调查更是如此。所以，这种方法比较适合于在小范围内使用。

② 对调查人员素质的要求较高，调查质量易受调查者工作态度、提问技巧和心理情绪等因素的影响。

③ 对调查人员的管理比较困难。有的调查人员出于便利或急于完成调查任务的目的，随意破坏对样本的随机性要求和其他质量要求；有的调查人员在取得一些资料后即擅自终止调查、得出结论，甚至还有人根本不进行调查，自己编造调查结果。这些做法都是十分错误的，但采用这种方法对调查人员来讲很难控制。

④ 面谈方法通常要求调查人员亲自到被调查单位或家中调查，对于规章制度较严的单位和对来访者有戒心的家庭，采用此法有时会遇到很多困难。

（2）专家调查法

专家调查通常是指召开专家座谈会，以座谈讨论、分析研究、征询意见等方式，取得专项调查资料，并在此基础上，找出问题症结所在，提出解决问题方法的一种专项调查形式。

专家调查的主要优点是：能够把调查与讨论研究结合起来，不仅能提出问题，还能探讨、研究解决问题的途径。不足之处是由于受调查人员的素质、被调查的人数限制以及被调查者的代表性不当等，有可能影响专项调查的结果。

（3）问卷调查法

所谓问卷调查，就是根据调查目的，编制调查问卷，由被调查者按调查问卷所提的问题和给定的选择答案进行回答的一种专项调查形式。问卷调查法是商业调查中采用最多的一种常用调查手段，是国际通行的一种专项调查形式，也是我国近年来进行旅游公共关系调查的一种主要形式。

根据调查内容的不同，组织可以选择不同的问卷调查方法进行。在实际调查中，问卷调查有多种形式，概括起来常用的调查方法主要有入户调查法、拦截式调查法、电话调查法，邮寄调查法和网络调查法。

① 入户调查法。入户调查指调查员到被调查者的家中或工作单位进行访问，直接与被调查者接触。然后，或是利用访问时间对问卷逐个问题进行询问，并记录下对方的回答；或是将自填式问卷交给被调查者，讲明方法后，等待对方填写完毕或稍后再回来收取问卷的调查方式。这是目前国内外为常用的一种调查方法。被调查的人或单位都是按照一定的随机抽样准则抽取的，入户以后确定的访问对象也有一定的法则。入户调查的优点在于能够精确地确定受访者，通过指定住宅的位置，能够保证受访者具有一定的分布。同时，入户调查还提供了一个良好的调查环境，在居室环境中访问员与受访者能够进行比较好的交流，从而适宜对一些较为深入的内容进行探讨和了解。

② 拦截式调查法。拦截式调查法，又称为街头访问法，是指在某个人流量较大的场所（一般是较繁华的商业区、较大的公园、车站等）拦截在场的一些人员或过往者进行面访调查，这也是目前使用较多的一种调查方法。这种方法常用于商业性的旅游者意向和态度调查。拦截面访的好处在于效率高，免去了入户可能遭遇拒绝的麻烦，且成本较低，周期短，适宜于进行快速调查。同时，对于一些具有特殊属性的受访者

群体，采用入户调查的筛选难度较大，而采用街头访问则可以通过选择不同景区、机场、高档商场等特定场所，快速且低成本地获得对指定受访者的接触访谈。但是，无论如何控制样本及调查的质量、收集的数据都无法证明对总体有很好的代表性，这是拦截访问的最大问题。同时，街头访问受环境干扰较大，一般不宜进行深度访问。

③ 电话调查法。电话调查是由调查人员通过电话向被调查者询问了解有关问题的一种调查方法。随着通信技术的发展，电话调查的手段也在逐步提高，已由传统的电话调查法过渡到了计算机辅助电话调查法。目前电话调查基本上使用这样两种方式。

传统的电话调查法就是按照样本名单，选择一个受访者，拨通电话，询问一系列的问题。访问员（调查员）按照问卷，在答案纸上记录被访者的回答。调查员集中在某个场所或专门的电话访问间，在固定的时间内开始访问工作，现场有督导人员进行管理。调查员都是经过专门训练的，一般以兼职的大学生为主，或有其他一些人员参加。在发达国家，特别是在美国，集中在某一中心地点进行的计算机辅助电话访问比传统的电话访问更为普遍。目前在国内有少数比较大的调查公司已开始采用先进的电话访问系统。计算机辅助电话访问使用一份按计算机设计方法设计的问卷，用电话向被调查者进行访问。计算机问卷可以利用大型机、微型机或个人计算机来设计生成，调查员坐在与总控计算机相连的带屏幕和键盘的终端设备对面，头戴小型耳机式电话，通过计算机拨打所要的号码，电话接通之后，调查员就读出屏幕上显示出的问答题并直接将被调查者的回答（用号码表示）用键盘记入计算机的记忆库之中。计算机会系统地指引调查员工作。在屏幕上，一个问答题只出现一次，计算机会检查答案的适当性和一致性。数据的收集过程是自然的、平稳的，而且访问时间大大缩短，数据质量得到了保证，不再需要数据的编码和录入等过程。由于回答是直接输入计算机的，关于数据收集的阶段性结果的和最新的报告立刻就可以得到。

电话调查法的优点主要体现在六个方面：一是迅速性，即取得市场信息资料的速度比较快；二是即时性和费用低，节省调查时间和费用；三是不受地域限制，覆盖面广，可以对任何有电话的地区、单位和个人进行调查；四是被调查者不受调查者在场的心理压力，因而能畅所欲言，回答率高；五是对于那些不易见到面的被调查者，如某些名人，采用此法有可能取得成功；六是易于对访问员进行管理。

尽管电话调查有很多优点，技术的发展也使得电话调查更智能、更科学、更易于操作，但还是无法消除它的缺点。电话调查法也像其他调查方法一样，具有一些不足之处。这主要体现在以下六个方面：其一，被调查者只限于有电话和能通电话者。在经济发达的国家和地区，电话普及率高，这种方法能得到广泛的应用，但是在经济不发达，通讯条件比较落后的国家或地区，采用这种方法会在一定的程度上影响调查总体的完整性，开展调查的面也比较窄。其二，电话提问受到时间限制，询问时间不能过长，内容不能过于复杂，故只能简单回答，无法深入了解有些情况，并提出问题。其三，电话调查无法出示调查说明、照片、图表等背景资料，也没有过多时间逐一在电话中解释。因此，被调查者可能因为不了解调查的详尽、确切的意图而无法回答或者无法正确回答。其四，对于某些专业性较强的内容，接电话者未必是这方面的专家，因而无法取得所需要的调查资料。其五，无法针对被调查者的性格特点控制其情绪，如对于挂断电话的拒答者，很难做进一步的规劝工作。其六，不知道对方的回答是否正确。

电话调查适用于急需得到市场调查结果的场合，目前我国很多调查机构已开始采用这种方法，但多使用传统的电话调查方法。随着我国电信事业的发展，电话调查作为一种快捷、有效的调查方法，将会愈加得到广泛的重视和运用。

④ 邮寄调查法。邮寄调查法是将调查问卷邮寄给被调查者，由被调查者根据调查问卷的填表要求填好后寄回的一种调查方法。邮寄法相对来说比较便宜，但其回收率较低。因此在实施邮寄法之前一定要先了解邮寄调查法的优缺点，以便能更好地确定是否选用邮寄调查法。

邮寄调查法的优点在于：

* 可以扩大调查区域，增加更多的调查样本数目。此外，提问内容可增加，信息含量大。

* 调查成本较低，只需要花费很少的邮资和印刷费用。

* 被调查者有较充分的时间填写问卷，如果需要，还可以查阅有关资料，以便准确回答问题。

* 可以避免被调查者受调查者的态度、情绪等因素的影响。

* 通过让被调查者匿名的方式，可以对某些敏感和隐私情况进行调查。

* 无需对调查人员进行专门的培训和管理。

邮寄调查法的缺点在于：

* 征询回收率一般偏低，许多被调查者对此不屑一顾。

* 信息反馈时间长，影响资料的时效性。

* 无法判断被调查者的性格特征，也无法评价其回答的可靠程度，而且被调查者可能会误解提问的意思，填写问卷的可能不是被调查者本人等。

* 填写问卷要求被调查者有一定的文字理解能力和表达能力，对文化程度较低者不适用。

邮寄调查的这些优缺点，可以进一步通过与面谈调查法比较而加深认识：

* 调查对象分散的时候，面谈调查要一个个进行，所以交通费高，这时邮寄法比较适合。

* 采用邮寄法要比面谈调查法花的时间多。

* 调查问卷的问题数目不能多，内容不能太复杂，问题多了，回收率就会下降；问题复杂了，错误回答和乱填的情况就会增加。

* 邮寄法的缺点是有可能出现家人代填的情况，优点是调查对象可能会花时间慎重而认真地作答。因此，一般不启用训练有素的调查员就不要采用面访法；与其用经验不足的新调查员，不如采用邮寄法。

* 如果可以从调查公司已有的大量单位或个人样本单位中选出符合条件的调查对象，邮寄调查法的回收率就会很高。

邮寄调查在国外已是一种普遍运用的方法，采用此法的关键是选择好邮寄对象，一般可利用各种通讯录、名册等加以筛选。电脑的应用使信息拥有量大增，电脑中存储了大量的客户名单，调查时只要查询、抽选并打印地址和信封即可寄出。邮寄调查在我国应用还很少，现在比较常见的形式是某个组织或调查机构委托新闻单位发布有关问题，要求人们回答并将答案邮寄到某一指定机构，这样做可使调查者省时、省力。

回收率问题一直是困扰调查者的一个难题，回收率的高低不仅影响调查样本的代表性，也与调查费用有直接关系。如果回收率仅为20%～25%，那么回收一个调查问卷就要发放4～5份问卷。影响回收率的主要原因有四个：

* 对调查内容本身，即调查什么，为什么调查等因素有所考虑。被调查者将据此考虑是否有回答的必要和是否容易回答等。

* 调查机构的声望。具有一定调查声望的权威性调查机构的回收率一般高于普通调查机构。

* 寄送调查问卷的方式。

* 有无答谢，如有无附赠奖券或礼品等。

实践证明，回收率的高低最终还取决于被调查者对调查主题的关注程度。调查对象对邮寄法调查的主题不感兴趣的话就不会回答问题。除此之外，调查者还可以在邮寄调查中采用以下业务流程来提高调查问卷的回收率：

* 邮寄督促卡。事前邮寄明信片式的问候信，这样可以防止调查问卷被误认为是广告传单被扔进碎纸篓。

* 邮寄调查问卷应注意不要给人造成调查问卷很难填写的印象，可加入插图，注意版面设计。另外，不要将问题设计得过于繁琐，要做到分栏清楚，以便于书写。礼品和调查问卷一起邮寄，并附上调查问卷回寄的邮票等，让调查对象有回答问题的积极性。

* 邮寄问卷返回的提醒信。这是在调查问卷发出后的2～3日内发出的明信片，以提醒对方别忘记将调查问卷寄回。

* 邮寄督促信。一般在问卷调查寄出2周左右寄出，调查问卷可能遗失，因而要再寄一封督促信，还要打电话确认。

⑤ 网络调查法。网络调查法是指以网络为载体，发布调查问卷，通过广大上网浏览者自愿回答并反馈调查信息，达到搜集调查资料的一种调查方法。网络调查具有四个显著特点：

* 广泛性。这是因为网络拥有众多的用户，而且来自不同的阶层、有着不同的工作岗位、不同的年龄、不同的性别、不同的收入、不同的地区，甚至是不同的国籍。

* 时效性。这是因为网络媒体传播速度快，不受时空、地理等条件限制。

* 公开性。通过网络进行调查，使被调查者认为调查透明度高。

* 客观性。由于被调查者自愿参与，因而能够真实反映被调查者的真实想法和情况。

但是，我们也应该看到，网络调查也有其不足之处。例如，这种调查对受访者的选择基本上处于被动地位，问卷回收率可能低于1%以下，并且样本往往集中于某一类人群，从而造成极大的偏差，使得其在商业调查领域中的实际应用效果并不理想。另外，调查问卷的回收率还受网站浏览量等因素影响。

三、观察法

1．观察调查法的概念

与在调查中向人们询问不同，观察调查法主要是观察人们的行为。明确地说，观察调查法就是调查者在现场对被调查者的情况直接观察、记录，以取得旅游公共关系信息资料的一种调查方法。它不是直接向被调查者提出问题要求回答，但由于我们的记忆往往要发生偏差，所以需借助一些记录工具，如录音机、照相机、录像机或其他器材。通过这些记录工具，可以记录和考察被调查者的活动和现场事实。这种调查方法的最大特点是被调查者并不感到正在被调查。

2．观察调查法的类型

在实际调查中，有许多类观察方法可供调查者选择。对于一个特定的调查问题，关键在于如何从成本和数据质量的角度，选择一种或多种最有效的方法。大致可以从下面几个角度对观察法进行分类：

（1）自然的观察与加以控制的观察

按照观察行为时所处的环境不同，可分为自然的观察和加以控制的观察。自然的观察就是观察者没有对所观察的环境进行任何的设计，而直接进行观察的一种方法。观察者在他们所感兴趣的行为中没有扮演任何角色，那些被观察的对象也没有意识到自己受到观察。

加以控制的观察就是对被观察对象所处的环境加以设计和控制，使调查者能够更好地控制对消费者行为有影响的外在因素，或对此种行为进行解释的一种观察方法。这种对环境的设计实际就是对环境的模拟，通过这种方法可以加快观察数据的收集过程，从而有效地降低调查活动的成本。经过对环境设计和加以控制的观察的最大缺点是环境是人为的，所以，在此种情形下观察到的行为有可能与真实状态下的情形不一样。所模拟的环境越自然，被观察的个体行为就越可能接近自然状态。

（2）直接观察和间接观察

按照观察的具体形式不同，可分为直接观察和间接观察。直接观察就是直接地观察那些正在发生的行为。例如直接观察游客在景区游览时的各种活动。

如果要了解一些比较隐蔽的行为，如过去的行为，这时就只能用间接观察法。而在使用这种方法时，调查者对这一行为所造成的影响或结果的关注要多于行为本身。比如为了了解博物馆里各个展位的受欢迎程度，可以观察展位前地板的磨损程度等。

（3）人员观察和机械观察

在人员观察中，观察者是调查雇佣的人员或调查者本人；而机械观察就是用其他形式（如摄像机和视听设备等）替代人员的一种观察方法。在某些情况用机械观察取代人员观察是可能的甚至是必要的。这二者之间的选择往往取决于精确度、成本、调查结果的作用等因素，如交通流量统计装置恐怕就比人员观察更精确、价格更便宜。再比如，越来越多的零售商开始使用电子扫描仪来提供比人员观察更精确、更及时的数据。在实际应用中，机械观察已进入一个高科技领域，通信工具和电脑软件、硬件组合即为十分有用的调查工具。

（4）纵向观察和横向观察

按照所取得资料的时间特征不同，可分为纵向观察、横向观察和纵横结合观察。纵向观察又称时间序列观察，就是在不同时期对观察对象加以观察，取得一连串的观察记录。对纵向观察资料进行分析研究，能了解观察对象发展变化的过程和规律，这种调查需要有规律的观察和记录。

横向观察又称横断面观察，是在某一特定时间内对若干个调查对象全部进行记录。对横向观察资料进行分析研究，以扩大调查范围。例如，运用此法来检验广告效果时，除了要观察被观察者对各个广告的注意程度以外，还要注意他们的整个阅读情况，包括观看时间，是否对广告或一篇文章发生特殊的兴趣等。但在实际调查中，调查者通常将纵向观察和横向观察结合起来使用，对调查对象的纵横两个侧面同时进行观察。这样，才有可能取得更加可靠的调查资料，如宣传旅游目的地的电视广告对消费者影响力调查，就可采用这种方法进行。

（5）结构性观察和非结构性观察

按照观察结果的标准化程度划分，可分为结构性观察和非结构性观察。结构性观察是根据观察的目的预先规定观察和记录范围，其余的各类行为将被忽略，并在实施观察时，对观察手段、观察技术、观察程序和记录方式实施标准化。一般观察员要为每一位被观察者填写一份问卷式的表格。结构性观察一般用于目的性、系统性较强的调查，或者用于简单观察后，为使调查更加准确而进行的补充调查或取证。

非结构性调查比较灵活，对观察程序和观察者的观察范围等不做严格规定，所有行为都被列在观察范围之内，记录也采取随意的方式。非结构性观察通常用于探索性或有一定的深度的专题调查。

3．使用观察法的原则

观察法虽然能够获取某些市场信息，但要成功地用它来搜集数据，必须要把握好四个原则：第一，所需的信息必须要能观察到或者能从观察的行为中推断出来。比如，调查人员想知道为什么某个旅游者会对旅游组织的态度比较生硬，观察法就不能提供答案。第二，所观察的行为必须是短时间内发生的。有一些行为发生的时间较长，要观察需花费大量人力、物力，这就没有必要去做。第三，所要观察的行为必须是重复的、频繁发生的，否则，观察法的成本将会很高。第四，所观察的行为一般是公共行为，只有这些行为在发生时观察者才能观察到。例如，在家看电视、上网等就不是公共行为，因而这些事件就不能采用观察法。

4．观察调查法的记录技术

为了有效地运用观察调查法，提高观察数据的精确度，因此，在观察时使用一定的记录技术是必不可少的。记录技术是指在观察调查中，对观察对象进行记录的方法和手段，记录技术的好坏直接影响着调查结果。良好的记录技术，可减轻观察者的负担，不至于因忙于记录而顾此失彼。准确、及时、完整地记下转眼即逝的宝贵信息及事件的变化情况，能加快调查工作的进程，便于资料的整理及分析。记录技术主要包括观察卡片、符号、速记、记忆和机械记录五种。

(1) 观察卡片

观察卡片或观察表的结构与设计调查的问卷基本相同。在制作观察卡片时，首先要根据观察内容，列出所有观察项目，去掉那些非重点的、无关紧要的项目，保留一些重要的能说明问题的项目；然后列出每个项目中可能出现的各种情况，合理编排；再就是通过小规模的观察来检验卡片的针对性、合理性和有效性，以修改完善卡片；最后，定稿付印，制成卡片。

(2) 符号

这是指用符号代表在观察中出现的各种情况。在记录时，只需根据所出现的情况记下相应的符号，或在事先写好的符号上打钩即可，不需要再用文字叙述。这样不仅能加快速度，避免因忙乱而出错，而且便于资料的整理。

(3) 速记

这是用一套简便易写的线段、圈点等符号系统来代表文字，进行记录的一种方法。

(4) 记忆

在观察调查中，也可采取事后追忆的方式进行记录。通常用于调查时间紧迫或缺乏记录工具的情况下。由于人的大脑不可能准确无误地储存很多信息，因此，必须抓住重点记忆，提纲挈领，事后及时进行整理。记忆虽然可以避免被调查者的顾虑，但常容易遗忘一些重要信息。

(5) 机械记录

这是指在观察调查中运用录音、录像、照相等手段进行的记录。这种记录方法能详尽记录所要观察的事实，免去观察者的负担，但也容易引起被调查者的顾虑，使调查结果失去真实性。

5. 观察调查法的优缺点

(1) 观察调查法的优点

①观察调查法的最大优点是它的直观性和可靠性。它可以比较客观地收集第一手资料，直接记录调查的事实和被调查者在现场的行为，调查结果更接近于实际。这是文献调查等间接调查方法所不可比拟的，也是访问调查法所不及的。

②观察调查法基本上是调查者的单方面的活动，一般不依赖语言交流，有利于排除语言交流或人际交流中可能发生的各种误会和干扰，也不会受调查人员沟通能力等有关问题的困扰。

③观察调查法简便易行，灵活性强，可随时随地进行调查。

④观察法可以更快、更准确地获取某些类型的数据。比如用扫描仪记录要比要求人们列举食品袋里的所有东西更快、更有效。

尽管观察法有这些优点，但并不意味着它在任何情况下都胜过其他方法。在实际调查中，有经验的调查者将会用观察法作为其他调查方法的基础并与之配合使用。通过与其他的方法的配合使用，可以相互验证得出的结论是否正确。

（2）观察调查法的缺点

①观察法观察的通常只是行为和自然的物理特征，这些只能说明事实的发生，而不能说明发生的真正原因和动机。通过此，调查者是无法真正了解到人们的动机、态度、想法和情感的。

②观察调查法常需要大量观察人员到现场做长时间的观察，调查时间长，调查费用高。如果所观察的行为不是经常发生，那么观察调查耗时则更长，成本也更高。因此，这种方法在实施时，常会受到时间、空间和经费的限制。此方法比较适用于较小范围的微观旅游公关关系调查。

③对调查人员的业务技术水平要求较高，如敏锐的观察能力、良好的记忆能力、必要的心理学、社会学知识以及对现代化设备的操作技能等。否则，将无法胜任这项工作。

④只有公开的行为才能被观察到，一些私下的行为，如在家看电视和公司董事会的决策活动等，都超出了调查者的观察范围。

⑤在直接观察中，只有一小部分有代表性的观察对象可在特殊情况下被观察到。因而，观察对象是否具有代表性是使用观察法时必须要考虑的一个问题。

本章小结

旅游公共关系调查通过收集间接资料和原始资料为旅游组织提供决策依据，为旅游公共关系的目标计划奠定基础，使旅游组织及时把握公众舆论。具体说来，旅游公共关系调查可以从组织形象、公众舆论、公关开展情况、公关活动条件几个方面提供数据，帮助旅游组织制定切实可行的公关战略和公关策划方案，有力地实施公关活动，并且及时评估和控制实施的效果。

旅游公共关系调查是按照一定的科学程序开展的，首先，要明确调查目标；其次要设计调查方案、对调查的经费进行预算、制订调查工作计划、组织实地调查；最后要整理和分析调查的资料并撰写调查报告。

旅游公共关系调查中获取间接资料（二手资料）主要靠文献调查法。收集原始资料比较常用的调查方法是访问法和观察法。在实际调查中，访问调查有多种形式，按访问内容传递方式来概括，主要有面谈调查法、专家调查法和问卷调查法三种。其中问卷调查法是商业调查中采用最多的一种调查方法，是国际通行的一种专项调查形式，也是我国近年来进行旅游公共关系调查的一种主要形式。根据调查内容的不同，我们可以选择不同的问卷调查方法进行。问卷调查有多种形式，主要包括入户调查法、拦截式调查法、电话调查法，邮寄调查法和网络调查法。这些方法各有优缺点，应根据其特性适当加以使用。

复习与思考

1. 为什么说旅游公关调查是整个旅游公共关系活动中最基本的环节？
2. 旅游公共关系调查包括哪些方法？
3. 如何开展旅游公共关系调查？
4. 收集有关旅游公共关系的间接资料可以使用哪种调查方法？
5. 收集有关旅游公共关系的原始资料可以使用哪些调查方法？这些调查方法有哪些优势和劣势？

案例分析

种树带来的商机

日本有一位经营旅馆业的商人，根据自己旅馆的实际情况，别出心裁地想出了一个发掘自身潜力的好办法。当时该旅馆面临来客日益增多，但客人休闲活动空间又太小的问题。而旅馆后山虽有一大片山地尚未开发利用，但若全面开发再种植树木，又耗资太大。于是经过谋划，这位商人在旅馆内贴一海报，上写："亲爱的旅客您好，本旅馆后山有片土地，宽阔而幽静，专门留做植树预定地。如果您有兴趣，不妨亲手种下一棵小树，本馆将派人拍照留念，并立下木牌刻上您的大名与植树日期。如果您再度光临，这棵树苗已枝繁叶茂，您看了一定非常高兴，因为它是您亲手种植的，意义非凡。仅收树苗费用日币 2000 元。"这一颇具魅力的海报贴出后，到此度蜜月或结婚周年纪念的夫妻，或毕业结伴出游的学生，莫不跃跃欲试，都想亲手种下一棵既在山地上又在心灵上属于自己的树，以作永久纪念。没过多久，后山上便种满了树，环境也非常雅致。旅客回家后对此事广为宣传，有的还不忘常回去看看自己的杰作。旅馆的生意也因此而日益兴旺，并带动了该地区的旅游事业。

【案例思考】

这位日本商人是如何取得成功的，其关键因素是什么？你认为这位日本商人在旅游公共关系调查中开展了哪些有效的工作？

第六章　旅游公共关系策划

旅游公共关系策划是旅游公共关系活动在调查研究的基础上展开的第二步工作，是为设计、塑造组织形象、解决公关实际问题、组织具体公关活动所设计、制订的计划和方案。“凡事预则立，不预则废。”要做好任何一项工作，都应该有严格周密的、切实可行的计划，旅游公共关系也不例外。在进行旅游公关调查之后，公关人员便掌握了大量的信息、资料，了解了旅游组织的现状和处境，明确了旅游组织在公众舆论中的定位和面临的主要问题。在此基础上，通过旅游公关策划，可使旅游公共关系活动得以有计划、有步骤地开展，减少随意性和盲目性。本章从旅游公共关系策划的概述、内容、程序和方法几个方面进行讨论。

第一节　旅游公共关系策划概述

如前所述，各项工作都需要制订计划和方案。所不同的是，旅游公共关系以提高和完善组织形象为宗旨，以解决公关问题为主要内容。它面临的对象是广大公众，广泛而分散，而且组织形象也是一个抽象、空泛的概念。由服务形象、经营管理形象、员工形象、领导形象、公关人员形象、环境形象、文化形象、标志形象等诸多因素相互作用所形成的组织概念，因而它不像生产、经营那样单一。这就更需要对旅游公关工作进行细致科学的策划，确定公关的目的，明确公关的任务、要求，制定相应的措施、办法，设计特定的公关项目活动等，并制订出科学的计划和方案，从而使旅游公关工作明确化、具体化。

一、旅游公共关系策划的概念与分类

旅游公共关系策划，是旅游公关人员为了实现塑造旅游组织形象、改善旅游组织环境这一根本目标，在认真调查研究、全面准确地掌握信息的基础上，找出旅游组织需要解决的具体公关问题，分析比较各种相关因素和条件、遵循科学的原则与方法，运用自己的知识和经验，充分发挥想像力、创造力，确定旅游公共关系活动的主题与战略，并制订出最优活动方案的过程。

旅游公共关系策划以客观的公众分析为前提，以最好的活动效果为目标。根据任务和目的的不同，旅游公关策划大致可分为两种主要类型：一种是为了解决公共关系某个方面的具体问题，围绕一次或几次公关专题活动进行的策划；另一种是围绕旅游组织总体形象的设计和塑造而进行的整体与系统策划。前一种策划侧重于具体的战术

性策划，一般由旅游组织的公关人员来进行；后一种策划侧重于旅游组织公关工作的基本战略和长远规划，必须有旅游组织决策者的参与和领导，并广泛听取职业公共关系专家和内外部公众的意见，进行缜密的策划与论证。

二、旅游公共关系策划的意义

旅游公共关系策划是旅游公共关系工作的核心和关键，其意义主要体现在以下三个方面。

（一）使旅游公共关系活动具体化

旅游公关活动是一个极为笼统和广泛的概念，它渗透到各个部门。加之对象是广泛而分散的公众，这就使旅游公共关系活动的管理缺乏科学的量化标准。而旅游公关策划可以把整个旅游公关活动纳入一定的目标之下，通过各种公关项目的策划，把公关工作目标化、具体化，把旅游公关的整体目标任务分解成一个个具体的、相互联系的项目活动。这就便于操作，使公关活动纳入目标管理中，并能通过一定的标准来有效地检测旅游公共关系活动的效果。

（二）为旅游公共关系活动制定蓝图

旅游公关策划为旅游公关活动制订的计划和方案是旅游公共关系的蓝图，是指导旅游公共关系活动的纲领性文件。有了这个蓝图，旅游公共关系活动就有了明确的目标和具体的实施办法，使各方面能够协调一致，减少旅游公关工作的盲目性；同时可以合理地安排人力、物力、财力，使整个公关工作有步骤、有计划地进行。特别是在旅游公关策划中，要充分考虑公关部门与组织系统的协调性和一致性。旅游公共关系近期计划是长远规划的组成部分，项目计划又是近期计划的具体体现，这就有效避免了公关活动中的重复、混乱现象，增强了旅游公共关系活动管理的计划性。

（三）为旅游公共关系活动的检查和总结提供依据

旅游公关策划所制订的计划、方案要经过领导的审定与批准的总体目标，并在公关活动的具体实施中，以旅游公关计划为依据随时督促和检查，因此，旅游公关策划有助于提高工作效率。而且，当一个阶段的工作完成之后，有了实践的体验，再来看旅游公关策划，便可以确定计划是否符合客观实际，各个环节是否衔接适当。

三、旅游公共关系策划的原则

旅游公关策划是旅游公关活动中的重要环节，旅游公关策划是否科学、切实可行，是决定公关活动是否获得成功的关键。在竞争日益激烈的商品经济中，各个旅游组织的公关意识都大大增强，他们使出浑身解数，策划出各具特色的公关项目，使旅游公关活动开展得有声有色，千姿百态。然而，旅游公关策划并非随心所欲，任意所为，只有在一定的原则规范下，才能使旅游公关活动走入正轨，纳入规范的科学管理之中。

一般来说，旅游公共关系策划应遵循以下四个主要原则：

（一）组织利益和公众利益相统一的原则

旅游组织的任何发展都应该和自己公众环境的发展相协调，任何损害公众利益的行为都是在为将来设置陷阱。因此，旅游公关计划的制订不仅要有利于旅游组织的发展，同时还要巩固加强与公众的关系，满足公众的要求。旅游公关人员既不能过分强调组织利益，又不能一切投公众之所好，两者必须相辅相成、统一于社会利益之中。

（二）总体形象和特殊形象相统一的原则

旅游组织在公众心目中是一个整体形象，或者说是一个平均形象，但对每一类公众来说，旅游组织要满足他们特殊的要求，就要使旅游公关工作计划有特殊的指向性，这是我们在制订旅游公关工作计划时需要考虑的。这就是说，旅游组织既要保持一个统一的总体形象，在设计形象时又要有所偏重，体现旅游组织在特定公众中享有的特殊形象，使旅游组织的总体形象和特殊形象达到和谐统一。

（三）知名度和美誉度相统一的原则

旅游组织的知名度和美誉度不一定同步发展。公关人员在设计塑造组织形象时，要力求使两者达到统一的境界，既名闻遐迩，又誉满全国甚至誉满全球。在旅游公关工作目标的指导下制订公关工作计划，应当做到：确定一定时期内的公关活动内容、具体实施的最佳时机，分清轻重缓急，明确每个公关人员的具体任务，预算所需要的人力、物力、财力开支。即使是专题公关活动，也应订立具体的公关实施计划，以确保活动顺利开展。

（四）经济效益与社会效益相统一的原则

旅游公关活动必须重视经济效益，因为经济效益是社会效益的基础，没有经济效益其社会效益是空的。旅游公关活动也必须重视社会效益，只有多承担社会责任和义务，旅游组织才能获得社会的接纳和赞赏。

第二节　旅游公共关系策划的内容和程序

在旅游公共关系策划原则的指导下，旅游公关人员为取得理想的工作效果，就要按照一定的程序精心确定旅游公共关系策划的内容。

一、策划的内容

（一）旅游组织形象策划

旅游公共关系工作的核心内容是为旅游组织创造良好形象。旅游组织的形象策划要同对旅游组织现有状况的分析结合进行，针对旅游组织在不同时期面临的主要问题，确定活动的具体目标和工作的重点以及不同的工作形式。

旅游组织的形象策划要与旅游组织的行业特征、产品特征、服务特征和人员特征相一致。就旅游形象策划的总体方法而言，可借用国际上所流行的CI导入系统，即以改变旅游组织形象为手段，为旅游组织输入新观念、新感觉、新识别方法，使旅游组织更加引起外界的注意，争取社会认同，从而提高制造经营业绩的工作水平。

旅游组织的形象策划既包括为组织树立形象、创造形象的内容，还包括维护组织形象的内容。对于有一定历史、做出一定成绩并有了一定知名度的旅游组织，维护已经形成的形象是极为重要的工作目标。公关人员应为旅游组织设计各种新颖的活动，引导组织在原有的基础上不断创新，从而在公众中树立一种充满活力、不断进取的良好形象。

（二）环境策划

环境的形成和发展不可能同旅游组织的发展目标完全一致，有时还可能出现与旅游组织的追求相反的情况。作为旅游公共关系活动的主体，旅游组织不能只是被动地依靠环境和适应环境。旅游组织在面向环境推出自己的形象和组织行为的同时，还要主动地了解环境中存在的各种不利于组织发展的因素，采取措施引导和影响环境的发展，或者通过有意识的活动，改造环境中的某些成分，最终为自己创造环境。

旅游组织的环境分为人文环境和自然环境两大部分。人文环境包括所处环境中的社会及文化背景、民风民俗等。作为当地社会成员的一分子，旅游组织要为人文环境的净化和发展做出贡献；同时，可以巧妙地利用人文环境所提供的条件，策划出高水平、有特色的旅游公关活动。另外，虽然自然环境的存在和现状是不以人的意志为转移的，但可以充分利用环境中的积极因素，回避或改造其消极因素。

（三）旅游组织行为策划

旅游组织行为的策划是旅游公共关系总目标和组织形象策划方案的具体化，是实现组织CI策略的具体过程。它主要包括：

（1）生产行为的策划。旅游组织生产行为的策划是在保证生产正常进行的同时，注意纠正可能不利于社会公益的因素。例如，及时有效地治理“三废”，科学合理地设计生产工艺程序等。

（2）营销行为的策划。旅游营销行为的重点是方便旅游者购买及向旅游者提供良好的服务。旅游营销人员要有良好的职业道德和过硬的服务本领，站在公众的角度提供高质量的服务，从而建立良好的组织信誉。

（3）广告行为的策划。旅游公关广告应做到真实性与艺术性的完整结合。旅游广告内容要真实，忌用各种似是而非、夸张造假的手段哄骗公众；广告要有艺术性和创新性，符合传播媒介、特别是大众传播媒介的工作规律。

（4）接待交际行为的策划。旅游接待交际行为的前提仍然是与公众之间建立一种相互信任、相互理解、相互协作的平等关系。就具体操作过程而言，接待交际行为的安排要有实际内容，一般性的交际接待活动以解决组织当前面临的一两个紧迫问题为好。接待活动的场所、时机、参与人员要与活动内容相一致。

（5）竞争行为的策划。竞争行为首先要符合有关公约、法律、规定和条例，遵守旅游行业的职业道德和约定俗成的一些惯例。不应以打击对手或损害对方利益作为抬高自己的手段，有时还可以主动地向竞争对手提供帮助。当自己的实力和其他条件在竞争中明显地处于落后状态时，要敢于承认事实，并采取实际行动向对方学习。

(6) 领导行为的策划。旅游公关人员是决策层的智囊和参谋，对领导行为的策划当然也是公关行为策划的重要内容。要协助组织领导实现领导行为的科学性和艺术性结合，要设计一些可以充分展示领导人风采的社会活动，使他们能经常在社会公众面前亮相，以提高旅游组织的声誉。

(四) 诱导公众态度与行为的策划

旅游公共关系工作将公众态度的转变作为活动的重要追求目标，通过向公众提供大量用以做出判断的各种旅游信息或有针对性地设计一些特殊的活动，影响公众的态度发生变化并做出行动反应。在旅游公关策划中，要随时掌握公众心理的变化情况，留心公众的反应，以便及时调整活动安排。应有意识地安排与公众原有思维定势相适应的内容，以利公众在比较中接受。有些时候，可以针对公众中存在的明显不符合社会公德和有损社会风气的行为，策划开展积极、健康的引导性活动，将提高旅游组织的知名度、美誉度和改善社会风气结合起来。

(五) 信息与媒体的策划

旅游公关的信息策划可从内容和形式两方面着手。信息所表达的内容应该是真实的、新鲜的，表达信息内容的形式要同内容本身相协调。例如，层次较高的观念性内容、理论性内容，宜选用文字传媒，便于公众仔细研究、品味；侧重于造声势或展示特色产品外形等内容时，宜选用电视、路牌等形象媒介，用艺术性较强的形式在较短时间内引起公众的注意；在进行较大规模的公关活动时，要注意使各种媒介中出现的信息围绕同一主题、目标进行，但形式又要有所区别。

旅游信息和媒介的活动策划有三种类型：一种是引起公众对旅游组织或其产品注意的策划；一种是调动公众情感的策划；另一种则是促使潜在旅游者公众行为转化的策划。所有类型的策划都要求突出重点内容和实物目标，在形式上增强刺激度。

二、旅游公共关系策划的程序

(一) 明确目的，设计主题

主题设计是策划者根据一定规律就某事物进行与众不同的奇妙构思与重新组合，它是旅游公共关系活动策划的灵魂。成功的公共关系活动策划，必须以高超的主题设计为核心。

旅游业的形象信息传递具有直接性，沟通在旅游业公关专门活动中的作用十分突出，所以公关活动与其业务工作联系比较密切。总的说来，设计主题的内容主要包括：①公关服务活动，是结合旅游业服务策划开展的主题活动；②公关传播活动，是旅游业实现公关目标的重要手段，也是联系自己与公众关系的重要媒介，是策划公关活动的最重要的内容之一；③公关社交活动，是旅游业公关人员与顾客、社会公众和内部公众沟通的重要途径。

(二) 确定公众

确定公众是根据公共关系专题活动主题来寻找出那些相关的公众。公共关系的公众是全方位的，不同性质的组织有不同的公众。不同性质的活动有不同的公众，只有确定了公众对象，才能鉴别公众的权利要求，明确特殊公众的特殊要求，才能确定公共关系活动策略、媒介选择、经费预算，才能制订相应的公关活动计划；否则，便不能进行公共关系策划，就不能有效地开展公共关系工作。

(三) 选择媒介

公共关系专门性活动需要选定有效的传播沟通媒介。选择传播媒介需要遵循四个主要原则：一是根据公共关系活动的目的与特殊要求去选择；二是根据不同的旅游者公众去选择；三是根据信息的内容去选择；四是根据经费状况去选择，量体裁衣，达到最佳的效果。

(四) 经费预算

在实施旅游业的公共关系工作方案时，必然要支出一些费用。为了做到开支合理，节省有效，必须编制预算。如举办一次招待会，开销预算就有这样一些项目：印刷品、邮费、租用场地费、进餐费、相片、嘉宾簿、礼品、交通费、布置费等。编制公共关系预算通常以一年为期。在旅游公共关系所有预算项目中除了一些经常性的费用之外，其余的都有很大的伸缩性，所以在编制预算时，应根据计划目标，会同旅游组织或旅游内部各有关部门反复磋商，尽量减少不必要的开支。在预算经费时，要明确整个公共关系活动所需经费的轻重环节和总的目标，明确项目开支中的必需项目，钱应用在刀刃上；要根据旅游公共关系活动的效益与成本预算之比来检测、评估经费支付价值，并作为以后开展公共关系活动的参考依据。

(五) 拟订方案

拟订方案也就是形成书面报告，是旅游组织或企业对公共关系活动的主题、宗旨、方式、对象、预算、时间、地点、效果评估、组织领导等文字的概括和表述。这种书面报告只是活动的一个草案，要经有关评审机构进行可行性论证，经上级主管部门领导批准后方可实施。

(六) 审定方案

审定方案是对拟订的行动方案进行的可行性论证，一般由主管领导、有关专家对方案的可行性提出问题，由策划、拟订方案的人员答辩论证。内容包括：①拟订的活动目的是否明确、是否正确；②对人力、物力、财力等条件的分析论证，讨论这方面的现有条件能否支持活动实现预期的目的；③对潜在的问题进行分析，即预估计划中有没有被掩盖的可能发生的问题，分析防止和补救可能性；④对预期结果进行综合效益评价，判断此方案是否能付诸实施。因此，旅游组织或企业的公共关系策划方案至少要拟订两个以上的可行方案供对比选择。各个方案中的限制性因素要明确列出，方案必须有创新精神，注意方案的细节，对各方案实现目标需要产生的费用和将带来的经济、社会效益进行预测与评估。

第三节　旅游公共关系策划的方法

在上一节中，我们了解旅游公共关系策划要经过六个程序。这一节我们主要探讨如何分析公众，如何选择传播媒介、传播渠道以及如何编制预算，使旅游公共关系策划更加科学，从而有利于其后的实施。

一、分析公众

任何旅游组织都有其特定的公众。同时，利益的相关点、需求或问题的性质、层次不同，一个旅游组织会面临不同类型的公众。旅游公关活动是以不同的方式对不同的公众展开的，确定与旅游组织有关的公众是旅游公关计划的基本任务。只有确定了公众，才可确定如何使用有限的经费和资源，确定工作重点和程序，科学地分配力量，更好地选择传播媒介和工作方法，有意识地筛选和利用有关信息，对特定的公众进行有成效的传播。确定公众，首先要了解公众的权利要求；其次要对公众的各种权利要求进行概括和分析。一方面找出各类公众权利要求中的共同点和共性问题，把满足各类公众的共同权利要求作为设计旅游组织总形象的基础；另一方面要分析各类公众的特殊要求，把带个性的问题作为制定旅游组织特殊形象的基础。一般应选择与旅游组织目标和发展利益相同、相近或利益关系特别紧密的公众作为工作的主要对象。

二、选择传播媒介和传播渠道

1. 传播媒介

传媒是旅游公关借以沟通、传播信息的载体。旅游公关传媒按其物质形式可分为三大类：符号媒介、实物媒介和人体媒介。符号媒介又可分为有声语言媒介、无声语言媒介、有声非语言媒介和无声非语言媒介四种。实物媒介是由实物充当信息传递的载体，它包括资料、象征物、公关礼品等。人体媒介是借助人的行为、服饰、素质和社会影响来作为传递信息的载体。由于各种传媒的性质、效率的差异，它们分别适用于各自相对稳定的公众对象，只有选择恰当，才能取得良好的传播效果。

选择传媒的基本原则是；第一，根据旅游公关工作的目标要求选择传媒，即传媒所拥有的公众与旅游组织公关目标直接关联的公众类型应尽可能相符或相接近；第二，根据不同对象选择传媒，要使信息有效地传达到目标受众，就必须考虑到目标受众的经济状况、教育程度、职业习惯、生活方式及他们接近信息的习惯，并由此再分析决定选用什么样的媒介；第三，根据传播内容选择媒介，应将信息内容的特点和各种传播媒介的优缺点结合起来综合考虑；第四，根据经济条件选择传媒。

2. 传播渠道

一般可供选择的传播渠道有人际传播和大众传播。人际传播是指个体和个体之间的沟通交流，其表现形式分为面对面的传播和非面对面的传播。前者如当面交谈等；后者如打电话、书信交流等，它具有私人性和信息反馈的及时性等特点。大众传播是指职业传播者通过大众传媒将大量复制的信息传递给分散的公众的一种传播活动，它具有传播主体的高度组织化、专业化，传播手段的现代化、技术化，传播对象众多、覆盖面广、信息反馈缓慢等特点。

三、编制预算

旅游公关活动要花费一定的人、财、物，因而预算对于旅游公关活动的开展十分重要。旅游公关预算主要包括以下四方面内容：

1．费用开支

费用开支主要包括两项：一是基本固定日常开支，主要指劳动力成本、管理费用（即维持旅游公关部门日常工作而支付的费用）和设施材料费；二是项目开支，即实施各项旅游公关活动项目所需的费用，如赞助费、咨询费、调研费、专项组织形象广告费等。

2．人员安排

对整个旅游公关计划的实施所需要的人员数量作初步地估算。

3．时间安排

时间安排包括整个公关活动的实施时间，各段分工，具体任务完成的时间以及旅游公关活动开始和结束的时机选择。

4．形成书面报告

旅游公关计划经过论证后，必须将上述内容形成书面报告。旅游公关计划的制订，既要认真细致，又不要过分烦琐；既要能按计划积极开展工作，又要具有能随时根据情况变化来改变行动计划的能力。

本章小结

旅游公共关系策划就是在旅游公共关系调查的基础上，使旅游公共关系活动具体化，为旅游公共关系活动制定蓝图，并为旅游公共关系活动的检查和总结提供依据。公关部门在进行旅游公共关系策划时，应遵循组织利益和公众利益相统一、总体形象和特殊形象相统一、知名度与美誉度相统一、经济效益与社会效益相统一这四大原则。策划的内容主要包括：旅游组织形象策划、环境策划、旅游组织行为策划，诱导公众态度与行为的策划和信息与媒体的策划。旅游公共关系的策划经历了六个步骤，它们分别是：明确目的，设计主题；确定公众；选择媒介；经费预算；拟订方案；审定方案。本章还从选择恰当的公共关系的公众、选择合适的传播媒介和传播渠道以及编制预算三个方面介绍了旅游公共关系策划的具体方法。

复习与思考

1. 什么是旅游公共关系策划？
2. 旅游公共关系策划有哪些基本要求？
3. 旅游公共关系策划都有哪些内容？
4. 如何确定旅游公关的主攻方向？
5. 在旅游公共关系策划中，选择传播媒介和传播渠道时应注意哪些事项？

案例分析

康乐氏橄榄油产品传播策略

2005年初，康乐氏橄榄油正式进入中国市场。康乐氏虽然是在全球享有盛誉的国际性大品牌，但国内消费者对其还知之甚少，如何采用最低的广告成本，将品牌最大限度地传播出去，成为康乐氏橄榄油专家、顾问们绞尽脑汁思索的问题。经过慎重策划，项目团队决定根据产品的功用及市场定位，为产品选择一名形象代言人，并将形象代言人定位为“健康、智慧、美丽”。

康乐氏极富创意地在北大、清华两大国内顶尖高校征集女博士来担任形象代言人。消息一经传出，由于社会上对女博士话题的敏感性而在网上引发了网友们的热烈讨论：世界上有三种人，男人、女人和女博士；女博士是“灭绝师太”；女博士担任形象代言人能否做好科研？同时招募形象代言人的活动，也在国内高校及网络上引起了广泛的关注与讨论，成为红极一时的话题，从而有效地传播了康乐氏品牌。为此，选用代言人的过程为康乐氏做了一次成功而又免费的“广告宣传”。

最后，形象清丽可人、阳光健康的北大女博士遇辉，因完美匹配康乐氏“健康源泉、美丽伴侣”的形象定位，脱颖而出。消息一传出。中央电视台，凤凰卫视、《北京青年报》、《中国青年报》、新浪网等各大媒体抓住女博士这个易为普通人误解的特殊群体进行深度挖掘，掀起了对女博士应聘产品形象代言人事件报道的热潮。

康乐氏这个策划的高明之处在于：北大女博士遇辉不仅具有美丽、健康的外表，同时更具有高品位的学识和智慧，从而完美地阐释了康乐氏橄榄油的形象和品质。博士本身所代表的学识、修养会与消费者心中对于知识的敬仰产生共鸣，大大增强产品的吸引力和可信度。同时，女博士一直是社会上关注的人群，选用女博士作为形象代言人这一事件，可谓是“社会意义和商业效益兼备”，从而引起社会反响，形成了成功的事件营销，使康乐氏橄榄油尚未正式投放市场，其品牌知名度已经迅速扩散到了全国。

【案例思考】

企业如何策划公关传播吸引公众的关注？

第七章　旅游业公共关系的实施与评估

旅游公关人员在经过缜密的调查研究基础上策划公关活动具体方案后，就要开始考虑如何将计划付诸实施了。为了控制实施的过程，并采取相应的纠偏措施和新的计划，就会产生对旅游公共关系各项活动的评估。本章主要讲解旅游公关人员如何开展旅游公共关系活动的实施和评估阶段的工作。

第一节　旅游业公共关系计划实施的特点和原则

旅游公共关系的计划和方案审定后，便进入旅游公共关系活动的第三个阶段——实施阶段。旅游公共关系活动实施就是把公共关系计划和方案付诸实践，去实现所制定的旅游公共关系目标的过程。这个过程不仅可以使计划变成现实，而且可以检验公共关系计划是否符合客观实际，是否具有正确的预见性和指导性。任何计划都是纸上的东西，只有通过实施，才能变成现实；否则，再好的计划，都会失去它存在的意义。由此可见，旅游公关实施是旅游公共关系活动中实践性最强的一个环节。

实施旅游公共关系的项目是一个系统工程，工作头绪复杂，涉及公众多。因为参与人员的众多，为了确保旅游公共关系活动的效果，旅游公共关系人员除了做好自己负责的工作外，还要注意观察，及时处理好偏离策划原意的现象，使整个宣传、实施工作都忠实于项目策划。由于在策划阶段不可能完全准确地判断潜在的或未来的公众状况，因此公共关系人员在履行策划方案的前提下，应及时调整策划中可能存在的不合理内容，重新安排、调整旅游公关的各项活动。

为保证旅游公关实施过程的顺利进行，并有效实现旅游公共关系目标，旅游公关实施应遵循以下原则：

一、目标控制原则

所谓目标控制原则是指旅游公共关系实施过程中，自始至终受到旅游公共关系目标的控制和制约，一切要围绕旅游公共关系的目标来进行，而不能任意改变或偏离旅游公共关系的目标。旅游公关实施中的一切策略、技巧都要和旅游公共关系的目标相一致，为实现旅游公共关系目标服务。旅游公共关系计划的目标确定，一般都是在充分地调查研究和科学的预测基础上制定的，不会因客观环境的变化失去它的合理性。以目标作为旅游公关实施的控制手段，就能很好地把握实施的目的、步骤、任务，减少旅游公关实施中的随意性和盲目性，保证旅游公共关系目标的顺利完成。如果在旅游公关实施过程中一遇到新情况、新问题，就改变公关目标和基本步骤，无疑会被变化无常的客观情况所左右而变得无所适从。因此，公关人员在实施过程中要始终扣住旅游公共关系的目标，使整个旅游公共关系活动有利于旅游公关目标的实现。

二、组织行为与传播一致性原则

旅游公共关系的实施，可以说基本上是围绕信息传播展开的。旅游公关实施要运用各种传播媒介把旅游组织的有关信息传播给公众，使他们认知、了解旅游组织的形象。当旅游组织有关信息通过媒介广泛宣传时，旅游组织的行为一定要和传播保持一致，一切有碍于信息传播的组织行为都要努力克服。这就要求旅游组织按照公共关系计划的目标要求，排除一切可能出现的有碍实施的组织行为。譬如，一方面传播媒介在广泛地宣传旅游组织提供的服务质量高，而另一方面又总是和公众因服务质量问题发生纠纷，这就使传播媒介的宣传前功尽弃。可见，旅游组织只有将自己良好的信誉、周到的服务和现代化的组织管理机构呈现给公众，塑造良好的形象，才有可能赢得公众的信赖。因此，良好的旅游公共关系是优良行为与真实、正确的报道结合的产物。

三、沟通协调原则

由于旅游公关工作的阶段性和多样性，在开展活动中往往会出现过分重视整个计划中的某一阶段或某一方面的工作而忽略整体目标的现象，甚至会出现把次要阶段和局部工作误认为整体目标来对待，影响整体目标的实现。因此，在旅游公关活动过程中要强调整体协调，要使工作所涉及的方方面面达到和谐、合理、互补、统一的状态，使全体人员在认识和行动上取得一致，保证旅游公关活动取得实际成效。要做好旅游公关活动的协调工作，首要的是信息沟通。沟通就是要保证信息传播渠道的畅通，保证信息能及时传达给公众。从实际情况看，造成局部失调现象和酿成潜在失调的危机，许多是由于信息传播受阻、信息传播渠道不通、信息失真或传播过程受到假象干扰所致。因此，协调的前提是沟通。在沟通、协调中，保证信息传播的一致性、明确性和及时性十分重要。这样，旅游公关实施涉及的各个部门、各类公众，才能充分接收信息，增进了解，避免一些不协调因素的产生。

四、把握有利时机原则

把握一切有利时机，排除一切不利干扰，是旅游公关实施中的一条重要原则。把握有利时机要求旅游组织善于抓住公共关系由头。所谓旅游公共关系由头是指一个旅游公共关系活动得以开展的价值和依据。在新闻工作中，没有新闻由头，一些时效性不强的新闻是没有必要报道的；同样，没有旅游公共关系由头，有些专项旅游公关活动也是不好开展的，即使开展了也引不起公众注意，有时甚至会因虚张声势而招致公众的反感。旅游公共关系由头由三个要素组成：一是符合公众利益；二是符合旅游组织的总体目标和自身利益；三是具有新闻价值。因此，实质性的旅游公共关系由头就是公众利益、自身利益和新闻价值的交汇点。虽然找到理想的交汇点有一定难度，但这正是旅游公关人员大显身手的地方。

通常交汇点的确定应从以下几方面考虑：第一，可运用各种固定的特殊机会，如重大的节日、纪念日、各种有规律的假日和时机等。但要注意，须使这一机会的内在含义同专项旅游公共关系活动直接或间接联系起来；要使内容具有新闻价值或具有公益性；形式上不落俗套，勇于创新；及早动手，充分准备。第二，运用现存的事件、设施、条件或形势来开展专项旅游公关活动。第三，运用各种信息传播的事件或活动来开展专项旅游公关活动，如学术活动、调研活动、新闻发布会、艺术展览、各种比赛等。运用此方法要注意把传播事件的形式和公共关系活动的内容融合起来。

抓住旅游公共关系由头后，必须选准时机，否则会前功尽弃。选择时机应注意：第一，确定是否应利用重大节日或国内外重大事件，凡是同重大节日或重大事件没有任何联系的活动都应避开，以免被节日或重大活动冲淡；反之则可考虑加以利用。第二，不要在同一天开展两项大的活动，以免互相干扰，影响效果。

第二节　影响旅游业公共关系计划实施的因素

旅游公共关系实施过程中，由于客观环境的变化，会出现一些不利因素。这些障碍因素若不及时排除，将给旅游公关实施带来不利影响，从而影响到旅游公关目标的实现。因此，公关人员在旅游公关实施过程中，要随时对公关工作进行检查，及时发现问题，找出原因，排除障碍，以保证旅游公关活动顺利开展。一般认为，影响旅游公关实施的障碍因素主要表现为以下方面：

一、社会障碍

社会障碍，主要是指那些影响旅游公关计划实施的社会环境和社会条件。如不协调的社会关系，不正当的竞争手段，某些决策失误，社会时尚和社会风气的变化，新产品、新技术的冲击，公众兴趣、行为的转变，社会政治背景和经济环境的变化等，都可能成为影响旅游公关实施的障碍因素。公关人员在旅游公关实施中要充分认识到这一点，随时检查在实施过程中可能出现或已经出现的障碍，采取相应措施，排除障碍。

二、经营障碍

公关人员在为旅游组织树立良好形象，进行各类公关活动时，常常因为“后院失火”使公关工作前功尽弃，诸如服务质量太差，经营管理不善，职工矛盾重重，公众投诉增多等。这些影响旅游组织内部机制的障碍不排除，组织就会失调，其良好组织形象的树立就很难实现，旅游公关活动也就难以开展下去。因此，旅游公关人员应配合领导部门和有关部门，进行内部协调，排除影响旅游组织经营的障碍，保证旅游公关项目实施的顺利进行。

三、沟通障碍

常见的沟通障碍包括以下方面：

（一）语言障碍

语言是人类最重要的交际工具。试想，如果没有语言，人类的沟通将是一种什么状况。但语言又是一种很复杂的符号体系，要完全掌握它十分困难。因为不同的国家、不同的民族，都有着自己的语言，即使是同一国家、同一民族，由于历史和地域的原因也会形成不同的方言，这就会造成一定的语言沟通障碍。

（二）观念、信仰障碍

观念和信仰是人们在一定的经验和知识沉淀后形成的较为稳定的思想倾向。这种思想倾向受到民族、文化、政治、经济、历史等诸多因素的影响，从而造成沟通的障碍，特别是在国际旅游公关中，这种因观念、信仰产生的沟通障碍显得尤为突出。公关人员应针对不同的对象公众，尽可能地回避、排除不同点，找到共同点，以此达到沟通的目的。

（三）习俗障碍

习俗是在一定的历史和文化背景下逐渐形成的一种约定俗成的风俗习惯和心理定势。不同民族有不同的风俗习惯，甚至同一民族也可能由于历史和地域的原因形成不同的风俗习惯。这些习俗主要体现在道德习俗、礼仪习俗、婚姻习俗、审美习俗等方面。而习俗障碍可能会导致不同习俗的民族对同一信息理解、吸纳的不同，以及同一习俗的公众有可能形成某种一致性或倾向性的需求信息。这就要求公共人员充分了解公众习俗，做到“入乡随俗”，尊重各种不同习俗的公众对象，并做好沟通和协调工作。

（四）心理障碍

所谓心理障碍是指交际者因为某些心理因素，如情感、认知、性格、态度或某种心理定势所形成的沟通障碍。心理障碍大多是由交际者个人心理特征决定的。例如，有的人过分内向，不善交际；有的人生性孤僻，把自己封闭在自我的狭小天地；有的人心存疑虑，警戒心太重，过分地相信自己；有的人缺乏社交能力，往往人为地在自己与他人之间筑起一层心理屏障；有的人对舆论宣传有着本能的厌恶和抵触情绪。这些心理因素，都是影响沟通的障碍，应努力加以排除。

（五）组织障碍

组织障碍是组织内部机制由于某些不合理因素造成的旅游公关实施中的障碍。合理有效的组织内部机制，能有效地进行内外沟通，给旅游公关实施带来有利条件；相反，组织内部机制的不合理、不健全，会给旅游公关实施形成障碍。比如旅游组织机构重叠、臃肿，办事程序多，审批手续复杂，信息传递层次过多，传播渠道不畅通，信息量单一等都会造成障碍。组织障碍是沟通中影响最大的障碍因素，它不仅使旅游组织办事效率低下，而且会严重损害旅游组织在公众中的形象。因此，公关人员在沟通时，应首先排除组织中的障碍因素。

第三节　旅游业公共关系评估的意义

旅游公共关系计划实施以后，便进入旅游公关评估阶段。它是旅游公共关系的最后一个环节。但同时由于旅游公关评估为第二次旅游公关调查和旅游公关策划提供了依据，因而它又是新一轮公关活动的开始。

所谓旅游公共关系评估，是指对旅游公共关系计划的实施效果，按照特定的标准进行检测，从而做出评价和估计的活动。旅游公关评估具有以下意义：

一、控制整个旅游公关活动

旅游公关评估实际上是对整个旅游公关活动过程的评估，虽然它是旅游公关活动程序的最后一个环节，但它伴随着旅游公关活动的整个过程，因此可根据需要随时评估。如每一次专项公关活动后都要进行功能评估，总结经验教训，为开展好下一轮公关活动打下基础。通过评估，能有效控制公关活动的过程，将公关活动纳入目标管理之下，减少随意性，更好地实现旅游公关目标。

二、检验旅游公关策划和实施效果

旅游公关计划是否准确、科学，旅游公关目标是否得当，公关信息传播是否达到预期效果，旅游公关实施是否存在问题等，都必须通过旅游公关评估才能加以准确评价。旅游公关评估是检验旅游公关策划和旅游公关实施的主要手段，如果没有一定的标准衡量和评价旅游公关活动的效果，就可能导致旅游公关工作中责任和成效的不明确。旅游公关评估实际上是把公共关系活动具体化、标准化，有利于公关人员在公关活动中进行自我检查，减少公关活动的盲目性。

三、丰富公共关系理论建设

旅游公关评估，不仅仅是对旅游公关策划和实施进行检测和评估，也是对公共关系实践活动的总结和反思。通过无数次的总结经验教训，分析成败得失，人们在感性认识的基础上，必然产生认识上的飞跃，通过抽象、概括上升为理性的认识，这无疑对公共关系理论建设有十分重要的意义。而公共关系理论的深化又集中体现在从公共关系的社会整体效益来看其是否科学、合理，这是公关理论的重点。目前，在公共关系理论的研究和实践中，公关评估一直是一个薄弱环节。因此，重视旅游公共关系评估研究，有利于公关理论的深化和发展。

第四节　旅游业公共关系评估的内容和程序

一、旅游公共关系评估的内容

从旅游公共关系活动构成的内容看，一般把旅游公关活动分为日常公共关系活动和专项公共关系活动。但由于旅游公关活动常以年度为一个阶段，所以旅游公关评估一般又分为日常公共关系评估、专项公共关系评估和年度公共关系评估。不同的旅游公关评估，有各自不同的内容要素，但无论何种类型的评估，一些基本内容都是不可或缺的。这些基本内容包括以下几点：

（一）组织形象评估

组织形象评估是在旅游公关计划实施以后，对旅游组织形象的重新评价。当旅游公关计划实施完成后，旅游组织形象发生了哪些变化？旅游组织形象变化与旅游组织的期望值还存在着哪些距离？旅游组织形象目标是否已经实现？这些都需要通过组织形象评估做出评价。如果通过评估后发现旅游组织形象期望目标与实现目标有一定差距，说明组织形象目标尚未达到，因而必须分析情况，找出原因，采取措施，进行补救。组织形象评估不在于主要表现销售额的增加，而在于公共关系网络的稳定和发展，舆论影响的维持与扩大以及知名度和美誉度的增大。因此，组织形象评估的效果离不开民意测验和舆论调查。

（二）活动成效评估

旅游公关活动是一个整体概念，它包括日常公关活动和专项公关活动。公关活动成效评估，不仅反映了公关人员的业绩、工作情况，而且还可以通过评估的定量化分析和成本核算，把公共关系活动纳入旅游组织的经营管理之中，有利于提高公共关系的地位和发展。因此，旅游公关活动成效评估，应是旅游公关评估的基本内容。日常旅游公关活动评估的依据主要是公关组织的工作备忘录和其他原始材料，如公关工作记录、大事记、座谈纪要、公关例会、公关职工评议等。此外，还有社会公众对公关形象的反映。专项旅游公关活动评估要根据不同的专题活动来确定评估目标和标准。专题公关活动的目标是否实现，是否达到顶期的目标，专题活动产生哪些影响，社会舆论发生哪些变化等，都是旅游公关评估的主要内容。专项公关活动成效评估可采用直接调查活动的参与者或与之相联系的目标受众，还可通过传播媒介的反映等方式来获得评估资料。

（三）信息传播评估

旅游公关活动的重要工作是信息传播，因而信息传播的评估就成为旅游公共关系评估的重要内容。公关人员必须通过调查、掌握大量的信息传播资料来评估公共关系活动能否实现旅游组织的信息传播目标；同时通过信息传播评估，可以把握舆论的变化，发挥信息传播的监控和反馈作用。信息传播评估的主要内容有：

1．旅游组织的信息是否及时发出

这部分评估内容包括旅游组织制定的政策、措施、决定以及发出的通报、新闻等信息是否及时传递，贯彻实施是否到位等。通过这些内容的评估可以反映旅游组织信息产出的多少和宣传的程度，从而决定其他的传播活动，如展示会、新闻发布会是否有必要举行。

2．旅游组织的新闻和信息被媒介采用的数量

除人际传播外，旅游组织的许多信息必须凭借电视、广播、报纸、杂志等大众传播媒介。这类传播媒介覆盖面大，传播迅速，在信息传播中被广泛地应用。信息传播中，我们不能仅仅满足于信息制作的数量，还要重视信息被传播媒介采用的数量。因为无论多大价值的信息都必须通过一定的媒介传到公众那里，才能产生影响。这些评估资料可以通过电子检测、广播记录、报刊目录索引等来获得。对媒介采用信息数量的评估，既可看出旅游组织的信息被新闻界重视的程度，也可间接地了解旅游组织的信息传播的涵盖面有多大，有多少公众接受了这些信息，等等。如果在传播中，忽视传播媒介采用的数量，旅游组织发出的信息的利用率很低，也就相当于浪费了人力、物力和财力。当然，通过人际传播，如咨询、访谈、演讲、展览等，直接向公众传播，让信息被公众所接受，也能达到传播的目的。

3．检测了解信息的公众量

接受信息的公众量是衡量信息的涵盖面和影响面大小的主要依据。检测了解信息的公众量，可以把握哪些公众在阅读、关心旅游组织的材料，以及了解信息传播后，拥有的公众量是多少。这需要通过一些方法和调查来获取。但仅限于此是不够的，还应将收到信息的公众量进行分类，从中找出和旅游组织有关的目标公众的数量，因为他们才是和旅游组织利益直接联系在一起的。因此，从某种意义上讲，接受信息的公众量的绝对数并不那么重要，重要的是有多少目标公众接收到信息，只有这部分公众才能对旅游组织产生较大的影响。在旅游公关评估中，如果发现信息传播虽拥有大量的公众，但目标公众相对较少，应采取一些补救措施，如将报道的材料复制若干份，分别寄发给目标公众，以扩大旅游组织的影响。

（四）目标效果评估

旅游公共关系的一切活动是为了实现旅游公共关系的目标，因此，目标效果评估就成了旅游公关评估的核心内容。旅游公共关系目标有整体目标，但整体目标通常要分解成具体目标才能逐一实现。如果旅游组织良好形象的树立和提高是旅游公关计划的总体目标，那么传播目标、服务形象目标、职工形象目标就应是具体的分目标，是整体目标不同方面的体现。因此，要有统一规定的定量和定性分析的各项指标，对目标实现效果进行客观分析，才能在日后的公关活动中制定出更科学、更合理的公关目标。

（五）预期目标实现程度评估

预期目标实现程度评估，实际上是一种对旅游公共关系活动的整体评估，通过对旅游公关实施结果的评估，可以看出旅游公关活动是否达到旅游公关计划所预定的目

标和效果，以及旅游组织已经解决了哪些问题。一项旅游公关计划的实现，固然有计划设计合理、实施正确这些主要因素，但是否还包含有公关计划以外其他因素产生的作用？一项旅游公关活动的成功，是否会产生一些意料不到的影响？其实，有时旅游公关活动产生的结果并非完全和公关目标一致，但其结果却是积极的。这些特殊情况的鉴别、评估，可以进一步明确旅游公共关系的功能和产生的影响，使评估的结论更符合客观实际。

二、旅游公共关系检测评估的程序

一般来说，旅游公共关系活动检测评估的工作，可分为四个阶段。

第一个阶段：重温公共关系的目标。评价公共关系活动效果的标准是既定的公共关系目标，即评价公共关系目标实现的情况。在正式对公共关系活动检测评估之前，必须重温公共关系的既定目标，这是检测评估公共关系活动的重要参照物。

第二个阶段：收集和分析资料。旅游公关人员通过反馈信息，收集有关资料，然后根据旅游企业公共关系工作目标进行比较分析，对公共关系活动的效果做出准确的评定，找出造成问题的原因。

第三个阶段：及时向决策部门报告分析结果。旅游公共关系人员必须如实、及时地向领导和决策部门报告对公共关系活动检测评估的结果。一方面可以保证旅游组织或企业的领导者和管理者及时掌握情况，有利于进行全面协调；另一方面也可说明旅游企业的公共关系活动，在保持与旅游业目标一致及其在实现旅游业目标过程中的重要作用。

第四个阶段：把检测评估结果用于决策是公共关系活动检测评估的最终目的和最后阶段。它可以帮助旅游业的公关部门吸取经验教训，以改进对未来公共关系工作的决策，同时也可以参与旅游组织或旅游企业的总体决策，调整旅游业工作的总目标和总任务。

本章小结

经过旅游公共关系调查、确定公关策划方案之后，旅游共关部门就要着手实施。旅游公共关系实施过程中，涉及的部门、人员和组织非常广泛，因此旅游公关实施要遵循目标控制原则、组织行为与传播一致性原则、沟通协调原则和把握有利时机原则。由于旅游公关活动的实施可能受到社会、经营、沟通、心理和组织等方面的障碍因素影响，因而旅游组织应随时对公关工作进行检查，及时发现问题，找出原因，排除障碍，以保证旅游公关活动顺利开展。

旅游公关活动实施后需要按照一定的程序开展评估工作。旅游公关评估有利于控制整个旅游公关活动，有利于检验旅游公关策划和实施效果，也有利于丰富公共关系理论建设。评估的基本内容包括组织形象评估、活动成效评估、信息传播评估、目标效果评估和预期目标实现程度评估。

复习与思考

1. 谈谈你对旅游公共关系由头的理解。

2. 试述旅游公关实施中可能出现的障碍因素。

3. 旅游组织可以从哪些方面对公关活动实施的效果进行评估？

4. 有人说，旅游公共关系评估是旅游公共关系的最后一个环节，因此要在整个旅游公关活动结束后才能进行。你认为这种说法正确吗，为什么？

案例分析

上海春秋国际旅行社怎样躲过“灭顶之灾”

2003 年，国内旅行社都遭受到了突如其来的“非典”重创时，上海春秋国际旅行社却能依靠完善的预警机制“幸运地”躲过了这场“灭顶之灾”，将损失降到了最低程度。

案例背景：生意红火之时危机悄然而至

春秋国际旅行社是一家大型综合性旅游企业，其境内游业务连续 9 年居全国首位。2003 年初，和国内绝大多数同行一样，这家旅行社迎来了历史上最兴旺的“牛市”。但在 3 月下旬企业经营出现了异动，企业针对白领市场精心开发的一些高端旅游产品，如“自由人”、“纯玩团”等出现了滞销迹象。高端产品卖不动，说明外国游客和外企白领游客减少了。猛然间，春秋国旅总经理王正华想起了 3 月 17 日世界卫生组织宣布的有关“非典”疫情的消息，心中一紧。通过连续几昼夜的数据搜集和分析，他们终于得出了结论：“非典”疫情会对当地旅游市场产生重大影响。

于是，当国内绝大多数旅游企业依旧因三四月份旅游产品价格走高而坚决不肯降低销售利润时，春秋国际旅行社已抢先在全国 31 家分社打响了应对“非典”的紧急战役，为化解风险争取了时间。

对策之一：断然舍弃短期利益

情况危急！4 月 1 日，春秋国际旅行社正式向国内各大航空公司递交报告，分析“非典”疫情的严重性；4 月 5 日起，旅行社包机部所有工作人员都被派往各家航空公司，商榷包机停飞以及可能形成损失的分担方案。

当时，“非典”疫情对国内旅游行业的影响尚未显现，旅游市场价格持续走高。此刻，春秋国际旅行社停退包机的做法招来诸多非议，内部员工也颇有怨言：“有生意不做，有钞票不赚……”不管别人说什么，包机坚决要退，而且只能快不能慢。春秋国旅高层的态度十分鲜明。不仅如此，他们还紧急下达了第二道让同行费解的命令——全国各分社将包机销售流量尽量往前推，即使不赚钱，甚至赔点钱也要把机票尽早售出。

事实证明，春秋国际旅行社的急救措施很奏效。4 月 24 日，最后一家四川航空公司也同意停退包机；在所有航线停退之前，春秋国旅包下的多数航班都已卖掉99%的座位，损失被减少到最低程度。与此形成鲜明对比，许多兄弟旅行社直到4月下旬才察觉手中的机票滞销，甚至完全卖不动，心急火燎地要求航空公司停飞，却为时已晚。春秋国旅总经理王正华说，我们停退包机、降价出票，虽然给旅行社造成600多万元的经济损失，但如果当时只顾惜眼前利益，整个旅行社的潜在损失将超过1亿元，企业将被逼上绝路。

对策之二：48小时收款制度规避“三角债”

针对“三角债”问题，春秋国际旅行社原本就制定了一项“48小时收款制度”：通过网络销售的旅游产品要求入网48小时内收款；票务中心下属的业务部要求24小时内收款；春秋国旅的入境部、华东部都规定“先收款，后做团”。王正华总经理说，在“非典”危机中，即使包机问题解决了，如果该收的钱收不回来，几千万元的“三角债”同样能将旅行社置于死地。此外，一旦形势恶化，部分中小旅行社还有可能恶意破产逃避债务。

通过采取的一系列的措施，上海春秋国际旅行社安稳地度过了“非典”给旅行社带来的冲击，把损失降到了最低，为以后的规避企业危机提供了宝贵的经验，更值得同行学习和借鉴。

【案例思考】

结合本案例，请制定旅游公共关系活动的评估标准，试评估上海春秋国际旅行社应对危机的公共关系活动效果。

第八章　公共关系专题活动

第一节　公共关系专题活动概述

一、公共关系专题活动的概念

（一）公共关系专题活动的含义

公共关系的专题活动是以公共关系传播为目的，有计划、有步骤地组织众多人参与的协调的社会活动。关于大型活动的定义，我们必须掌握三个概念：第一，专题活动以社会传播为目的。第二，众多人参与的社会活动是专题活动定义的基本条件。要算得上是大型，须有两个基本条件：一是活动社会化；二是活动参加人数量多。第三，活动是有组织、有计划、有步骤的社会协调行动。假如不是协调的行动，再多人参与也不能算是专题活动。

旅游公共关系专题活动是旅游业组织为实现某一具体目标而进行的专门的公关活动。公关专业活动主要包括以下几种类型：记者招待会，展览会，赞助活动，庆典活动，开放参观，联谊活动，策划新闻事件以及旅游公共关系广告等。

（二）公共关系专题活动的基本特点

1. 针对性

公关专题活动是在审时度势后，根据组织或公众的某种特殊需要而举办的，这就使得它的目标明确，同时活动也比较集中，能较好地解决某一特殊问题。

2. 传播性

公关专题活动的策划者把活动作为一个信息传播的载体，通过活动内容把信息传达给活动参加者，并且进一步通过参与者的人际传播和大众传播媒介把信息传播到更大的范围。

3. 协调性

公关专题活动的协调性表现在专题活动过程的各个方面与各个环节。第一，目的与内容的协调。一个既定的目的，要通过内容来兑现，两者之间协调，策划构思才能实现。第二，内容与形式协调。第三，实施操作管理的协调。公关专题活动在实施管理过程，管理事项纷繁复杂，各个实施项目之间要综合协调，否则专题活动不能实现既定的目的。

4. 效率性

公关专题活动讲求效率性，主要体现在两个方面：一是投入与产出的概念。一项专题活动，应该讲究投入了一定数量的人力和物力，能产生多少效益。二是现代社会的人们讲究时间观念。参与活动的公众付出了时间的代价，活动策划者应该予以有效的回报。

5. 灵活性

公关专题活动方式多样，举办时间的长短也受限制，其规模大小随需要而定，活动内容也可以根据需要不定期安排，在活动过程中也可以做适时调整。

二、公共关系专题活动的策划

（一）公共关系专题活动的策划目的

1. 制造新闻

所谓制造新闻，是指在坚持真实性的前提下，举办具有新闻价值的活动，吸引新闻界和社会公众的注意，争取被报道的机会。吸引新闻媒体和社会公众的注意，以扩大企业的社会影响，提高企业的知名度。公共关系专题活动一般都有明确的主题，独特设计的活动内容，因而会成为新闻媒体和社会公众关注的“热点”。当然也可以主动与新闻媒体联系，使新闻媒体的参与成为整个活动的组成内容之一。

2. 为促销服务

通过公共关系专题活动，淡化推销的色彩，使社会公众从感情上接受一种新产品、新服务，制造有利的营销气氛，从而为进一步的销售活动开拓道路。

3. 增强好感

利用社会传统的重大节日或企业自身富有意义的纪念日，举办公关专题活动，可以表达企业对社会公众的善意，改变企业的社会舆论和关系环境，改善企业内部的人际关系。

4. 联络感情

通过策划和举办公关专题活动，与社会各界广泛联络交往，为企业广结善缘。

5. 挽回影响

当企业形象受到损害时，需要运用多种手段加以纠正，通过专题活动巧妙的设计和有效的工作，可以改善公众原有的印象，使受到损害的企业形象得以恢复。

（二）公共关系专题活动的策划原则

策划原则是策划人员在策划过程中用于观察问题、分析问题、解决问题的准则。它可以说是策划的价值观念。成功的公共关系专题活动策划要遵循以下原则：

1. 社会性的原则

任何公众活动都是存在于社会、受社会因素制约、又反过来影响社会的。作为策划活动的组织机构，无一不受到社会环境的制约，所以，策划首先应遵循的原则就是社会性的原则。社会性的原则，即大型活动要符合社会综合因素的要求，包括：①政策的要求。城市规定不准放鞭炮，那么一般情况下这个城市活动的策划则不能使用放鞭炮的形式。②社会热点要求。这个时候社会的热点话题是讲环保，如果依势造势，顺应潮流，再创环保活动新方式，策划的起点高了，策划就成功了一半。③传统习惯的要求。策划大型活动，适应传统习惯的要求也是不容忽视的。④伦理道德的要求。假如大型活动与社会公共伦理道德标准大相径庭，很难有成功可言。总之，社会性的要求是很广泛的，包括社会制度、社会文化、人文关系等。"适者生存"也许是这一原则最好的注脚。

2. 科学性的原则

这里所说的科学性，包含两重意义：一是策划要符合科学的原则；二是策划时要充分应用现代科学技术的成就。现代策划被视为一项知识密集、技术密集、人才密集的高新技术产业。现代策划正是运用多学科的专业知识，去观察社会、研究社会，从而策划出适应社会发展潮流的多种多样、多姿多彩的社会活动的。科学性原则要求策划者充分运用现代的科学技术成就，包括自然科学和社会科学的研究成果，运用现代科学思维方法、技术、设备，策划和实施公共关系专题活动。

3. 实效性原则

随着社会日益商品化的发展，讲求实效，是人们的头脑中已逐步形成的一种新观念。对于公共关系专题活动而言，讲求实效具有更重要的意义。在策划过程中，策划者往往刻意追求形式美和创新性，而容易忽略实效性。这不奇怪，其实它们本来就是一组矛盾，当这组矛盾解决之时就是策划成功之时。在策划过程中，不同的时期可以有不同的侧重点，前期应当侧重形式创新，后期则侧重实效，这样既不泯灭创新的意念，又可以做到讲求实效。

公共关系专题活动的策划，不但从宏观的角度看，要十分重视其实效性，而且从微观的角度，即每个具体的项目上，也应精打细算，讲求实效。

4. 创新性与可操作性相结合的原则

如同写文章一样，千篇一律是公共关系专题活动策划的大忌，只有具备创新性才能使公共关系专题活动的策划具有生命力。创新性就是提出创造性的主意，就是说每次策划，必须是一次创造性的劳动，其结果，应该是产生与众不同的策划思路。值得注意的是创新性固然重要，但是一个有新意的策划方案，可能会受到诸多因素的制约而难以实施，所以策划必须既要有创新性，又要有可操作性，这样才可能成功。

（三）公共关系专题活动的策划内容

1. 分析企业形象现状及原因

企业形象现状及原因的分析工作，实际上就是要求在公关策划之前，对企业形象现状进行诊断，从而为选择公关活动目标和方法提供依据。

2. 确定目标要求

一般来说，所要解决的问题就是公关活动的具体目标，它服从于树立企业形象这一总体目标。在策划时，公关活动目标应明确、具体，具有可行性和可操作性。

3. 设计主题

公关活动的主题是对公关活动内容的高度概括，它对整个公关活动起着指导作用。

主题设计得是否精彩、恰当，对公众活动成效影响很大。公关活动的主题看似简单，实非易事。设计一个好的活动主题一般要考虑三个因素：公关活动目标，即公关活动的主题必须与公关活动目标相一致，并能充分表现目标；信息特性，即公关活动主题的信息要独特新颖，有鲜明的个性，突出本次活动的特色；公众心理，即公关活动主题要适应公众心理的需要，主题要形象，语言能打动人心，使之具有强烈的感召力。

4. 分析公众

公关活动是以不同的方略对不同的公众展开的，而不是像广告那样通过媒介把各种信息传播给大众。因此，只有确定了公众，才能选定哪些公关活动方案最为有效。

5. 活动方式选择

公关活动方式的选择是策划的主要内容。通过什么方式开展公关活动关系到公关工作的成效。选择活动方式是创造性的工作。公关活动是否新颖、有个性，关键取决于策划人员的创造性思维是否活跃。因此，在选择活动方式时，要充分发挥策划人员的独创能力和潜在能力。

6. 经费预算

公关专题活动的经费预算项目一般是由以下部分组成：

场地费用：包括场地使用权的租赁费。

物资费用：包括活动使用的各种道具、器材、设备、文具、礼品及布置场地物品所需的费用等。

礼仪费用：包括礼仪性项目的开支，如邀请乐队、仪仗队和文艺演出的演员等。

保安费用：包括活动期间保卫工作、安全设施、保健项目等费用支出。

宣传费用：包括用于活动宣传方面的开支，如摄影、录像、广告宣传、宣传品印刷、展示费用等。

项目开支：包括交通运输费、差旅费、办公费等行政性开支或代付费用。

餐饮费：活动项目中的宴会或餐饮费用。

劳务费：包括公关人员和其他劳务人员的薪水。

不可预算的费用：包括应急费和大型活动常有的许多不可预算的开支，一般是以活动费用总额的5% ~10%计算。

承办费：假如是委托专业公关机构承办的，必须支付承办费，这一费用实际是包括了承办机构的管理费和利润。

（四）公共关系专题活动策划中应注意的事项

1. 要有明确目的

任何公共关系专题活动都应该有明确的目的，要设定影响哪些公众，要达到怎样的公共关系目标，要取得哪方面的效果以及公共关系专题活动的主题是什么都应事先确定。

2. 要有实施方案

应该把公共关系专题活动作为一个整体和系统工程来设计、规划。对于时间、地点、参加者、活动方式、环境、交通、经费、宣传报道、效果评估等各方面因素和细节都要考虑周全，事先要制订实施方案并请有关人士论证批准，然后按照活动方案进行操作实施，并且在实施过程中收集反馈信息，如有必要可根据实际情况和反馈信息对方案进行合理调整。

3. 要有传播计划

应根据主题设计一个既令人耳目一新又利于传播的标题或口号。标题或口号犹如一篇文章的题目，既要能反映文章的内容，又要有创意。例如，“中国大连，世界服装名城”，“中、法人民友谊源远流长”，“北京亚运村，世界第一流”，“新北京，新奥运”等标语口号都为当时的公共关系专题活动增添了光彩。

在公共关系专题活动开始之前，就要把有关专题活动的消息传播出去，以便渲染气氛，创造良好氛围。与此同时，还要事先与新闻媒介进行联系，并且为记者采访报道提供一切便利条件。

专题活动之后，要注意收集反馈信息和报道成果。最重要的是，公共关系专题活动要有与之配合紧密的传播计划。离开了传播，公共关系专题活动的效果则会大打折扣。

4. 要有专人负责

公共关系专题活动不仅要请专家精心策划，而且要有专人负责实施，最好是组成专门机构一抓到底，善始善终。其机构成员最好是具有公共关系知识和公共关系策划能力、实施能力，以便能“逢山开路，遇水搭桥”，保证公共关系专题活动的顺利进行。

第二节 记者招待会

记者招待会又称新闻发布会，是旅游组织为有效地树立良好形象、形成有利于自身发展的社会舆论而召集新闻记者，就某一问题说明事实、表明立场并回答记者提问的一种特殊的旅游公共关系活动。它是旅游组织广泛传播各类信息、吸引媒介报道并搞好媒介关系的重要手段。

一、记者招待会的作用和特点

（一）记者招待会的作用

记者招待会是一种准备充分、形式正规、气氛隆重，规格较高、传播信息、吸引报道和易于引起社会关注的会议。组织举行记者招待会具有一举多得的作用。

1. 有利于组织和记者的双向沟通

记者招待会的召开，一方面组织发布有关信息，回答记者的提问；另一方面记者直接听取和收集组织信息，对自己感兴趣和公众普遍关心的问题向组织发言人进行提问，有利于组织与新闻记者建立良好的人际关系，实现组织和记者的双向沟通。

2．有利于组织信息的传播

记者招待会的举办，邀请了各地各类各级记者参加，为记者迅速掌握组织的情况提供了充足的信息，有利于组织信息的及时、广泛、准确、持久和有效的传播，也有利于树立起组织的良好形象，提高社会组织的知名度和美誉度。

3．有利于组织和公众的沟通

在组织发生危机事件时，组织可以通过举行记者招待会向公众传播事件的原因、组织处理的态度，说明或澄清有关问题，取得公众的支持和谅解。

（二）记者招待会的特点

记者招待会是一种两级传播：组织先将信息告知记者，再通过记者所属的大众传播媒介告知公众。它一般具有以下特点：

（1）记者可以根据自己感兴趣的方面或所着重的角度进行提问，更深入地发掘问题。

（2）形式比较正规、隆重，规格比较高。

（3）在深度上和广度上比其他新闻发布方式更具优越性。

（4）比其他新闻发布方式占用记者和组织者更多的时间。

（5）所耗成本比较高。

（6）对发言人和主持人的要求很高，需要机智、敏感、反应迅速。

二、记者招待会的组织

要使记者招待会的召开达到预期的效果，必须做好以下几个方面的工作：

（一）会前的准备工作

1．研究会议召开的必要性

首先是会议的主题和针对性的研究。比如要求记者招待会有明确的主题以及需要发布的信息；要求记者招待会有比较强的针对性。其次是对所要发布信息的新闻价值进行研究。如果发布的消息没有新闻价值，就无法起到宣传的作用。因此，这就要看时间是否及时和内容是否有新意；看是否有广泛传播的新闻价值；看是否与现实生活有联系密切，能不能引起公众的兴趣。

2．确定应邀记者的范围

根据组织要发布信息的内容涉及的范围和事件发生的地点等因素，来确定应邀参加者的范围。一是确定邀请哪些新闻媒介的记者，如哪些报纸、杂志、广播电台、电视台等媒体的记者；二是确定邀请哪些地区或哪一级别的记者，如是本地的还是外地的、省内还是省外的、国内还是国外的等。

3．会议资料的准备

首先是发言人的发言内容、发言提纲和报道提纲的起草、讨论以及修改、定稿、打印和分发。发言内容和发言提纲应该根据会议主题，组织熟悉情况的人成立专门的小组负责起草。其内容要求新颖、准确、简明扼要，主题突出。其次是有关宣传辅助材料的准备．包括口头的、书面的，还有实物、图片、模型，也包括将在会议进行中播放的音像资料等。

4. 选择会议时间

首先要考虑组织信息发布本身的最佳时机，如放在重要活动庆典、重要会议召开、重要人士来访、重大成绩取得之时，但同时又要考虑邀请对象是记者的特点，应尽量避开节假日和有重大社会活动之时，以免部分记者不能参加会议，影响会议效果。其次，应避开特别的民风民俗忌讳的日子，如不要选择在 4 月 1 日，这是欧美地区的“愚人节”，也不要选择在 13 日举行，这在西方一些国家是比较忌讳的日子。

5. 选择会议地点

在会议地点选择上主要是考虑给记者在交通、采访等方面创造方便的条件。首先是交通是否便利；其次是会议厅的大小是否能够容纳得下一定数量的记者与嘉宾；再次是会场设施是否齐全，比如通信设施是否便利畅通，是否能提供录音、摄像等配套设施，能否提供播放电影、电视、录像、录音、幻灯等设备条件；最后，场内的桌椅设置是否方便记者提问和记录。

6. 确定主持人和发言人

首先是主持人和发言人的选择。记者尖锐甚至是刁钻的提问，对主持人和发言人就提出了很高的要求。主持人不仅仅是会议召开时形式上的主持人，而且应当是本次公共关系活动中所有环节的总指挥，因此，要求主持人思维敏捷，反应机敏，口齿伶俐，有较高的文化修养和专业水平。会议的主持人一般可由公关机构的负责人来担任。发言人是代表组织出面的，记者招待会成败与发言人的素质密切相关，因此，会议的发言人一般应由组织的高层领导来担任。因为他清楚组织的整体情况，掌握组织的方针、政策和计划，回答问题具有权威性。其次是主持人和发言人的培训。若组织确定的主持人和发言人缺少这方面的经验，可以在会前进行必要的训练和准备。

7. 组织记者参观

在记者招待会的前后，可以配合会议主题组织记者进行参观，给记者创造实地采访、拍摄等机会，增加记者对会议主题的感性认识。首先要确定参观的地点、参观的路线、参观的内容；其次是确定参观的陪同人员和被参观地方的接待人员，以便介绍有关情况。

8. 宴请的安排

为了使记者招待会收到最大的实效，根据组织的财力的情况，可以安排宴会或者工作餐招待与会的记者和其他来宾，这也是一种相互沟通的机会。可以利用这种场合融洽与新闻界的关系，及时收集反馈信息，进一步联络感情。

9. 经费预算

记者招待会的成本较高。费用项目一般有场地租用费、音响器材租用费、会场布置费、电话通信费、交通费、印刷费、文具用品费、茶点和餐费等。整个会议经费应当在会议前做出预算。

10. 布置会场

记者招待会的会场布置要整洁、高雅、美观、安全和实用。应摆放适量的绿化盆景，主持人、发言人、嘉宾、记者、特邀人士等各种区域与席位都应布置安排合理，书写并按席位顺序摆放席位卡，准备好的文件材料袋和文书用具应放于每个席位上，并适量放置简单饮料。同时，要检查进出通道与上下台的路线是否安全畅通，准备好会议所需要的其他设备，如话筒、音响设备等，检查好用电是否安全等。

11．发出邀请

根据邀请的范围，首先将请柬较早地送到被邀请的记者手中；在临近召开日期还应用电话联系落实到会记者情况；对交通不便的被邀记者则应提供交通服务。

（二）会中的组织工作

1．迎宾接待

安排迎宾人员，提前恭候在门厅或会场门外，迎接来宾到达，并将来宾引领至签到处，恭请来宾签到。签到后，服务人员引导来宾至休息室或直接到会场，安置席位奉茶水或饮料等。

2．会议程序

（1）主持人讲话、宣布会议开始。主持人讲话在宣布开会前进行，一是介绍和欢迎与会人员，并向来宾介绍出席会议的领导、重要嘉宾、各新闻机构及其记者，向到会者表示欢迎；二是介绍会议主题、目的和背景；三是介绍发言人情况，如姓名、职业和职位等。

（2）发言人发言。组织的发言人的发言要紧扣主题，实事求是，不夸夸其谈。一般安排一位主要发言人发言，若安排多人发言时，应排好顺序，发言内容上不要重复。

（3）回答记者提问。会议发言人和主持人应相互配合。记者招待会在进行过程中，应始终围绕着会议主题进行。这就需要会议的发言人和主持人配合一致，相互呼应。一要引导记者踊跃提问。当记者的提问离题太远时，要善于巧妙地将话题引向主题。二要友好地对待记者的提问。即使记者提出很片面、很偏激，甚至带有挑衅性的问题，也要正确对待，不能失控发怒，也不可拍案而起，要以平缓的言语、确凿的理由给予纠正或反驳。三要对涉及机密不可发表的有些资料和数据，应婉转地向记者做解释。四要发布准确无误的信息，若发现错误应及时予以更正。五要按分工范围，做到责任分明，同时也要随机应变，遇到回答不了的问题时，应告诉记者如何去获得圆满答案的途径，不可不计后果随意说“无可奉告”或“没什么好解释的”，这会引起记者的不满和反感。

（4）主持人简短评述会议，对与会者致谢，并表达日后继续合作的意图。

（5）宣布闭会。

（6）欢送记者。

（三）会后总结评估

作为一项公关活动的完整过程，招待会结束之后，要及时检验会议是否达到了预定的效果，认真地搞好总结评估。

1．收集和分析信息

一是收集与会记者以及其他与会公众对记者招待会组织工作的反映。检查招待会在接待、安排、提供方便等方面的工作是否有欠妥之处，以利改进今后工作。二是搜集分析与会记者在各种媒体上的报道，并进行归类分析，检查是否达到了举办记者招待会的预定目标，是否由于工作失误而造成消极影响。对检查出的问题，应分析原因，设法弥补损失。同时，对照会议签到簿，看与会记者是否都发了稿件，并对稿件的内容及倾向做出分析，以此作为以后举行记者招待会时选定与会者的参考依据。

2. 总结归档工作

闭会后应对会议的组织进行总结，分析得失、总结经验、吸取教训，写好评估报告，并将总结材料归档备查。

第三节　展览会

展览会是社会组织公共关系活动经常采用的一种形式，它是通过实物、文字、图表、模型、示范以及电影、电视、计算机网络等现代多媒体技术和手段进行复合性、双向性、直观性和高效性的传播，来展现社会组织的成果、风貌、特征，建立良好公共关系的一种公关实务活动。由于它图文并茂，较为直观形象，往往会给公众留下深刻的印象，因此成为新组织、新产品、新技术等塑造形象的最佳公共关系宣传媒介之一。

一、展览会的特点

（一）直观性

展览活动以产品、实物展示、解说员的生动讲解、现场的具体操作、生动形象的示范表演等给人以“亲眼目睹”、“眼见为实”的感受。尤其是配以现代化的电子媒介，往往给参观者留下更为深刻的印象。因此，它带来的宣传效果比一般的广告宣传更直观、更真实、更具体。

（二）双向性

展览活动是旅游组织与公众进行直接双向沟通的最好形式。旅游组织通过对自己产品和服务的展示、咨询、洽谈来传播和反馈旅游组织信息。这种面对面的信息互流，不仅可以使公众很快了解旅游组织的信息，而且通过留言簿、征询卡、洽谈等反馈信息。而且，展览活动上往往商家云集，信息传播反馈快，成交量集中，无疑是一种传播沟通的极佳形式。

（三）复合性

展览活动是一种复合运用多种传播方式的传播活动。它既运用人际传播的许多方法和技巧，又要运用大众传播的许多方式和策略。如面对面的解说、咨询到文字说明、图片、实物展览以及电视、广播、报纸等多种传播手段使展览活动能够综合各种传播媒介的优点，形成多层次、全方位、立体化的传播效果，具有很强的吸引力，能取得很好的社会效益。

（四）高效性

展览活动可以一次展示许多行业的不同产品，也可以集中同一行业的多种品牌来展示，是一种高度集中和高效率的沟通方式。它可为参观提供更多的机会并节省大量的时间和费用。

（五）新闻性

展览活动是一种综合性的大型活动，除本身能进行自我宣传外，往往还能够成为新闻媒介追踪的对象，成为新闻报道的题材。通过新闻媒介的报道，展览活动的宣传效应将大大扩展。

二、展览会的类型

（一）按展览会规模分类

（1）大型展览会。其规模可大至世界性的博览会。这类展览会是综合性的，参展的组织多，展出的项目多，涉及面也广，需要有较高的专业技术水平才能办好。

（2）小型展览会。规模较小，常常由一个组织自己举办，展出的项目比较单一。

（3）微型展览。这是最小规模的展览，如商店橱窗的商品展览。

（二）按展览会内容分类

（1）综合性展览会。综合展示一个国家、一个地区或一个组织的建设成就，既有整体概括，又有具体形象，观众参观后会有一个比较完整的印象。例如，著名的“日本筑波国际博览会”，在我国举办的“改革开放成果展览会”等，都是在世界范围内全面展示一个国家、地区的建设成就、优秀成果的展览活动。

（2）专业专题性展览会。介绍某一些专业或专题的情况，虽不要求全面系统，但也要内容集中、主题鲜明、有一定深度。例如，我国举办的“中国酒文化博览会”，就是专门以酒为主题，通过酒来展示企业文化和中国传统的酒文化的专题展览活动。

（三）按展览会性质分类

（1）贸易性展览会。举办这种展览会的目的是为了促进商品交易，展出的也是一些实物产品和新技术等。

（2）宣传性展览会。通过展品向观众宣传某一思想或观点，或让观众了解某一史实，其特点是重在宣传，没有商业色彩，展品通常是照片、资料、图表及实物等。

（四）按展览会时间分类

（1）长期展览。展览形式是长期固定的，如故宫博物院等。

（2）定期展览。展出内容定期进行更换。

（3）短期展览。这是一种展出时间较短，展览结束后即行拆除的展览会。

（五）按展出地点分类

（1）室内展览。在室内举行，不受天气影响，不受时间限制，可展出较为精致，价值很高的展品。

（2）室外展览。在室外举行，规模可以很大，布展也比较简单，但会受到天气的影响。

（3）巡回展览。是一种流动性的展览，往往利用车辆运往各地巡回展出。

三、展览会的作用

展览会作为一种高效传播活动，其作用主要表现在以下几个方面：

（一）提高知名度

展览活动中生动的图片、形象的文字说明、声情并茂的讲解、直观的实物展示都可直接地介绍旅游组织的特色和成就，能吸引广大公众注意，从而增进公众对旅游组织的了解，提高旅游组织的知名度。

（二）促进销售

一次成功的展览会也是一个成功的广告。旅游组织可以通过举办或参加各种旅游贸易展览会来促进旅游产品或服务的销售，并巩固发展与各行业的关系。

（三）促进交流

展览活动能使旅游组织了解不同的旅游需求，同时也把旅游组织自身的产品行情、推销等信息及时传达给公众，达到与公众多方交流、密切沟通的目的。另外，旅游业是社会的窗口，充分利用展览这一活动形式，参加各项国际旅游展览活动，能把中国的政治、文化和民族风情传播出去，增进国际或地区间的政治文化交流。

四、展览会的组织实施

展览会是一种综合性的活动，要耗费大量的人力、物力和财力。为保证展览活动的成功举办，旅游组织公共关系人员须做好以下工作：

（一）分析举办或参加展览会的必要性

展览会是大型的综合性公共关系活动，耗费较大，因而在举办或参加展览活动之前，旅游组织公共关系人员一定要对举办或参加展览会的必要性和可行性进行分析研究，防止盲目投资、得不偿失，或因准备不足而起不到应有的作用。

（二）明确展览活动的目的和主题

任何展览会都有一定目的，即通过展览会的举办或参与，要解决旅游组织的什么问题，达到一个什么样的目标。具体来说，是以促销为目的，还是以宣传组织形象为目的等。主题应是展览目的的概括体现，是展览会的精神核心和指导宗旨，它通常用一两句高度概括的语言表现出来，并书写在展览会醒目的位置上，给参观者留下深的印象。

（三）确定展览类型及参展单位和项目

有了明确的目的和主题，便可以进一步确定展览会的类型、参展项目及邀请对象。

例如举办大型综合展览会，通常用广告和邀请函等形式向可能参展的组织讲明展览宗旨、类型项目、要求及费用等，为潜在参展组织提供决策所需的资料。

（四）选择时间地点

在时间上，要考虑到展出的内容有无季节性和周期性，是否与重大社会活动的时间相冲突等；地点上，首先要考虑是否有方便参观者的交通条件，其次要考虑场地的大小、质量、设施。此外还要考虑场地周围环境是否与展览主题相互协调。

（五）明确参观者的类型

展览的对象是谁，范围有多大，参观者的层次、要求、数量等状况如何，这些都是旅游组织公共关系人员在展览活动前应分析研究的问题。这样在接洽、解说和材料准备上才能做有的放矢，从而保证展览活动的顺利开展。

（六）准备各种宣传资料

展览会需要的材料很多，如展览徽标、宣传招牌、图片、展品、广告、气球等。除此之外，还要准备一些资料分发给参观者，如旅游组织及其产品或服务的简介、宣传画册、纪念品等。

（七）培训工作人员

展览活动工作人员的素质与技能对整个展览效果起着重大影响作用，特别是一些专业性较强的展览，如果没有一定的专业知识，展览的组织、洽谈、解说、咨询等工作就会受到影响。此外，工作人员的素质、礼仪、讲解的技巧，都影响着展览活动的成功。因此，要对展览活动的工作人员进行公共关系训练，尽可能使他们做到：懂得展览项目的专业知识，能为观众提供咨询服务；善于交际，礼貌文明，能得体地与各类观众交流；仪表端庄大方，不落俗套。

（八）与新闻界的联络

展览会要利用一切可以调动的传播媒介进行公共关系活动，使公众通过视、听等多种渠道了解有关旅游组织的信息。展览会前应组建专门的新闻机构，负责展览活动的新闻宣传，如新闻处、秘书处等。由他们邀请新闻记者参加开幕式和采访，与新闻媒介保持密切联系，为新闻记者采访提供一切方便和相关资料等。

（九）展览会费用预算

经费预算是把展览会所投资的总金额落实到展览活动的每项具体项目中，使每一个项目的经费得以落实，如场地租金、设计装修、广告费、电费、运输费、接待费、资料费、劳务费等。旅游组织公共关系人员应有计划地分配展览所需的各项资金，防止超支和浪费。

（十）评估展览活动效果

展览会带来的最直接的效果是旅游产品成交量的多少，这是评估贸易展览活动的主要衡量标准。此外，还可以通过参观人数、新闻传播媒介的报道量、咨询台、留言簿、问卷调查、有奖测验、新闻分析等方法，了解评估展览活动的效果。

第四节　赞助活动

赞助活动是指组织通过无偿地提供资金或物质对各种社会公益事业做出贡献，以提高社会声誉，树立良好社会形象的公关专题活动。公关赞助是举办专题活动最常见、最重要的形式之一，因为它既可以为社会公益事业的顺利进行提供保障，同时又可以为各类组织的不断发展创造和谐的社会环境，是一种信誉投资和感情投资行为，也是一种有效的公共关系手段。因此，越来越多的营利性组织纷纷以自己收益的一部分回馈社会公益事业，以表示它们乐于承担一定的社会责任和义务。

一、开展公关赞助活动的作用

（一）为企业赢得良好声誉

企业通过对某些社会福利事业、社会慈善事业、社会公益活动进行赞助，可以在社会公众心目中留下关心社会、致力于公益事业的美好印象，受到社会舆论的好评，从而为企业赢得良好声誉。

（二）扩大企业的社会影响

企业在对公益事业，尤其是对体育比赛、文娱活动的赞助过程中，企业的名称和产品的商标等都会频繁出现在新闻媒介的报道之中，进而形成一种广告攻势，本企业的知名度会大大提高，社会影响也会进一步扩大。

（三）博得社会公众的好感

开展公益活动首先是能使企业赢得与赞助项目直接相关的组织与公众的好感，同时也能使企业赢得其他社会公众的好感，从而产生一种口碑效应。

（四）提高企业的社会效益

通过开展公众活动，使企业赢得社会公众的普遍好感，从而提高企业的知名度与美誉度。这些虽然不能直接体现为经济效益，但却为企业的生存、发展创造了一个良好的外部环境，提高了企业的社会效益。

二、赞助活动的基本类型

（一）赞助体育活动

这是最常见的一种赞助形式。体育活动的影响面大，公众参与的感觉强烈，并且超越了民族、国界和政治因素的影响，特别是奥运会和世界杯足球赛这样的世界范围的大型体育比赛，其影响是十分巨大的。如果社会组织赞助这一类的体育活动，会扩大自身的知名度和美誉度，增强自身的广告效果。具体赞助方式有：出资、冠名、企业与体育联姻等。这类赞助大多是为达到增强广告效果的目的，如柯达、富士、可口可乐等在各项体育比赛中大出赞助风头，引起公众兴趣，其产品也畅销不衰。

（二）赞助文化活动

赞助文化活动，不仅可以培养组织与公众的友好感情，还能通过知名度的扩大来创造良好的社会效益，许多组织对电影、电视剧、文艺演出、音乐会、演唱会、画展的赞助都获得了成功。无论是对文化活动本身的赞助，还是对文化艺术团体的赞助，都是既繁荣和发展文化事业，又建树良好组织形象的有效形式。

（三）赞助教育事业

赞助教育事业是一种效益长远的活动。它不仅有利于教育事业的发展、有利于全民族素质的提高，也有利于赞助者自身的人才培养和选拔，为组织建树良好形象。其形式有：设立奖学金、成立基金会、捐赠图书（设备）、出资修建教学科研楼馆、赞助科研项目等。

近几年，不少外资企业纷纷把赞助目光投向了大学校园，选择大学生作为赞助对象，既获得了支持教育事业的好名声，又为自己日后选拔人才奠定了基础。比如，松下、西门子、索尼、杜邦、奔驰、摩托罗拉等大公司都纷纷派出了公共关系部的得力干将“登陆”中国高校，开展相关活动。

（四）赞助慈善福利事业

这是组织与社区、与政府搞好关系，赢得良好社会声誉的重要途径。它能表明组织的社会责任感和高尚品格，容易引起社会公众的好感。常见的做法有：救济残疾人，资助孤寡老人，捐助灾区人民，捐赠儿童福利等。

（五）赞助纪念活动

赞助重大事件和重要人物的纪念活动，可以树立组织的独特形象，展示组织的文化内涵，如大型社会经济成就展览、著名历史人物和伟人事迹展览等。

（六）赞助特殊领域

赞助某一特殊领域，可以使组织在某一方面获得一定的知名度或美誉度，增强在这方面的形象竞争力，如赞助学术理论活动和学术著作的出版，赞助生态资源保护和文物古迹的开放等。

除以上几种赞助类型外，还有赞助社会培训、赞助竞赛活动、赞助宣传品的制作等形式。

三、赞助活动的基本原则

各种社会组织无论是主动选择赞助对象，还是接到赞助请求时考虑是否赞助，都应当遵循以下基本原则：

（一）社会效益原则

赞助活动要着眼于社会效应，即赞助对象和赞助项目具有较强的社会意义和社会影响力，具有良好可靠的社会背景和社会信誉，如社会救灾、希望工程、残疾人福利等。

（二）传播效益原则

参与赞助活动必须讲求传播效果，所赞助的项目和对象应该有利于扩大本组织的知名度和美誉度；同时要调查和分析社会公众和新闻界对该赞助活动是否关注、程度如何等。

（三）合乎实力原则

社会组织无论开展什么形式的赞助活动，都应当量力而行，不要超过自己的承受能力。赞助经费的支出也要留有余地，以备意外之用。

（四）合理合法原则

赞助者和赞助对象的所作所为都应符合法律法规，符合社会利益和公众利益，坚持原则，严格按原则办事，杜绝人情赞助、人情广告等不正之风。

四、赞助活动的实施步骤

（一）赞助活动类型的确定

旅游组织公共关系人员应首先确定赞助活动的类型，这要根据赞助的目的来看。如果旨在扩大影响和知名度，旅游组织可采取赞助体育活动；如果旨在树立良好形象，旅游组织可采取赞助教育事业；如果旨在培养感情，增进社会理解，旅游组织可采取赞助社会福利事业等。

（二）制订赞助计划

赞助类型确定后，旅游组织公共关系人员就应制订出一个完整的赞助活动计划。该计划是赞助目标的具体化，通常包括赞助范围、赞助对象、赞助形式、赞助费用预算、赞助实施步骤等内容。

（三）赞助活动的具体实施

计划制订好以后，要派专门的旅游组织公共关系人员负责各项赞助方案的具体实施，运用公共关系技巧去扩大组织的社会影响。如果遇到不正当的赞助要求，应坚决拒绝，必要时可诉诸社会舆论和法律。

（四）赞助效果的评估

赞助活动实施之前确定赞助类型、制订赞助计划，目的是要取得赞助的良好效果。因此在每次赞助活动中，旅游组织公共关系人员都应注意赞助效果的检查测定，要求将赞助的具体实施情况和赞助后公众及新闻界的反映与赞助计划相对照，明确指出完成了哪些预定指标，哪些指标没有完成并分析原因，然后写出评估总结报告，上报旅游组织的领导层，并做好归档工作，为日后的赞助活动提供参考资料。

五、赞助活动实施中应注意的问题

（一）赞助活动要有针对性

社会赞助是旅游组织自愿履行社会责任和义务的表现，旅游组织既拥有选择赞助的权利，又要力所能及，以赞助者本身的意愿为前提，不可盲目贪大求全，因为赞助效果并非与出资多少成正比。组织应考虑赞助活动必要性、可行性，使有效的资金发挥最大的效应。当遇到不必要的赞助或明显没有社会效益的赞助时，旅游组织要坦率相告，解释原因；对虽然适合，但旅游组织难以负担的赞助请求，应坦言难处，婉转地要求减少赞助或表示不愿参与赞助；若遇上无理纠缠者，旅游组织必须坚决用法律保护自己的权益，不能屈服于威胁和恐吓。

（二）充分利用赞助提供的机会

旅游组织在承诺赞助后，要尽量利用赞助活动来宣传自己，因为赞助活动的主办人有许多事情要做，他们只能给赞助者提供机会，而有效地利用赞助则是赞助者自己的事。

（三）提高赞助的效率和质量

旅游组织可以将多方面的资金集中起来设立一个基金会。基金会可单独或联合地向社会公益事业提供稳定的长期资助，取得长期的社会效益。

（四）严格控制赞助预算

赞助活动在财务方面要严格管理，以免资金被挪作他用，或被私人非法侵吞。旅游组织还应严格控制赞助的预算，以防超支。此外，旅游组织还要注意预留一部分机动款项，以解决临时急用问题。

（五）淡化商业意识

赞助活动应设计新颖的赞助形式，淡化“商业意识”，要与做广告区别开来，即使要做广告也要以公共关系广告的形式出现，以免引起公众的反感。

第五节　庆典活动

庆典活动是社会组织为庆祝某一重大事件而举行的一种公共关系专题活动，如开业或周年庆典，新设施奠基，展销会开幕等。其目的在于联络公众、广交朋友、增进友谊、扩大影响。一个组织举行一次气氛热烈、隆重大方的庆典活动，就是一次向社会公众展示自身良好形象的机会，它体现了领导人的组织能力、社交水平及企业文化素质，往往成为社会公众取舍亲疏的重要标准。因此，庆典活动必须进行精心策划和组织。

组织庆典活动有三大效应：引力效应、实力效应、合力效应。引力效应指组织通过庆典活动吸引公众的注意力；实力效应指通过举办大型庆典活动，显示组织强大的实力，以增加公众对组织的信任感；合力效应指通过开展大型庆典活动，增强组织内部员工的向心力和凝聚力，提高公众对组织的信任感。

一、庆典活动的类型

（一）开业庆典

开业庆典是公司、企业，如旅游企业在新成立时，或重大活动开幕时，或某社会组织重要机构组建时举办的庆典活动。通过开业庆典，旅游组织不仅可以向社会公众和舆论传递信息、通报情况、扩大影响，还可以得到社会公众美好祝愿，为获得今后事业的顺利发展奠定基础。可以说，一次成功的开业庆典，就是组织事业发展的一个重要里程碑。

（二）周年庆典

周年庆典是企业、组织在开业纪念日举行的庆祝活动和纪念活动。可以每周年举行一次，也可以在五周年、十周年、二十周年时举行盛大的庆典活动。周年庆典是旅游组织进行公共关系活动的有利时机，通过这一机会向社会公众宣传自己的历史、发展、成就和对社会的贡献等，制造出有影响的新闻，有助于提高旅游组织的知名度和声望。

（三）节日庆典

节日庆典，包括国家法定节日（如元旦节、五一劳动节、六一儿童节、七一建党节、八一建军节、十一国庆节等）、民间传统节日（如春节、端午节、中秋节等）、国际性节日（如情人节、妇女节、圣诞节等）及其他重大节日。举办的庆祝、纪念典礼仪式或各种联谊活动（如大型游园、团拜会、嘉奖等）。旅游组织举行节日庆典活动，可以借助热闹的节日气氛宣传本组织，融洽各种社会关系。

（四）庆功庆典

庆功庆典是企业、组织在工程竣工、建筑物落成或取得某项战略性成果时为祝贺成功而举行的庆祝活动。庆功庆典有着锦上添花的作用。旅游组织可利用庆典造势，为提升组织良好印象再做出公关努力，进一步强化并扩大组织影响力。

（五）表彰庆典

表彰庆典即颁奖、授勋仪式，一般以表彰大会的形式出现。旅游组织举行这类庆典活动的目的在于宣传和弘扬先进模范人物和先进集体的优秀事迹和高尚精神，并授予其光荣称号、勋章、奖旗、奖状及物质奖品等，以此来激励组织内部员工更好地工作，并向外部公众展示自身的良好形象。

（六）剪彩仪式

通常在开工典礼、竣工典礼、奠基仪式、开业仪式、展销会、展览会等活动中，都要举行剪彩仪式。

二、庆典活动的组织实施

（一）要明确庆典活动的主题，围绕主题来安排活动内容

每次庆典活动都有一个事由，但这仅仅是一个名目，是一个主题形式。公关人员应根据组织需要和公众的需要进行精心设计，确定主题，然后围绕主题来安排穿插有关活动内容和活动形式。

（二）拟订庆典活动的程序，落实有关任务，明确职责分工

庆典活动一般都比较盛大，头绪众多，需要组织内部有关人员密切配合，共同完成。要做到有条不紊，忙而不乱，就要先确定庆典活动的程序，并按照典礼规格确定司仪，按照有关活动内容将任务具体落实到人。尤其是后勤工作和组织工作一定要有专人负责，对负责签到、接待、摄影、录像、音响、现场布置人员要将具体事项落实到人头，并有严格要求，讲清活动内容，在庆典活动前要仔细检查有关设备和材料。

（三）拟订邀请的宾客名单

邀请的宾客应包括政府有关部门负责人、社区负责人、知名人士、社团代表、同行业代表、新闻记者、公众代表等。拟订好名单后，应将请柬于一至两周前送达出席庆典宾客手中，以便被邀请者安排时间，按时出席庆典活动。

（四）确定致辞人员和双方剪彩人员名单

参与致辞的人员要有一定的代表性，或有一定的社会地位，参与剪彩的己方人员应是组织的负责人，客方人员应邀请地位较高的和有一定声望的知名人士。

（五）利用新闻媒介做庆典活动的信息传播工作

能够参加庆典的人员毕竟有限，要将庆典活动作为公共关系活动传播到更大的公众范围中去，就需要借助新闻媒介来扩大影响。要事先确定好与会的新闻媒介名单，安排专人接待新闻记者，为他们提供方便。大型的庆典活动最好设立新闻中心，其组织方法与新闻发布会相似。

（六）庆典活动效果的评估

庆典活动之后，应进行效果评估，要总结经验，吸取教训。

（1）收集传播媒体以及公众舆论的有关反应；

（2）制作庆典活动的音像资料；

（3）写好庆典活动的总结报告；

（4）做好新闻报道资料的存档工作。

第六节　开放参观

开放参观活动，指的是社会组织邀请公众（主要是外部公众）参观本组织的工作场地、环境设施、成就展览等。这是公关实务中经常开展的一种团体性专项公关活动。其目的是增进组织与某类重要公众之间的双向了解；消除某些公众对组织的一些偏见和误解；亲善社区或邻里关系，增强组织与公众的联系。

参观活动是社会组织为了让公众更好地了解自己、向公众宣传自己、表明自身的存在，或为了消除某种误解而进行的开放活动。通常由公共关系部门负责组织一些社会公众到组织内部来考察、参观，使公众了解真相，增加兴趣和好感。虽然这项工作很麻烦，但却可以较好地提高组织美誉度。

一、开放参观活动的作用

（一）提高社会组织的透明度

社会组织对外开放参观，无疑是主动把自己暴露在公众的视线下，让公众直接了解组织各方面的情况，大大提高组织的透明度。

（二）增加社会组织的“人情味”

组织对外界开放，通过对来宾的礼貌接待，可博取公众对自己的好感，缩短组织与公众之间的距离，促使感情互动，增添组织的人情味。

（三）为组织与公众直接沟通提供机会

开放参观的过程就是组织领导人与工作人员同各界参观者直接接触的过程。通过演讲与座谈，介绍组织的情况，回答和解释参观者提出的问题和疑虑，倾听参观者的意见和建议。

（四）形成一种压力，促使组织总体素质的提高

组织要对外开放参观，就必须注意自己的环境形象，人员素质形象，以便给观众留下一个好的印象。所以，无形中会对组织产生一种压力，促使管理者努力提高管理水平，促使全体员工注意自身的言行，使组织的总体素质得以提高。

（五）消除公众对组织的误解或疑虑

一个组织难免会由于某些客观或主观因素的影响，让某些公众产生误解或疑虑。在这种情况下，对外开放参观就是一剂消除误解，排队疑虑的良药。例如，靠搞炸药起家的杜邦公司最初生怕新闻媒体找麻烦，因而层层戒严，绝对不让记者进门，更不能采访报道。而这样的结果却是谣传越来越多，以至于最后给人形成了一种可怕的印象：杜邦——杀人。杜邦认为搞炸药本是一项化学工业，也是为民造福，怎么偶尔有几下“砰砰”声，就成了杀人犯了呢？为此杜邦好不苦恼。一位报界人士开导说：与

其“闭关锁国”，不如“对外开放”。杜邦听此妙言，茅塞顿开，于是采纳了这一建议，让记者进厂参观，介绍情况，将真相告诉公众。很快，杜邦公司就纠正了过去的坏印象，开始得到了公众的好评。

二、开放参观活动的对象

参观活动的对象既是考虑参观者的代表性，又要重视特定的目标公众，同时也要考虑组织的承受能力。如果参观者像潮水般涌来，组织就可能疲于奔命和应付，因此参观对象要仔细选择和确定。参观活动的对象主要包括：

（1）目标公众：包括客户、经销商、消费者、原材料供应者、生产协作者以及运输部门等。

（2）一般公众：包括社会团体、学校、文化单位、研究机构、社会各界代表以及职工家属、社区居民等。

（3）股东公众：包括股东、券商、证券从业人员和证券主管部门等。

（4）党政部门：包括各级党政部门、主管部门、上级部门等。

（5）其他相关部门：包括银行、金融机构、保险公司、新闻媒介、司法部门、环保部门等。

（6）社会名流：包括专家学者、各类明星、新闻人物等。

（7）国外投资者、外国客商、观光者等。

（8）各类慈善组织和社会福利团体等。

三、开放参观活动的组织

要使开放参观活动取得良好的公关效果，必须做好周密的组织工作。

（一）开放参观前的准备工作

（1）确定开放参观的时间，注意开放参观时间的合理性。

（2）准备好宣传资料。主要是供参观用的小册子及说明书，内容应简明扼要，可介绍参观的一般过程及本单位的基本情况。另外，还应准备好介绍组织情况的幻灯片、录像片和电影资料等。

（3）准备好展览用的实物和模型。通过展示实物可以起到引导参观的作用。

（4）安排好辅助设施，如停车场地，休息场所，会议厅等。

（5）挑选和训练工作人员。主要是挑选和训练接待人员、陪同人员和讲解员。

（二）参观过程中的接待工作

（1）先给参观者放映介绍组织情况的幻灯片、录像片和电影资料等，分发说明书、宣传小册子，并请组织负责人讲话，帮助观众了解组织的概况。

（2）引导并陪同参观者沿预定路线参观，同时做必要的介绍、解说，回答提问。

（3）时间较长的参观，中间要安排适当的休息。

（4）参观结束后，可与参观者座谈，最后分发纪念品。

（5）在参观过程中，如果参观者提出特殊要求，工作人员要先与有关管理人员或负责人商讨后再作答复，以免妨碍正常工作或发生意外问题。

第七节　联谊活动

联谊活动是以实现一定合作目标为宗旨的信息沟通和感情交流专题活动。企业之间经常开展这类活动。联谊活动的名称和主题可以灵活多样，如在节假日举办的联谊会可以称之为春节联欢会、元旦联欢会、中秋联欢会等；在平时举办的联欢会可根据主题内容或参加者命名，如社区共建联谊会、美好家园联谊会、青年联谊会、老年联谊会、妇女联谊会等。

各种类型的联谊会可以是参加者自娱自乐，也可以邀请文艺界专业人士参加。另外，联谊会如果能穿插各种活动，如电影招待会、舞会、聚餐会、文艺演出、知识竞赛、体育比赛、特技比赛、游艺活动等就会显得更加有吸引力。

一、联谊活动的组织举办

联谊会的形式不一，规格也不等，要想成功地举办联谊会，可以参考以下程序：

（1）明确联谊会的主题，并确定联谊会名称，如某酒店以“饮食与健康”为主题，举办了“美食家联谊会”；

（2）安排活动程序，并印制联谊会节目单；

（3）确定时间、地点、活动场所；

（4）确定应邀对象，发出请柬，别忘了邀请新闻记者参加；

（5）购买活动所需要的物资，如礼品、奖品等；

（6）布置活动场地，并安排专人负责；

（7）安排礼仪人员负责导游、接待、回答咨询等；

（8）派专人摄影、录像等；

（9）准备好讲话稿、座谈会的讲话提纲等；

（10）准备好需要穿插的文艺、体育节目。

二、开展联谊活动应注意的问题

（一）选择联谊对象

联谊对象的选择要遵循互助互利的原则，它必须是联谊的双方或多方都有联谊的要求、联谊的内容、联谊的能力，三者缺一不可。选择联谊对象的过程就是一个奠定联谊活动基础的过程。

（二）确定联谊层次

联谊活动是有层次的，由低到高、由浅入深。一般可以分为三个层次：第一是感情型的。以联络感情为主，如利用节假日、周年庆等机会，互致信函，互赠纪念品、出席庆祝活动，相互留下良好印象，为以后的联系奠定盛情基础。第二是信息型的。以互相沟通信息为主要内容，就各自掌握的与双方有关的信息进行交流，如原材料信息、销售市场信息、资金市场信息、技术合作信息、学术研究信息等，使双方面对新信息掌握主动权。第三是合作型的。这是高层次的联谊，是联谊活动成果的最终体现。通过一些生产项目、经营项目、研究项目的合作，促进双方经济效益和社会效益的提高。这是一种最具实质性的联谊，是组织的公共关系人员的着眼点和落脚点。

(三) 遵循联谊原则

首先要遵循真诚的原则，绝不损人利己、损公肥私；其次要遵循互惠互利的原则，在不损害社会利益的前提下使联谊双方共同受益；最后还要遵循效益的原则，争取在有限的时间和空间范围内取得最大的效益，少花钱多办事。

第八节 策划新闻事件

策划新闻事件又称“制造新闻”、“媒介事件”，是旅游组织为达到公共关系目标，通过巧妙的策划与安排，由人为引发的可引起戏剧性或轰动效应的事件，并有意引起舆论和新闻媒介的关注与报道的公共关系活动。这是一种无偿利用大众传媒进行公共关系宣传的活动方式，具有较高的新闻价值。

一、策划新闻事件的重要性

就现代企业来说，不仅仅是生产产品，而且还“生产”新闻，这就是策划的产物。它们不仅在企业界掀起了阵阵狂澜，而且备受新闻媒体的关注，纷纷加以报道。企业以极小的投人获得了巨大的回报，真可谓“四两拨千斤”。成功地策划新闻，在公共关系实践活动中，对组织的知名度、美誉度的提高具有重要的作用。

(一) 实行品牌战略的需要

市场竞争的加剧迫使组织，特别是营利性的组织，要想方设法提高组织及其品牌的知名度，从而获得更高的市场占有率。当今组织竞争最有力的手段之一便是实行品牌战略，特别是企业创造自己的名牌，依靠名牌纵横四海。而一个名牌的形成，往往要经过相当长的时间，这对急于壮大发展的企业来说，无疑是个难以忍耐的过程。而要缩短这个过程，就得充分利用高度发达的传媒助力。

(二) 扩大广告效应的需要

当前大众传媒数量惊人，在我国光报纸就有两千多种，还有密集的广播电视网络，如何使有限的广告资金产生“核裂变”的广告效应？如何吸引公众的视线，改变广告方式出奇制胜呢？广告策划、营销理论的发展为组织策划新闻提供了理论依据，出现了所谓的“一体化营销传播”。这一概念代表了一揽子综合传媒计划的开端，它的产生源于这样一个认识：一个系列单独的商业广告有可能导致产生信息传播的混乱与落后的矛盾。比较而言，一个系统的一揽子传播计划或许会更加行之有效。这就是说，以往单一的广告形式已不再适合企业及其产品宣传的需要，广告活动的成功越来越需要同公关、促销、新闻等手段相结合，综合运用多种传播媒介。而要实现这个目的，一个有效的途径便是“策划新闻”，强化广告效果。

（三）增强新闻竞争能力的需要

当代传媒产业中的激烈竞争，新闻来源的匮乏，为组织的新闻策划提供了可乘之机。改革开放以来，我国大众传媒的数量急剧增长，然而，媒体数量的扩张并没有带来新闻资源的相应扩张，具有市场竞争力的新闻产品明显不足。特别是在以经济建设为中心的情况下，各个媒体对来自营利性组织的新闻重视有加，因此，营利性组织的新闻的竞争是媒体竞争的一个重要组成部分。

二、策划新闻的特性

（一）创造性

策划新闻第一要义便是要出新，创新是策划的生命，有新意的策划才有价值。无论是主题、报道方式、角度都要出新，即做到“人无我有”。

（二）现实性

策划是主观见之于客观的行动，它受到现实条件的制约，因此策划要可行则必须是在现有的条件下完成的。

（三）客观性

策划新闻必须以客观存在为基础，决不能以假象或者被扭曲了、肢解了的事物为策划依据。企业的策划行为有时以宣传、推销自己的产品或服务为目的。但是，这种“新闻制造”一定要以某种真实事实为基础，决不允许造假和欺骗。

（四）系统性

策划是一项完整的、系统的工程，它涉及多个领域，多个部门，是“多兵种的联合作战”，因此，要有统一筹划，统一安排。

（五）超前性

策划是对未来活动的规划，要有超前性（也叫前瞻性），因此在策划制定阶段应尽可能地考虑到将来会发生的情况。

（六）整体性

策划是公共关系部门集体智慧的结晶，是公共关系部门甚至是组织的集体行动。而且，实施策划也要内外人员的整体配合和支持。

三、策划者的素质要求

（一）全面的知识水平

策划新闻，必须以社会组织本身的良好素质为基础，在客观上能够对公众和社会起到有利的作用；同时需要策划人员具有广博的知识，特别是新闻、广告专业知识。要精通和洞悉新闻媒体的运作规律，知道什么是记者感兴趣的东西，知道怎样才能在组织利益、公众兴趣、媒体利益之间寻找合适的结合点，并在这个结合点上下功夫。

（二）发达的思维能力

发达的思维能力是策划的前提，没有全新的思路、没有创意也就谈不上策划。

（1）创新性思维。它是策划创新性的要求，也是策划者的首要追求，具有这种思维才能产生有创意的策划。

（2）求异性思维。这种思维追求的是产生个性化的策划。

（3）立体性思维。它要求对事物从多层次、多角度、多因果、多变量去系统考察，对新闻形成一种立体的判断。

（4）思辨性思维。表现为深入思考，反复琢磨，使新闻价值得到最大展现。

（三）灵活的应变能力

应变能力是策划者眼光、胆略、经验和计谋的综合表现，也是策划型人才必备的一项基本素质。

此外，丰富的想像力、健康的心理、良好的品德、竞争的意识和团队精神也是策划者必须具备的素质。

四、旅游组织策划新闻事件的原则

（一）以事实为基础的原则

策划新闻事件虽然带有浓厚的人为色彩，但它却并不是无中生有、无事生非、编造事实欺骗舆论，而是旅游组织真实地去做某一件事情，并把它“制造”出来，从中挖掘出新闻价值，然后吸引新闻媒介和公众的注意和兴趣，成为新闻媒介的报道焦点。

（二）遵循新闻要素的原则

策划新闻事件必须突出事件的新闻价值，只有具备新闻价值的事件才可能被新闻媒介所关注和报道。一般来说，一个人或一件事只要具备了“新、奇、特”三个新闻要素，就很有可能成为新闻事件，并被新闻媒介所捕捉。

（三）巧选时机的原则

策划新闻事件必须巧妙地选择时机，要想让自己策划的新闻事件产生良好的社会效果，旅游组织就要善于把握好新闻发布的时机，争取最大限度地提高和发挥新闻的社会影响力。

五、旅游组织策划新闻事件的常用方法

策划新闻事件是组织最经济最有效地扩大组织影响的公共关系活动，是一种运用智力进行的创造性劳动，它必须依靠旅游组织公共关系人员广博的知识、丰富的想像力和敏锐的洞察力。其常用方法可归纳如下。

（一）巧借东风法

巧借东风法是旅游组织或巧借社会名流、权威人士的新闻效应，或是搭乘社会热点活动、重大活动（如重要外交活动、大型表演和比赛、社会热点问题等），或是巧借特别的日子（如母亲节、植树节、开业或周年庆典等）以引起社会公众的关注，达到组织策划新闻事件的目的。

（二）同中求异法

同中求异法又称为“轰动效应法”，其关键在于别出心裁和与众不同。公共关系讲究个性张扬，策划新闻事件更要共性中求个性，平凡中出新奇，敢于出其不意，敢于超越常规，这样才能达到意想不到的效果。

（三）直接效仿法

借鉴别人成功的经验为我所用，也是策划新闻事件时常用的一种方法。但一定要注意，模仿的痕迹不要太重，要切合自身实际有目的、有组织的寻求变化，并从变化中发现富有创造性和吸引力的新闻事件。

另外，旅游组织策划新闻事件是一个创造性和组织性很强的活动，其主题必须有益于社会公众，并能引起公众的广泛兴趣。在活动中，必须将实际的社会效益放在首位，从而使事件的报道引起良好的社会效应。此外，旅游组织还可以与新闻媒介共同组织活动，为其提供场地、人员、设备等方面的服务，使旅游组织成为整个活动的有机组成部分，进而成为新闻报道的基本内容或背景内容之一，达到特定的宣传目的。

第九节 旅游公共关系广告

公共关系广告通俗地讲，即为“公共关系＋广告”，是以广告的形式而开展公共关系工作的一种方式方法。公共关系广告亦称组织形象观念广告或声誉广告。

旅游公共关系广告是以增进公众对旅游组织的整体了解，扩大知名度，树立良好形象为目的的广告形式和活动。

从广告本身是一种传播活动而言，广告即具公共关系的性质，那么在广告中有意识地引入公共关系，就形成了公共关系广告。我们在大街上或媒体上经常可以看到这样一些广告，有的是请你珍惜自己的生命、遵守交通法规；有的是请公众珍惜家园；有的是祝贺同行开业或周年志庆；有的是宾馆领导为员工生日点歌以表祝福等。这些广告犹如一股清风，给人耳目一新的感觉。它不以创造商业利润为目的，而是通过间接方式提高旅游组织知名度，树立旅游组织良好形象，为旅游组织带来更长久深远的影响，这类广告就是旅游公共关系广告。

一、旅游公共关系广告与商业广告的不同

（一）宣传侧重点不同

旅游公共关系广告侧重于旅游组织在社会竞争中的地位和形象；商业广告则侧重于现阶段或近期产品的市场推销。正所谓：商业广告让人“买我”、公共关系广告让人“爱我”。

（二）宣传模式各异

旅游公共关系广告宣传模式为：公众旅游组织—旅游 产品；而商业广告宣传模式为：公众—旅游产品 旅游组织。

（三）宣传色彩有别

旅游公共关系广告注重与公众的情感沟通，其社会色彩、情感色彩浓厚；而商业广告则注重旅游产品的推销，其商业色彩浓厚。

（四）选择媒体不同

旅游公共关系广告一般只选择大众传媒；而商业广告可选择的媒体较为广泛。

（五）宣传效果不同

旅游公共关系广告注重旅游组织长期的社会效益；而商业广告则注重旅游组织短期的经济效益。

二、旅游公共关系广告的类型

旅游公共关系广告的具体类型较多，我们按照与旅游组织是否有直接的联系为标准，将旅游公共关系广告分为与旅游组织有直接联系的公共关系广告和与旅游组织本身没有直接联系的公共关系广告两大类。

（一）与旅游组织有直接联系的公共关系广告

1．组织广告

组织广告用以介绍旅游组织的价值观念、理念等，对内产生凝聚力，对外产生号召力，使旅游组织形象连同它的观念、口号深入人心。

2．解释广告

解释广告是就旅游组织某一问题说明事实、消除误解、表明态度的公共关系广告。

3．实力广告

实力广告是向社会展示旅游组织在人才、技术、质量、管理、设备设施、资金、业务等方面的成就，可以以利税、股息、规模等表现组织实力的指标为广告内容，并配之以旅游组织的标志。

4．祝贺广告

旅游组织对新开业或举行庆典的单位，以同行的身份刊登广告以示祝贺，从而体现旅游组织欢迎竞争、广结良缘的胸怀及与受贺组织携手合作，共同繁荣的愿望。

（二）与旅游组织本身没有直接联系的公共关系广告

1. 公益广告

公益广告是以倡导和维护公共生活秩序和公共道德准则为内容的公共关系广告。它能体现旅游组织为社会公众服务、为社会尽责的意识。

2. 响应广告

响应广告指旅游组织为寻求公众的理解和支持而对政府的某一措施或社会上某一重大活动表示响应的公共关系广告。它表明旅游组织善于从全局的角度考虑问题。

3. 赞助广告

赞助广告是旅游组织凭借自己的实力，积极参与社会活动、推进社会公益事业发展的公共关系广告。它可赞助文化、体育、教育、社会福利、公益事业等。

三、旅游公共关系广告的作用

（一）塑造旅游组织形象

这是旅游公共关系广告最基本的作用，通过公共关系广告使公众对旅游组织产生好感。

（二）强化旅游组织品牌

旅游公共关系广告着重宣传旅游组织的品牌，使品牌以同一形象在相当长的时间内重复出现，给公众造成深刻印象。

（三）体现旅游组织宗旨

旅游公共关系广告通过宣传旅游组织的精神理念、组织文化、服务宗旨和公众态度等，让公众加深对旅游组织的了解。

本章小结

公共关系专题活动指组织为塑造自身形象围绕某一公共关系主题，有计划、有步骤地组织目标公众参与的集体行动，是组织与公众沟通的有效途径。公共关系专题活动的基本特点表现为：针对性、传播性、协调性、效率性、灵活性。公关专题活动常见的形式有：记者招待会，展览会，赞助活动，庆典活动，开放参观活动，联谊活动，策划新闻事件和旅游公共关系广告等。结合旅游企业的公关目标和宣传需求，遵循公共关系活动策划的原则，开展有声有色的公共关系专题活动，是旅游企业实现“内求团结、外求发展”的最佳途径。

复习与思考

1. 你参加过组织开展的公关活动吗？这种活动有什么特点？
2. 为什么现在的组织都热衷于公益活动？公益活动对组织有什么好处？

3. 怎样才能组织好一次成功的记者招待会？
4. 展览会的举办对组织形象的树立有什么实际意义？
5. 请你为某商场策划一次节日专题活动方案。
6. 组织庆典活动、参观活动、联谊活动分别需要做好哪些方面的工作？

案例分析

中国民族园发挥优势开拓市场

北京中华民族园是北京市的一处知名景点。中华民族园充分发挥景点自身优势，积极利用节庆活动吸引游客，开拓旅游市场，不断推出各种以“民族”为主题的活动，积极营造“走进民族大家庭”的游园气氛，吸引政府部门、企事业单位、群众团体人员和学校师生到园里来搞活动，不仅扩大了民族园的社会影响，取得了良好的社会效益，而且还取得了良好的经济效益。

以民族节庆为龙头的少数民族文化展示活动

民族节庆集各民族的道德伦常、形神气质、价值取向、审美情趣、文化表象为一体，是展现民族文化的窗口。开园以来，北京中华民族园先后举办过傣族“泼水节”、藏族“雪顿节”、羌族“祭山会”、景颇族“目瑙纵歌节”、哈尼族“矻扎扎节”等民族节庆活动，吸引了大量游客，保证了基本的客流。举办民族节庆活动，并不意味着原样照搬，而是要根据市场的需要去精心设计。其要点是：①突出民族特色；②贴近时代精神；③适应大多数游客的需要；④庆、游、玩、购、赏为一体。这样设计出来的民族节庆活动贴近现实，符合民意，能够达到预期目的。

以民族团结教育为主题的青少年活动

中华民族园是北京市爱国主义教育基地，担负着对北京中小学生进行民族团结教育的重任。他们将“担子”转化为“契机”，积极加强同北京及周边城市中小学校的联系，设计了一系列的活动，不仅圆满完成了政府交给的教育任务，而且开辟了学生市场，取得了可观的经济效益。

中华民族园先后推出了一系列活动：①“走进民族大家庭游园活动”。这项活动包括庄严的成人宣誓仪式，既有领导、老师和家长的谆谆嘱托，又有高山族、藏族等少数民族的成人仪式表演，给学生们留下了深刻的印象。②“画我眼中的少数民族”。组织爱好美术的学生及美术专业学校师生到园里来写生、画画，还组织海峡两岸的少年儿童参与这项活动，举办了展览，出版了画册。③民族知识大赛。参照国家教育部下发的小学、中学民族教育课本，结合民族园的民族知识，设计、印制问卷，组织学生参加。由于设计和组织这些活动，符合学校教育的需要，也方便学校组织，所以每年都有很多学校参加，使学生游客始终保持稳定的数量；同时，中华民族园也被评为教育基地先进单位。

以民族风情为特色的会议活动

会展经济在北京占有重要地位，民族园依靠民族风情特色，争取了众多会议的主办权。许多国际大型会议在中华民族园举行了闭幕式和晚会，如国际军事医学大会、国际档案大会、国际地质大会、国际建筑师大会、国际邮政大会、国际友好城市大会等；政府有关部门和群众团体也纷纷看好中华民族园的中国特色、民族风情，到园里举行各种活动，如团中央组织的香港青年访京团与北京各界青年大联欢，全国妇联举办的“心系新人”大型集体婚礼，北京市民政局举办的“九九重阳万名老人游园”活动等。举办各种大型专题活动给民族园带来数百万元的经济收入，而通过举办活动所取得的形象效应、宣传效应和社会效益，则无法用金钱计算。举办这些活动，对中华民族园的硬件设施和活动策划、组织、服务提出很高的要求，也需要他们有一定的投入。但是这些投入和付出对于开拓会展旅游市场是非常值得的。

【案例思考】

中华民族园在实施旅游公共关系策划方案过程中都有哪些特色值得借鉴？请介绍给你留下深刻印象的一次公共关系专题活动。

一汽丰田：让平台更开放 消费更透明

美国未来学者阿尔文·托夫勒在《未来的冲击》一书中预言：在经历了几千年的农业经济，几百年的工业经济，几十年的服务经济等浪潮后，体验经济将是最新的发展浪潮。在体验经济下，体验营销是一种有效的营销模式。回望一汽丰田2010年开展的各种开放式参观体验活动，使其自身更开放，更透明；而新平台的建立，使其在与消费者沟通模式方面也做出了表率。

2010年下半年，“走进一汽丰田”活动在天津一汽丰田工厂举行，直面“被质疑”的品质问题，一汽丰田在现场展示了如何将严谨渗透到每道工序之中。众多媒体和汽车领域专家，近距离见证了丰田TPS精益生产方式，体验了品质源于每道工序的严谨，了解到“以人为本”的人才培养理念以及环保措施等，从而清楚地知道了一汽丰田车型的品质之源。

品质不仅贯穿于产品企划和生产的环节，而且在所有流程中，丰田都在重视和保障品质。“走进一汽丰田”经销店参观活动在全国各地相继开展，让经销店的服务品质展示在消费者面前，“百店如一”、“至诚于细节”、“汽车价值的第二创造者”等成为一汽丰田经销店的真实写照，销售服务、售后服务、二手车业务等方面的品质也得到了消费者的信任。

为让更多的车主了解自己爱车的脾气秉性，掌握车辆日常保养小常识，学会简单的故障排除，面对紧急情况能做出应急处理等，一汽丰田2010年还开展了诸多体验活动，如“自己动手的快乐——我车我修”顾客体验活动，启动首家店头钣喷体验中心，连续在成都、大连、北京、苏州、深圳五城市举办“懂车，懂生活”专业服务嘉年华活动等。这些体验活动，把车主日常接触的售后服务为容展示出来，通过体验让车主收获安心，体现了一汽丰田在细节上的睿智和真诚。

长久以来，汽车品牌建设存在一个短板或误区，就是重单向的概念灌输，轻与消费者的感情互动，造成了消费者的信任缺失。对一汽丰田来说，无论是工厂、经销店的参观活动还是售后服务体验活动，互动体验新模式完全摒弃了厂商对消费者信息灌输的模式，使其与消费者建立一种良好的互动关系，让消费者感到被尊重、被理解、被体贴，并且在参观体验中深刻体会到厂家的企业文化和品牌理念。

这是一种全新的营销思路，充分体现了客户第一的思想。一汽丰田正加倍努力，通过一次次用心的开放体验活动，通过一个个平台去建立沟通的桥梁，打开与车主们沟通和互动的大门，从而拉近彼此的距离，为他们带去更多的信心和信赖，最终交付给消费者的是安心、透明的喜悦车生活。

【案例思考】

结合案例，谈谈开放参观活动对丰田挽回和塑造组织形象有什么作用？

第九章　旅游饭店公共关系

第一节　旅游饭店公关概述

旅游饭店是旅游业中的食宿设施，包括宾馆、酒店、旅馆等，它是旅游供给的主要部分，也是旅游创收的重要场所。高质量的食宿设施及其管理服务，是一个旅游地形成旅游流向和获得巨大流量的重要因素之一。宾馆、酒店只有不断提高服务质量，广泛开展公共关系工作，努力做到“宾至如归”，才能使旅游者在精神上和物质上都得到满足，助长游兴，从而增强旅游业对游客的吸引力。事实上，我国的旅游饭店业是最早引进公共关系思想的行业。1981 年，深圳特区的中外合资宾馆和酒店仿照国外设置公关部，这是我国国内开展公共关系活动的开端。此后，一些高级宾馆（如广州的中国大酒店、上海的锦江饭店等），也较早地成立了公共关系部，并且取得了一些宝贵的实践经验，成为在我国开展公共关系活动的先锋。近年来，随着我国商品经济的进一步发展，国际交往的日益增多以及旅游业的蓬勃发展，一些高级旅游饭店越来越成为社会交际、信息集散、贸易洽谈、学术交流乃至政治外交活动的场所。这就给宾馆服务行业的公共关系工作提出了更多、更高的要求。这些要求不仅与宾馆已有的各职能部门有关，不仅需要宾馆全体员工的共同努力，而且更需要有一个专门的机构来协调处理。这就是说，要聘任专业的公共关系人员组织专门的工作机构——宾馆公共关系部。公关关系也作为一种重要的职能和手段在饭店业和其他行业得到了广泛的应用。

一、旅游饭店公共关系的含义

旅游饭店公共关系是指饭店为塑造其知名度和美誉度，内求团结外求发展，通过传播和沟通手段来影响社会公众的管理活动。

旅游饭店公关关系是由饭店、社会公众和传播沟通三大基本要素相互作用、相互影响和相互联系构成的系统。饭店是主体，社会公众是客体，传播和沟通是手段。塑造旅游饭店形象、内求团结和外求发展是旅游饭店公共关系运作的目的。但是要实现这些目标，饭店必须采用传播沟通手段影响社会公众朝着有利于饭店的方向发展。也就是说，如何影响社会公众使之对饭店产生好感和支持，是饭店公共关系的核心问题。因此，饭店公共关系又称为饭店公众关系。

饭店社会公众是指现在或将来对饭店经营和饭店声誉具有影响作用的个人或团体，可分为饭店外部公众和饭店内部公众。

饭店外部公众包括：①饭店现实和潜在顾客；②金融机构；③宣传机构及其人员；④饭店投资团体或股东；⑤所有饭店渠道成员；⑥特许权授予者及管理公司；⑦其他社会团体。

饭店内部公众是指饭店内部的所有员工。饭店必须注意建立与饭店外部的人、组织之间的关系以及与饭店内部员工间的关系，特别是不能忽视与饭店内部员工建立良好的关系，因为饭店内部良好的公共关系是饭店经营管理和搞好外部公关的基础。

旅游饭店公共关系旨在开展一系列密切社会公众关系并使其对饭店产生好感的实务活动，以求迅速提高饭店信誉，唤起广大顾客的购买，从而开拓市场，扩大销售。

二、旅游饭店开展公关工作的意义

（一）有利于树立饭店良好的形象，提升饭店品牌价值

饭店公关部的一项重要职能就是要树立良好的饭店形象，帮助饭店提升品牌价值。饭店公关从业人员肩负着树立品牌、创建品牌知名度、提高顾客群体对自己饭店品牌的认知程度的重任。从事饭店管理三十多年的北京国宾友谊酒店管理集团行政副总裁葛瑞龙生动地描述了饭店公关人员的责任。他说："一个品牌形象的创立不是一时一事、几次公关活动的事情，而是几代公关经理人共同努力磨炼出来的结果。"

（二）有利于创造一个良好的工作氛围，减少人员流失

在其他行业，正常的人员流失一般是5%～10%，作为劳动密集型企业，饭店的流失率也不应超过15%。但据中国旅游协会人力资源开发培训中心对国内23个城市33家二至五星级饭店人力资源的一项调查，2000年至2002年饭店业员工流动率分别为25.64%，23.92%，24.2%，平均流动率高达24.59%，远远超过了15%的理论上限。

公共关系的根本目的就是要"内求团结，外求发展"。饭店的公共关系部可以结合饭店的实际情况，加强各部门之间的协调与沟通，特别是那些有密切往来的部门，减少矛盾，互助合作。同时，饭店工作劳动强度较大，员工工作十分辛苦，往往要承受着生理和心理上的双重压力。饭店的公关部门要与员工多交流，帮助他们解决工作和生活中的困难，创造一个良好的工作氛围，增强员工的归属感和忠诚度，减少人员的流失。

（三）有利于与顾客建立良好的关系，提高经济效益

饭店的公关部是饭店形象的代表，拜访客户、与他们建立良好的关系是公关人员的重要职责。在目前的市场竞争形势下，谁拥有了客户，谁就拥有了市场。饭店的一切公关营销工作都是围绕着客户而展开的。饭店要根据自己目标顾客的不同，制定相应的策略，通过优质的服务和真诚的顾客公关来打动客人，争取客源，提高经济效益。

三、饭店公共关系的任务

（一）收集信息，参与决策

饭店公关部的一项重要的任务就是通过一系列的公关调查工作，了解公众对饭店

服务的意见或建议，对饭店的各项方针政策、市场营销活动的可行性做出分析和预测，从而为饭店的管理者做出科学的决策提供依据。

（二）拜访重要客户，与其建立良好的关系

饭店的发展离不开顾客的支持，特别是那些对于饭店来讲特别重要的人，如重要客户、大客户、长住客人等。饭店的公共关系人员要准确掌握这些重要客人的相关资料，经常与其联络感情，增进彼此间的了解和友谊，如饭店的公关人员可以在重要的节假日、纪念日以及客人的生日时通过打电话、发信函问候客人，展开“温情公关”。

（三）策划公关活动，树立组织形象

饭店作为营利性的组织，应该经常参加社会公益活动，通过捐资、捐物支持社会公益事业的发展，树立良好的“企业公民”形象，这样往往更容易获得公众的认同和好感。同时，要根据饭店发展阶段以及公关目标的不同，策划公关活动，提高酒店的知名度和美誉度。

（四）协调员工关系，创造良好的工作环境

内部公关是外部公关的前提和基础。饭店行业员工的流失率是比较高的，为了吸引并留住那些“核心员工”，就要经常了解他们的所思所想，为其创造一个良好的工作条件，并通过举办各种活动来提高员工的工作士气；还可以通过办内部刊物、报纸等手段，给员工搭建一个相互交流的平台，加强内部信息的沟通。

（五）处理突发事件和客人的投诉

饭店业作为服务性的行业，其产品具有无形性的特点，而产品质量也很难控制，在对客服务过程中，容易出现矛盾和纠纷，严重的还会引起客人的投诉。这时，公关人员就要配合相关部门，做好客人投诉的处理工作。首先要有正确的思想，正所谓“一位不满意的客人是一次机会”，客人之所以有不满，可能是因为饭店在管理细节上出现了问题，因此要重视客人的意见，妥善地处理客人的投诉。

（六）通过媒体做好公关宣传

饭店公关经理人要时时刻刻地、脚踏实地地做好每项公关宣传工作。例如，可以将饭店集团内的高层管理人员的任命、慈善助学活动、新的促销价格、新的菜单推广、员工生活等有价值的新闻事件，通过饭店公关人员和各种媒体渠道，生动、具体地呈现在大众面前。一句话，“饭店公关要不断地制造声音，有了声音才会有生意。”

传统意义上的宣传是对客户重复强调酒店的优势。如何做到无声胜有声，如何在不知不觉中让品牌形象印在人们的脑海里，确实需要花费一番功夫和脑筋。像这样借助一个人力资源栏目，借助世界小姐美丽的影响力，使三亚喜来登度假酒店多层次的信息潜移默化地影响了几千万观众，这种影响力和号召力远远超过一个 30 秒广告片的宣传效果。

第二节　旅游饭店与公众沟通

一、旅游饭店与内部公众——员工的沟通

(一) 饭店员工关系的重要性

1. 员工关系是饭店公关工作的起点

员工是饭店企业最宝贵的资产，员工关系是饭店公关工作的起点。首先，员工是组织最基本的细胞，与饭店目标的实现和利益息息相关。饭店的一切计划、措施必须首先得到员工的理解和支持，并身体力行才能够实现。因此，员工是公共关系“内求团结”的首要对象，只有员工关系和谐，才能够谈得上“外求发展”。其次，员工处在对外公共关系的第一线。他们是直接与外部公众接触的，每个人都是饭店形象的代表，人人都是“公关员”。饭店的大部分公关工作都是通过员工的服务实现的。

因此，只有团结了自己的员工，构建了和谐的员工关系，才能够为外部公关打下良好的基础。

2. 良好的员工关系是饭店树立外部形象的基础

客人来到饭店，接触最多的就是饭店的员工，他们的表现如何直接决定着客人对饭店的评价。“没有满意的员工就没有满意的顾客”，只有饭店与员工建立起互信、和谐的关系，员工才会有动力努力工作，认真钻研业务，乐于为饭店贡献自己的力量。如果员工关系不顺畅，员工工作的积极性不高，就会影响其在服务工作中的表现。可以说，在饭店中，人人都是公关员，都是饭店的形象大使，拥有一支训练有素、懂公关的员工队伍，是饭店最宝贵的财富。

(二) 饭店员工关系的协调

1. 营造良好的工作环境

饭店的组织结构是非常严密的，上、下级关系明确，规章制度健全，对员工有着约束的作用。如果管理者不能够与员工进行有效的沟通，就容易让人产生压抑、抵触的心理，使饭店与员工之间的关系紧张。饭店员工都希望在组织中同事关系融洽、个人能力得到充分发挥。因此，饭店管理者要努力消除员工受束缚的心理，并鼓励员工积极参与管理，充分发挥他们的主观能动性和创造性。要尊重员工，给他们发表意见的机会，对于提出良好建议的员工除了要进行表扬外，还要给予适当的物质奖励。比如，喜达屋集团旗下的喜来登酒店就非常重视与员工的沟通工作。他们视员工为最宝贵的资产，每年都要进行员工满意度的测评，让员工为所在部门的管理者打分，并征求他们对酒店管理工作的意见和建议。这些宝贵的信息收集来之后并没有被束之高阁，酒店会聘请专业的咨询公司来进行分析，从而为改进以后的管理工作提供依据。

2. 重视员工的培训工作

在管理不善的饭店里，员工被当成一种单纯的劳动力，是工作的机器；而在经营

成功的饭店里，员工被视为饭店的宝贵财富，是最重要的资源。培训是开发饭店资源、充分挖掘员工潜力的一种有效办法，也是投资未来的一种方式。但由于其不能够收到立竿见影的效果，因而往往不被人重视。另外，培训的层次也相对较低，大多数饭店的培训还都停留在技术、技能培训的层次，而忽视了职业道德、处事原则、公关技巧以及学习能力的培训。在上海波特曼·丽嘉酒店，每年要为每个员工提供至少 120 个小时的培训；同时，酒店还为员工参加业余培训（通常为电脑和英语培训）提供资助。波特曼·丽嘉酒店的座右铭是“我们以绅士淑女的态度为绅士淑女提供忠诚的服务。我们把员工作为最重要的资源进行培训，希望立足于和谐的沟通，创造良好的环境，以开放、诚实和信任的态度提供我们的服务。我们也希望我们的员工能以自己的工作自豪。”正是由于他们采取了有效的激励措施，使得该酒店的员工流失率在同行业中始终处于一个较低的水平。

3. 建立沟通平台，通过多种渠道与员工交流

很多饭店都有自己的内部刊物、报纸等，对实现内部交流起着重要的作用。在这里，员工可以吐露心声，畅所欲言，提建议、出主意，还可以互相交流服务感受，这也是展现员工风采的园地。比如，如家快捷连锁酒店办的《如家通讯》，里面既有饭店发展的最新动态、客人对饭店服务的评价，又有“员工天地”专栏，内容十分丰富，图文并茂，很受客人和员工的喜爱。另外，员工还可以通过互联网平台进行实时互动交流。

二、饭店与旅行社关系的沟通协调

（一）旅行社对饭店的重要作用

旅行社是饭店的重要销售渠道。饭店要想获得生存和发展，需要有稳定的客源作保证。散客的随意性较强，预定变更的频率较高。而旅行社能够为饭店输送大量稳定的客源，是饭店的重要销售渠道，因此，饭店必须重视旅行社的作用。尤其是对于那些位于旅游景区的饭店来说，没有旅行社带来的旅游团，将很难生存和发展。

（二）如何处理好与旅行社的关系

1. 调查旅行社对饭店的态度、并负责与其沟通

饭店的公共关系人员，要经常与旅行社保持联系，把饭店的最新报价、优惠政策等告知给旅行社，便于对方进行参考。同时，要把饭店最新的政策、发展情况告知旅行社，以便不断寻求合作机会。比如，饭店装修、布局、客房数量、餐饮产品方面发生的变化等信息，都要及时通报给旅行社，起到宣传促销的作用。另外，还要征询旅行社对于饭店服务、管理等方面的意见，以便不断改进饭店的经营管理工作。

2. 举办各种活动，邀请旅行社人员参加

饭店的公关人员要通过组织各种活动，邀请旅行社有关人员参加。比如，举办展览会、洽谈会、年会等与旅行社联络感情，感谢他们的支持和合作。借此机会，也让旅行社了解饭店的良好设施和优质服务，了解饭店的客源对象以及销售人员的工作方式和个人情况，以提高旅行社对饭店的信心。

3. 饭店要与旅行社建立公平合理的结算机制，避免恶意拖欠

目前在一些地区，旅游市场的恶性竞争状况比较严重。造成这种状况的原因一是诚信经济还没有建立起来，二是旅游行业的产业链条出现了问题。突出的表现就是“三角债”，而“三角债”产生的根源就是长期以来旅游业都是按照“先接待后付款”的所谓“国际惯例”。这种做法最终演变成了恶意拖欠，组团社不付钱给地接社，地接社也没钱给宾馆、给导游，结果导致服务质量的下降，最终伤害的是消费者的利益。而为了争夺客源，一些饭店甚至迎合旅行社，压低自己的价格，这样就造成了恶性循环。因此，饭店要与旅行社建立公平合理的结算机制，避免恶意拖欠情况的发生。

三、饭店与新闻媒体的沟通

（一）新闻媒体对于饭店的重要作用

1. 新闻媒体是饭店实现公关目标的重要媒介

媒体的最大特点就是能在同一时间内把某一个信息传播给许多人，并且，新闻界在一般人心目中是公众舆论的代表，立场比较客观，特别是一些主流媒体，深受公众的信赖。可以说，通过媒体，公共关系的传播甚至会比组织或企业本身的公关人员向公众直接传播更为有效。旅游饭店企业要重视新闻媒体的力量，通过与其建立良好的关系，从而赢得广大社会公众好感。

2. 新闻媒体是饭店公关活动必须努力争取的重要公众

新闻媒体是饭店对外宣传的重要途径和手段，特别是在饭店举行重要的公关活动时，如果能够借助媒体的力量将消息传播出去，无疑比做广告的效果要强，更容易引起公众的注意和好感。通过“事件营销”，从第三方的角度来为企业进行宣传，其可信程度要远远高于广告。

（二）如何处理好与新闻媒体的关系

要恰当地认识媒体、更要尊重媒体的新闻记者和编辑人员，尊重他们的职业习惯和工作原则，平时多与其沟通感情、进行交流。同时，也不能够单纯地视媒体为传播的工具，加以利用，这就有失公平互惠的原则。有的旅游饭店对媒体的态度是：“不用时就不理睬媒体，用的时候就花钱来收买媒体。”这既违反了行业规范，同时也为社会道德所不允许，从长远的角度来讲，将非常不利于组织与新闻媒体良好关系的建立。

第三节　旅游饭店形象的塑造

一、CIS 的含义

CIS（Corporate Identity System），可简称为 CI 计划、CIS 工程等，汉语译为“企业形象识别系统”，是一个社会组织为了塑造良好的组织形象，通过统一的视觉设计，运用整体传播沟通手段，将组织的经营理念、企业文化等传递出去，以突出企业的特点

和精神，从而使社会公众产生认同感的一种战略性的活动和职能。

作为塑造形象和传递信息的两种相对独立的手段，CIS 战略是比较新的领域，是公共关系的具体化与公关实务的延伸，它将推动旅游公共关系向更高层次发展和完善。旅游饭店开展公关工作的目的之一就是帮助饭店塑造良好的形象，而 CIS 是关于形象设计的一种具体的实施方案。

二、CIS 的产生与发展

20 世纪 20 年代，德国 AEG 电器公司设计顾问培特·奥伦斯将统一标志使用在该公司的系列产品、便条信纸上，这是最早出现的 CIS。我国内陆导入 CIS 是在 20 世纪 80 年代末期。1988 年广东的太阳神集团公司率先导入了 CIS。当时作为广东太阳神集团前身的广东东莞黄冈保健饮料厂所生产的“万事达”牌生物保健口服液在市场上的销路一直不佳。1988 年该厂导入了 CIS，企业改名为“太阳神”，并确立了企业的精神口号为“当太阳升起的时候，我们的爱天长地久”；同时确立了标准色为红、黑两色，标准字为经过改良后富有传统特色的小篆；其标志是太阳和“人”，正迎合了中国人特有的本土情怀。该集团还借助新闻传媒，配合大型活动，取得了出人意料的成功，一时间销售额猛增，企业的知名度也迅速提高，取得了社会效益和经济效益的双丰收。后来，许多企业也纷纷导入 CIS，旅游企业也在其中。

对于旅游饭店来讲，饭店公关部的最主要的工作就是在公众中塑造良好的饭店形象。所谓饭店的形象，就是饭店的表现和特征在公众心目中留下的印象。饭店公关人员要在公关调查的基础上做好设计形象、传播形象和矫正形象的工作。

三、旅游饭店 CIS 的作用

（一）能提高旅游饭店的知名度

对于一个旅游饭店来说，具有良好的形象本身就容易赢得广大顾客的信赖和好感。而且，公众对于有计划地实施组织化、系统化、统一化的 CIS 战略的旅游饭店，更容易产生组织健全、制度完善的认同感和信任感，这必将有助于旅游饭店知名度的提高。就目前国内许多要求导入 CIS 的企业分析，如太阳神、健力宝、金利来、嘉陵、康佳等等，都因这样的目的而导入 CIS，并且收到了明显效果。

（二）吸引人才，提高生产力

旅游饭店能否吸引优秀人才，以确保旅游饭店管理水平和经营能力的提高，能否避免人才频繁流动所造成的工作上的损失，这一切都有赖于良好饭店形象的建立。因此，CIS 战略的实施，就显得更为必要。

（三）激励士气，形成良好的工作气氛

饭店形象好、知名度高，饭店的职工就有一种优越感和自豪感，容易调动职工积极性，再加上具有良好形象的饭店有着完整的统一视觉识别系统（如工作服、办公用品、企业标志等），能给人耳目一新、朝气蓬勃的感觉，自然能够激励职工的土气，提

高工作效率。广州中国大酒店导入 CIS 的重要目的之一，就是要营造一种良好的饭店企业文化氛围，让饭店员工有一种与众不同的自豪感，优越感，进而产生强大凝聚力。

（四）提高经营业绩

一个饭店若知名度不高或形象不好时，营销人员所做的努力势必事倍功半，而一旦饭店有了知名度，且是正面的知名度时，顾客自然会慕名上门，营业额的提高自然是理所当然的。

（五）容易筹集资金

如果饭店形象好，一旦其需要长、短期资金时，社会上的许多投资机构和金融机构，都会愿意参与投资经营，而当饭店发展成为国际性大企业时，更容易对国际性的投资机构产生吸引力。由于饭店有着良好的形象，其股票在证券市场上的价格也会上扬，因此，资金的筹集将更为容易。

（六）增强饭店防危机能力

俗话说："人无千日好，花无百日红"，旅游饭店也是如此。一旦遭到突发危机，如果饭店没能获得社会公众的信任，那么政府、银行和同行企业等自然不会伸出援助之手；反之，如果企业在这方面工作做得好，就能渡过难关。由此可见，形象力能帮助饭店起到缓减损失和化解危机作用。

（七）能使饭店的基础得以长期稳固

由于饭店实施 CIS 战略，树立了良好的形象，社会上有创见、有前途的企业也会自动与之合作，不但投资机会增多，失败风险也会减少，其结果必然使饭店的基础日趋稳固。何况具有良好形象的饭店可以团结各相关企业，加强饭店的归属感和向心力，从而将使饭店更具有实力和应变能力。

（八）能提高广告效果

饭店传递信息，如果出现的频率和强度充分，则广告效果必然会提升。作为塑造旅游饭店形象的有用工具——CIS 战略，不仅可以强化传递信息的频率和强度，更因为可以对广告策略、广告策划、广告创意进行统一的规划和精心制作，因而可使广告效应倍增。这正是我们能够从电视或报纸、杂志等大众传媒的广告传播中，可以直观地感受和分析出该饭店是否导入 CIS 的原因。

（九）统一设计制作可以节省成本

为了塑造旅游饭店形象，必须统一视觉识别。为此，企业内部的各相关部门，可遵循统一的设计形式，应用于各种设计项目。这样，一方面可以收到视觉识别的统一效果，另一方面也可以节省制作设计的时间和成本，减少浪费。

（十）有利于内部管理

旅游饭店作为一种经营综合性产品的企业，管理具有相当的复杂性。在各种应用设计上，需要制作一套良好的操作方便的管理系统。以塑造企业形象为目的的 CIS 战略，使这一切都走上规范化、系统化的轨道，简化了管理系统的作业流程，有利于内部管理。

四、旅游饭店CI策划的原则

（一）同一性

为了达成饭店形象对外传播的一致性与一贯性，应该运用统一设计和统一大众传播，用完美的视觉一体化设计，将信息与认识个性化、明晰化、有序化，统一传媒传播形象，创造能储存与传播的统一的企业理念与视觉形象，这样才能强化旅游饭店形象，使信息传播更为迅速有效，给社会大众留下强烈的印象，产生深远的影响力。为此，要对旅游饭店形象识别的各种要素，从旅游饭店理念到视觉要素予以标准化，采用同一的规范设计和对外传播的同一模式，并坚持长期一贯的运用，不轻易进行变动。

要达成同一性，实现CI设计的标准化导向，必须采用简化、统一、系列、组合、通用等手法对企业形象进行综合的整形。

简化：对设计内容进行提炼，使组织系统在满足推广需要前提下尽可能条理清晰，层次简明，优化系统结构。如VI系统中，构成元素的组合结构必须化繁为简，有利于标准的施行。

统一：为了使信息传递具有一致性和便于社会大众接受，品牌、饭店名称、商标名称应尽可能地统一，给人以唯一的视听印象。

系列：对设计对象组合要素的参数、形式、尺寸、结构进行合理的安排与规划。如对饭店形象战略中的广告、包装系统等进行系列化的处理，使其具有明显的特征和鲜明的识别感。

组合：将设计基本要素组合成通用较强的单元，如在视觉识别基础系统中将标志、标准字或象征图形、饭店造型等组合成不同的形式单元，可灵活运用于不同的应用系统，也可以规定一些禁止组合规范，以保证传播的同一性。

通用：设计上必须具有良好的适合性，如标志不会因缩小、放大产生视觉上的偏差，线条之间的比例必须适度，要保证大到户外广告，小到名片均有良好的识别效果。

同一性原则的运用能使社会大众对特定的企业形象有一个统一、完整的认识，不会因为饭店形象的识别要素的不统一而产生识别上的障碍，增强了形象的传播力。

（二）差异性

差异性首先表现在不同行业的区分上。因为在社会性大众心目中，不同行业的企业与机构均有其行业的形象特征，如工业企业与饭店企业的企业形象特征应是截然不同的。在设计时必须突出行业特点，才能使其与其他行业有不同的形象特征，有利于识别认同。其次必须突出与同行业其他企业的差别，才能独具风采，脱颖而出。

享誉世界的麦当劳、肯德基等的形象均别具一格，十分个性化，有效地获得了消费大众的认同，在竞争激烈的世界市场上独树一帜。

（三）民族性

旅游饭店形象的塑造与传播应该依据不同的民族文化，美、日等许多企业的崛起和成功，民族文化是其根本的驱动力。美国企业文化研究专家秋尔和肯尼迪指出：“一个强大的文化几乎是美国企业持续成功的驱动力。”驰名于世的麦当劳和肯德基独具特色的企业形象，展现的就是美国生活方式的快餐文化。

塑造能跻身于世界之林的中国旅游饭店形象，必须弘扬中华民族文化优势，灿烂的中华民族文化，是我们取之不尽、用之不竭的源泉，有助于我们创造具有中华民族特色的企业形象。

（四）有效性

有效性是指旅游饭店经策划与设计的 CI 计划能得以有效地推行运用。企业 CI 计划要能够有效地发挥良好企业形象的作用，首先在其策划设计必须根据旅游饭店自身的情况，旅游饭店的市场营销的地位，在推行形象战略时确立准确的形象定位，然后以此定位来进行发展规划。

要保证 CI 计划的有效性，一个十分重要的因素是旅游饭店的决策者、领导者要具有有良好的现代经营意识，对旅游饭店形象战略也应有一定的了解，并能尊重专业 CI 设计机构或专家的意见和建议。如果没有相当的投入就无法找到具有实力的高水准的机构与个人，而后期的 CI 战略推广更要投入巨大的费用；如果企业领导在导入 CI 计划的必要性上没有十分清晰的认识，不能坚持推行，那前期的策划设计方案就会失去其有效性，变得毫无价值。

五、旅游饭店 CIS 的构成

CIS 由理念识别系统 MIS（Mind Identity System）、行为识别系统 BIS（Behavior Identity System）和视觉识别系统 VIS（Visual Identity System）构成。这三个子系统相对独立，又相互作用，共同为塑造饭店的良好形象服务。

实施 CIS 战略的目的就是使 MI、BI、VI 能保持高度的一致。通过这一完整的系统，创造性地使企业的经营理念通过各种传播媒介引起公众的注意，以良好的企业形象使顾客产生对企业及其产品和服务的信赖与偏爱的心理效应。这也是 CIS 战略的根本任务。

（一）旅游饭店理念识别系统的创立

1. 旅游饭店理念识别系统创立的程序

一是设定饭店理念诉求方向。这首先取决于饭店内外环境的调查与分析。通过饭店内部的调查与分析，把握企业的经营方向、行业特点及运行状况；通过饭店外部调查和分析，了解饭店的社会地位及角色扮演状况，确认社会对饭店的基本期望。然后，根据饭店内外情况，设定饭店理念的诉求方向，确定饭店的经营宗旨、方针和价值取向。

二是确立饭店理念设计的基本要素。饭店理念的基本要素涉及饭店经营的基本宗旨、方针及饭店的价值观等诸多方面；同时还涉及饭店的经济行为、社会行为和整体文化行为等多个系统，因而在理念设计时必须将这些构成要素加以归类整理。然后，再根据设定的饭店理念诉求方向，确定其基本含义和象征意义。

三是饭店理念要素的语言表征。饭店理念设计的基本要素一旦确定，就要求用语言的形式对其进行恰当的表征。这首先要求语言表征的准确性，即所使用的语言与所要表征的内涵应当一致，力戒多重象征和产生歧义。

四是语言表征的精炼与概括。要用最精炼的语言文字对所要表达的全部理念设计要素和内涵进行高度概括，以提高饭店理念的识别力和表征力。因此，在语言概括时，要做到言简意赅、易读、易记、朗朗上口和富有感染力。

2. 旅游饭店理念识别系统的主要内容

理念识别系统是整个 CIS 的核心和基础，行为识别系统和视觉识别系统都是围绕着它而展开的。理念识别系统是企业的灵魂，对企业的行为起到了指导和约束的作用。对于旅游饭店来说，理念识别系统是饭店处事原则和精神风貌的集中体现。它主要包括企业的价值观、企业精神、企业哲学、企业的经营理念等。

以下是厦门华夏大酒店 CI 设计中的理念识别系统的内容：

（1）企业精神：华夏是我家，我是华夏人。

（2）价值观念：我与华夏同发展，实现自我；华夏为我创机遇，超越自我。

（3）经营信条：宾客第一，员工第一。顾客永远是对的。

（4）经营准则：设施抓质量，以质取胜；经营重特色，以特引客；服务讲感情，以情动人；环境求优雅，以雅迎宾。

（5）协作格言：只要精神不滑坡，办法总比困难多；只要感情不掉队，谅解终究胜误会。

（6）广告语：行遍天下，华夏是家。

（二）旅游饭店行为识别系统的创立

旅游饭店行为识别系统包括内部系统和外部系统两个部分：饭店内部系统包括饭店内部环境的营造、员工教育、员工行为规范化及员工福利等；饭店外部系统包括市场调查、产品规划、服务活动、广告活动、公关关系、促销活动等内容。

行为识别是企业理念的外在体现，企业是否言行一致、表里如一、认真贯彻执行经营理念，可以通过它的行为表现来考察。

1. 内部系统

（1）饭店环境

饭店内部环境的构成因素很多，主要分为两部分内容：一是物理环境，包括视听环境、温湿度环境、嗅觉环境、营销装饰环境等；二是人文环境，包括员工精神风貌、领导作用、合作氛围等等。

饭店营造一个干净、整洁、积极向上、温馨融洽、团结互助的饭店内部环境，不仅能保证员工的身心健康，而且是树立饭店良好形象的重要方面。因为这是给社会公众留下的第一印象，第一印象给人的感觉最深，一旦形成就难以改变。

（2）员工教育

饭店员工来自不同的社会阶层，学识修养、脾气秉性各不相同。员工教育的目的是使行为规范化，符合行业行为系统的整体要求。员工教育分为干部教育和一般职工教育，两者的内容有所不同。干部教育主要是政策理论水平教育、法制教育、决策水平及领导作风教育；一般员工教育主要是与其日常工作相关的一些内容，如经营宗旨、饭店精神、服务态度、服务水准、员工规范等。

（3）员工行为规范化

一个饭店要在经营活动中步调一致、令行禁止，必须要有一定的准则规范。行为规范是员工共同遵守的行为准则。行为规范化，既表示员工行为从不规范转向规范的过程，又表示员工行为最终要达到的规范化结果。它包括：职业道德、仪容仪表、见面礼节、电话礼貌、迎送礼仪、宴请礼仪、舞会礼仪、谈话态度，行为举止和体态语言等。

（4）员工福利

旅游饭店的员工尤其是一线的员工的劳动强度大、工作单调。如果饭店没有良好的福利待遇，使员工感受到组织的关心，那么就会降低员工的工作积极性。现在很多饭店也认识到了这一点，通过改善员工食堂条件、建立员工病、休假制度等手段来提高员工的忠诚度。

2. 外部系统

（1）服务活动

服务是直接与社会公众打交道，优良的服务最能博得顾客的好感。服务活动就内容而言，包括三个阶段的内容：售前、售中和售后服务。服务活动对塑造饭店形象的效果如何，取决于服务活动的目的性、独特性和技巧性。服务必须以诚信为本，来不得半点虚伪；必须是言必信、行必果，给顾客带来实实在在的利益。

（2）广告活动

广告可以分为产品广告和饭店形象广告，对于CI来说，应更加重视形象广告的创造，以获得社会各界对本饭店及产品的广泛认同。

形象广告就其制作手法而言与其他广告并无显著不同，但它有自身较为独特的目的。饭店形象广告的主要目的是树立商业信誉，扩大饭店知名度，增强饭店的凝聚力，树立饭店信誉。产品形象广告不同于产品销售广告，它不再是产品本身简单化的体现，而是创造一种符合目标顾客的追求与向往的形象。通过商标标志本身的表现及其代资产品的形象介绍，让品牌给消费者留下深刻记忆，以唤起社会大众对饭店的注意、好感、依赖与合作，使越来越多的社会公众由潜在的顾客成为饭店实在的客户，促进饭店的生存与发展。

（3）公关活动

公关活动是饭店行为系统的主要内容。因为任何一个饭店部不是一个孤立的客观存在，而是一个由各种社会关系联系，包围着的社会存在。通过公关活动可以提高饭店的信誉度、知名度，通过公关活动可以消除公众的误解，免除不良影响，取得公众的理解和支持。公共关系的最主要的目标就是“内求团结，外求发展”，帮助组织塑造良好的形象，这与CIS的思想是相一致的。公关活动的主要内容有专题活动，公益性、文化性活动，展示活动，新闻发布会等。

3. 旅游饭店行为识别系统创立的原则

旅游饭店行为系统的创立是一项系统工程，应遵守以下原则：

（1）立足长远

建立饭店行为系统，塑造饭店形象，是饭店长期的战略目标。其塑造过程，可以说是饭店系统工程的组织过程，需要通过长期的艰苦努力，有目的、有步骤、有组织地开展各种有利于树立饭店形象的活动，把饭店各项点点滴滴的具体工作统一到树立良好饭店形象这个总目标上来，并持之以恒。即使饭店已经在社会公众中建立起了良好形象，也还需要经常组织有针对性的活动加以维护、发展和调整，不断改进和更新饭店形象。

（2）以诚取信

饭店举办任何活动都出自真心诚意，而不哗众取宠、夸大其辞、弄虚作假。真诚是 CI 的生命。饭店必须对消费者有实实在在的承诺，并且加以兑现。饭店必须用纯真的感情去感染公众，用发自肺腑的语言叩开公众的心扉，用实际行动实现对公众的承诺，以达到感情的共鸣和公众的支持。那种违反真实客观原则，靠虚假失真广告制造噱头的公关活动，是不可能得到公众的信任和支持的。其结果必然是害人开始，害己告终。

（3）内外兼顾

饭店开展活动，既要考虑饭店内部员工的需要，又要顾及社会公众对饭店的总体印象和评价。衡量饭店形象好坏的主要尺度是能否满足公众的利益，因为公众是饭店形象的主要感受者。“当局者迷，旁观者清”，饭店自身的缺陷往往是社会公众更容易发现。如果一个饭店在经营管理活动中，始终把公众利益放在应有地位，以公众利益为导向，那么这个饭店在社会公众心目中的良好活动形象，最终会树立起来。因此，在 CI 战略中，行为系统的运作过程要随时根据公众的利益和要求加以修正和调整。

（4）广泛传播

饭店举办活动要取得良好效果，除了精心设计之外，更重要的是把活动信息广泛地传播给大众，取得大众传播媒体的配合。新闻媒体的宣传报道是树立饭店良好形象的必备手段。在大众传播媒体高度发达的今天，利用新闻媒体对饭店举办的活动加以多角度、多层面的正面报道，为饭店扩大宣传服务，是行为系统发挥作用的一项重要工作。饭店凡举办大型活动，如产品订货会、信息发布会、店庆、专题促销活动、社会公益性赞助活动等，都应事先与有关记者取得联系，让他们进一步了解饭店，扩大宣传；同时还要主动向新闻界提供准确的、有价值的新闻线索，为扩大饭店宣传提供素材。有条件的饭店，还可以定期不定期举行记者招待会，以加强沟通，增进友谊。

（5）防微杜渐

饭店是一个有机体，机体的运动必然会产生各种问题。问题的出现并不可怕，关键是对待问题的态度。活动中不论出现什么问题，对饭店形象都有或大或小的影响，有的甚至会带来难以挽回的损失。因此，防止饭店形象危机的产生是树立、保证和维护饭店形象的重要原则之一。一旦活动中出现形象危机，就应采取有效对策拯救，以重新赢得公众的理解和支持。

下面简要介绍厦门华夏大酒店CI设计中的行为识别系统的内容：

（1）培训是基础

强化员工的教育，狠抓培训工作，要求管理者具备五个方面的素质：讲道德、有才能、会创新、能敬业、守信用。对全体员工要从服务态度、服务水准、技能技巧、文明礼貌等各个方面进行系统的培训。

（2）管理重用人

在人力资源管理和应用上贯彻“能者上，平者让，庸者下”和“奖优罚懒”的方针。

（3）激励扶正气

激励员工，团结一致。对有突出贡献的员工和拾金不昧、助人为乐等好人好事进行表彰奖励。

（4）店歌发号召

谱写店歌（向社会征集，也是一个很好的营销宣传策划活动），激励员工斗志。

（5）经营抓特色

贯彻经营准则，突出经营特色。在各种媒体上进行广告宣传活动，发布新闻消息，组织各种展销、促销活动。

（6）公关树形象

开展公关活动，树立企业形象。结合社会热点和节假日，举办丰富多彩的社会性活动，增进酒店与客户的情感交流。

（三）旅游饭店视觉识别系统的创立

视觉识别系统是根据理念识别来设计的，是对理念识别的视觉解释，因为旅游饭店的知名度是靠信息的传达与反复来实现认知。由于人类所接受的信息大部分是通过视觉接受的，因此，视觉识别在整个系统中的地位十分重要。心理学研究表明，人所感觉和接收到的各种外界信息中，83%来自眼睛，因而视觉是人类获取外部信息的主渠道。视觉识别的内容生动具体、清晰可见，具有极强的感染力和传播力，尤其是再通过大众传播的扩散，就可在公众中造成一种持久、深刻的视觉印象效果，从而达到识别的目的。

饭店识别系统应以建立饭店的理念识别为基础。换句话说，视觉识别的内容，必须反映饭店的经营思想、经营方针、价值观念和文化特征，并广泛应在饭店的经营活动和社会活动中进行统一的传播，与饭店的行为相辅相成。

因此，饭店识别系统设计的首要问题是饭店必须从识别和发展的角度，从社会和竞争的角度，对自己进行定位，并以此为依据，认真整理、分析、审视和确认自己的经营理念、经营方针、饭店使命、饭店文化、运行机制、饭店特点以及未来发展方向，使之演绎为视觉的符号或符号系统。其次，是将具有抽象特征的视觉符号或符号系统，设计成视觉传达的基本要素，统一地、有控制地应用在饭店行为的方方面面，达到建立饭店形象之目的。

1．基本要素

（1）企业名称

旅游饭店的名称应该符合理念识别的内容，力求“好听、好记、好读”，达到“音、意、形”的完美统一。设计名称时要力求新颖独特、体现饭店的性质和特点，体现饭店的风格和市场定位。同时，还要注意符合相关法规、风俗习惯、语言习惯的要求。

（2）企业标志

标志是用特定的图案、造型、文字色彩展示企业从事的生产、经营和服务活动的符号。它是视觉设计的核心，是创造企业印象最重要的手段。一个成功的企业标志，应该具备以下几个特点：设计独特、容易识别、美观大方、引发联想、便于传播。标志的设计应注意集中反映企业经营理念和突出企业形象，考虑民族性和地域性的差异，符合时代特征和人们的审美习惯。

（3）标准色

标准色即企业在宣传中统一确定的一种规范的颜色。确立标准色应考虑发挥色彩的以下作用：色彩在视觉上最易发挥影响作用，使形象增强感染力；有引起回忆、增强识别记忆的作用；有明显的刺激感和影响情绪的作用；借助新颖的色彩可以使消费者得到全新的感受与满足；色彩可以传达意念。

确定标准色应该注意两方面的问题；第一，标准色的选择不要太多，一两个、两三个足矣；第二，标准色选择要有自己的特色，要体现企业独特的形象和身份。

（4）标准字

标准字设计是指将企业名称借助造型外观和文字配置特殊的图形文字，通过创意，设计出风格独特、个性鲜明的整体组合。企业标准字可以选用中文或中文加英文，中文字体可以选用各种各样的字体：楷书、隶书、行书、草书、篆书等；英文也可以选择各种字体。企业的标准字要能够体现企业的文化、经营理念，彰显企业的个性，同时还要设计简洁、形象生动、便于认识和记忆，便于推广与传播。

2．应用要素

（1）办公用品：包括信封、名片、文件夹、笔、证章、单据、便笺等。

（2）客房用品：包括牙膏、牙刷、香皂、洗发液以及面巾、浴衣、毛巾、床上用品等。

（3）交通工具：车辆及各种装备设施。

（4）建筑外观：饭店建筑物的外观。

（5）员工服饰：包括制服、胸章、徽章等。

（6）传制品：内部刊物、宣传册、画册、公关礼品等。

旅游饭店的产品是以服务产品的非实物形态（无形产品）存在，因而决定了旅游饭店视觉识别的设计与运作上，应最大限度地开发一切可以成为传递信息的载体，作为饭店形象外显传播力的基地。这种多层面立体式传播，便于旅游饭店形象塑造与信息沟通，从无序到有序，从局部到整体，形成综合性的、全方位的形象传播体系。

以下是厦门华夏大酒店 CI 设计中的视觉识别系统的内容：

（1）对华夏大酒店的标志赋予丰富的内涵。

（2）标识应用：酒店所有办公用品、交通工具、衣着制服、招牌旗帜、餐厅用具等全部采用统一的视觉识别符号，但有一个原则必须遵守：设计要符合美学原理，做到美观、大方、实用。

（3）标识的规范与改进：酒店的客房、餐厅、会议室、大堂改造装修必须按统一的视觉特色科学地进行。对于一些不统一、不和谐、不美观的设施要逐步改造调整。

（四）旅游饭店形象塑造中理念识别（MI）、行为识别（BI）、视觉识别（VI）之间的关系

旅游饭店理念识别、行为识别和视觉识别三者是一个有机整体，它以理念识别为础，行为识别为主导，视觉识别为表现三合一的系统工程。如果把 CIS 比喻为一部性能可靠，行驶安全的汽车，企业理念则是汽车的发动机；企业行为是汽车的变速箱体（汽车底盘）；企业视觉识别则是车轮及汽车的外观。假如没有良好的发动机，汽车变速装置就失去了它存在的意义，车轮也就失去旋转的动力，汽车的外观造型仅仅是表里不一、名不符实的漂亮外壳。不言而喻，一部质量上乘的汽车，按其部件的重要性依次是：发动机、变速箱（底盘）、车轮及外观造型。然而，真正能够反映汽车本质的则是外在可见性强的车轮及外观造型。因此，旅游饭店识别系统的三大要素，相互作用，构成旅游饭店形象的塑造机制，相互依存，浑然一体。

本章小结

旅游饭店业是最早引入公共关系思想的行业，由于饭店业与国际接轨的时间较早，管理更趋于规范，公共关系在饭店业的发展相对来讲比较成熟。本章从公共关系在饭店业的发展出发，对饭店公共关系的意义、特点进行了详细介绍，并系统地阐述了旅游饭店公共关系的协调以及饭店形象塑造等方面的内容。

复习与思考

1. 旅游饭店开展公关工作的意义是什么？
2. 旅游饭店公关工作中如何处理好与新闻界的关系？
3. 简述旅游饭店 BI 的设计原则。
4. 什么是 CIS？它由哪些要素构成？
5. 请选择一家饭店，思考以下两个问题：

（1）对该饭店进行公众环境的分析，指出该饭店的基本目标公众有哪些？

（2）与其他饭店相比，该饭店的公众构成有什么特别之处，为什么？

案例分析

世界最佳饭店塑造美好形象的秘诀

美国《公共事业投资者》杂志每年都要评出全球40家最佳饭店。从某年评出的名列前茅的前10名最佳饭店的良好评语中，可发现塑造饭店美好形象的秘诀。

一、曼谷东方饭店

曼谷东方饭店有客房406间。从客人到达时端上一杯新鲜橘汁开始，到此后数不清的其他细小服务，使曼谷东方饭店再次蝉联冠军。这些细小的服务包括：每个房间都放一篮当地出产的水果，旁边放有说明；每个房间都有专门播放音乐的音响设备；提供叫醒服务的话务员，会在提供叫醒服务几分钟后再一次用电话询问客人是否真正醒来。饭店经理说，我们这些使客人感到"宾至如归"的特殊工作方法，来源于900名工作人员的创造力。

二、香港文华饭店

每一位新来的客人都会得到一篮水果或一束鲜花，这是香港文华饭店经理对客人表示的敬意。在这家有客房580间的饭店里，所有电话均装有"不打扰"的自动装置。从这里到内地旅行的客人，都可得到饭店送的"中国用具袋"，内装一些不易买到的用品。另外，饭店还可为店内客人办好登机前的一切手续。

三、东京大仓饭店

东京大仓饭店有客房900间。电子计算机记录着每位客人的特殊爱好，（如对哪类房间式样、食品、饮料和报纸的偏好）；饭店有夜间熨衣服务；设有一个办公服务大厅，可以为客人提供翻译、打字服务等；图书馆里备有商业出版物和录像带；带幻灯机和电影放映设备的会议室可免费使用。

四、瑞士苏黎世大道尔德饭店

从建有客房198间的大道尔德饭店可以眺望苏黎世湖。饭店服务人员每天在客房摆放鲜花，还代客贮存物品和提供熨衣服务。饭店经理说：这些服务项目全是理所当然的，重要的是做好日常工作，对客人，从白脱油的供应方式到擦皮鞋的鞋油质量等都要关注。

五、新加坡香格里拉饭店

该饭店有客房700间，每间房内都放有鲜花，连浴室里也放着鲜花。饭店备有面包车，每天早晨接送客人到附近的植物园去，让客人能在清新的空气里散步。

六、巴黎丽斯饭店

巴黎丽斯饭店有客房210间和套房46间。在套房的会客室里，可以根据客人的要求安装专门的电传线路设备；餐厅24小时服务。长住客人可以享用饭店提供的特别台布、床单、玻璃器皿和瓷器。每到年底，饭店要开设一个特别的商务中心，为住店客人提供电传、打字、电报服务，还有懂得多国语言的秘书为客服务。

七、德国汉堡维尔吉立瑞泰饭店

该店保存了每位客人居住过的记录；客人可以提一些特别的要求，诸如需要什么样的枕头（硬的、软的或不要用羽毛的），用被子还是羊毛毯、是否在床上用膳等。饭店在汉堡郊区有自己的农场，专为饭店供应鲜肉、鲜蛋、鲜菜和鲜花。为防止客人在洗热水澡时被烫伤，浴室内还备有洗澡水温度计。

八、香港半岛酒店

当客人来到这家有客房340间的酒店时，服务员会及时送上一杯中国茶；客人没有放到柜内的皮鞋，服务员会主动给皮鞋擦油并放入柜内；有下雨的征兆时，服务员会把雨衣送到客房；客房内提供吹风机。此外，客人可以要求住没有烟味的房间。

九、西班牙马德里丽斯饭店

马德里丽斯饭店有客房158间，备有高尔夫球具和狩猎用品，以便客人在适当的季节使用；服务员还为住店看斗牛的客人准备了特别的野餐食物篮；饭店还有一个特设的熏房，专门为客人生产熏制火腿、腌肉及各种西班牙香肠。

十、伦敦克勒来饭店

伦敦克勒来饭店对长住客人的喜好均有十分详细的记录，如客人不喜欢把两张单人床换成双人床，希望另加张书桌；客人要求不断供应矿泉水；客人早餐时要有特制的牛肉等，饭店均能提供这些特殊的服务项目。

【案例思考】

结合案例，分析旅游饭店可从哪些方面入手设计美好形象？

华侨饭店创特色提服务，倾力塑造饭店新形象

2010年是华侨国际饭店的“华侨国际饭店特色服务创新年暨服务质量年”，以“提炼华侨特色服务、全面提升服务质量”为目标，通过开展“2010年青岛华侨国际饭店特色服务创新年暨服务质量年”系列活动，不断提升饭店产品质量和服务素质，提炼特色服务，进一步提高宾客满意度，树立企业良好社会形象。

围绕“特色服务创新年暨服务质量年”这一中心，华侨国际饭店今年将开展一系列主题活动。3月为“客房优质服务月”，4月为“前台优质服务月”，5月为“保安优质服务月”。活动月期间，饭店将根据工作情况，评选“客房服务明星”、“前台服务明星”、“保安服务明星”各一名，在全店进行通报表扬。

3月23日，饭店成功举行了楼层服务人员“中式铺床技能比武”活动，极大地激发了员工的工作积极性；3月30日，保安部组织客房部全体人员进行了消防逃生、疏散客人模拟演习，并计划在全店范围举行消防运动会；另外工程部也在积极筹备技术比武。

2010年全年饭店各部门都积极投身到“特色服务创新年暨服务质量年”活动中，掀起了比业务、比管理、比服务，争创一流的工作热潮。

【案例思考】

结合案例，谈一谈饭店企业应如何提高员工的积极性，营造良好的工作氛围，进而树立良好的外部企业形象。

第十章　旅行社公共关系

旅行社要保证旅游活动的圆满成功，就必须和游客、参观游览点、饭店、交通运输和邮电通信等方面保持良好的关系。这些关系的好与坏，直接影响到旅行社的生存和发展。因此，旅行社的公共关系活动是旅行社经营管理的一项重要工作。

第一节　旅行社公共关系概述

一、旅行社公共关系的特点

旅行社是依靠多方面的合作来完成旅游产品的多种组合并进行销售的，因此，其公共关系和一般企业有很大的不同。

（一）涉及范围广泛

旅行社是依靠社会多方面的协作来完成旅游产品组合的组织者，同时又是出售旅游产品的销售者，所以，其开展公关活动的范围十分广泛。它们首先要通过电视、广播和报刊等媒体，在社会公众中寻找客源市场，推销产品；然后根据食、住、行、游、购、娱等旅游六大要素保持与饭店、餐厅、商场、交通运输公司、旅游景点及娱乐场所等的密切配合，才能圆满完成整个旅程计划。

（二）活动内容繁多

旅行社组织旅游活动的内容极为广泛，如促销、外联、票务、市场销售、门市接待、后勤服务、财务统计及专门导游人员等。要使组织工作有条不紊，就需要协调好各方面的关系，使团队正常运行。另外，一年365天，每时每刻都有团队在全国各地乃至世界各国活动，每时每刻都会产生这样那样的问题和矛盾，需要有人去协调处理。由此可见，旅行社公关活动的内容极为繁杂。

（三）社会关系复杂

旅行社是一个高度依托性的企业，整个旅游过程犹如一环接一环的链条，如果其中的一个环节出了问题，就会影响这根链条上其他环节的运作。若交通运输服务跟不上，误点时间过长，就要影响饭店、餐厅的营业，影响游客的情绪。如果旅游目的地的饭店、餐厅较少，旅游者没有合适的食宿之地，那么即使旅游目的地的风景再迷人，游客的游兴也会大减。旅行社的这种高度依托性，使其公共关系更为复杂。

（四）塑造旅游目的地形象

一般企业的公共关系活动主要是塑造自身的形象，而旅行社不仅要注重自身的形象，还要积极树立旅游目的地的形象。旅游的目的可使游客陶冶情操、丰富生活、增长见识，因此，旅行社应该事先向游客介绍旅游目的地的自然景观和人文景观，最好用图文并茂的形式来吸引游客。这样，他们就可以根据自己的爱好和需要选择旅游点。旅行社如果开辟了一条新的旅游线路，但没有很好地宣传，即使那里的自然景色和人文景观非常丰富，独具特色，也不会被游客所认识。因此，从吸引游客的角度来看，对旅游目的地形象的塑造和宣传比对旅行社自身的宣传更为重要。

（五）全员公关

旅行社的员工，特别是导游、接待人员、销售人员等，都是直接与游客及有关协作单位接触的，都处在对外公共关系的第一线。旅行社的形象必须通过他们在服务上的实际行动体现出来。他们的一举一动，都代表着企业形象。所以，旅行社要注重全体员工公共关系意识的培养，教育和引导员工遵守公共关系的原则和要求。

二、旅行社公共关系的职能

旅行社公共关系活动的核心是建立旅行社的良好形象和声誉，围绕这一核心开展各种相关的活动。旅行社公共关系职能有：

（一）采集信息的职能

信息是指具有新内容、新知识的消息，是公共关系活动的基础。当今社会是信息社会，不论是企业团体还是个人都离不开信息。这就需要公共关系部门去收集、整理、分析，以便企业的领导者进行科学决策。因此，收集信息就成了公共关系的重要职能。

一个旅行社要生存、发展和壮大，一定要掌握相关的各种信息。首先，要全面掌握本旅行社的状况。要了解本社的组织机构、组织性质、组织发展、组织取得的成绩和面临的主要问题、组织内部的人员结构。只有掌握了本社的情况，才能给公众提供所需要的各种信息。如某旅行社要接待一位韩国来的商务代表，公关人员就要了解社里有几个导游会讲韩语，其中哪一位对商务比较熟悉，只有找到了合适的人选，才能赢得游客对旅行社的信赖。其次，要了解旅行社在游客心目中形象的信息。旅行社在游客心目中的形象如何，将影响旅行社未来的发展，影响目前的经营情况。最后，旅行社的公关人员除了收集以上两方面的信息外，还应该收集国内外政治、经济、文化、科学技术等方面的信息，掌握未来发展趋势。

（二）参与决策的职能

公关人员是旅行社的参谋。因为公关人员在掌握大量信息和对这些信息进行整理、分析的基础上，经常要向旅行社总经理和有关方面提供咨询、建议、可行性方案。这些方案、建议是旅行社总经理进行科学决策的重要依据之一。

一个旅行社在做决策时，很重要的一项工作就是要了解和掌握游客的需要。公共关系作为旅行社和游客之间的桥梁，从公关角度分析、评议旅行社的方针、政策和计划，可以帮助旅行社通盘考虑，既有利于旅行社，又有利于游客，这样才能制订出有利于塑造旅行社良好形象的方案。

（三）传播沟通的职能

美国学者格鲁尼格认为，公共关系是组织者与公众之间的双向沟通，即把组织者的信息向公众输出，又把公众的信息向组织者输入，使组织者与公众达到互相知晓、理解、支持和合作。而要做到这一点就必须借助于传播手段、传播途径，如报纸、杂志、电视、电影等。除此之外，还可采用展览会、信息交流会以及同新闻单位联合举办与旅游有关的知识竞赛等。这就要求公关人员同新闻界保持密切联系，及时向他们提供本旅行社的文字、图片等消息，把旅行社的信息及时、准确地传递给公众，争取公众的了解。

（四）协调关系的职能

公共关系就是通过内求团结、外求发展、广结人缘，创造良好的环境氛围，创造和谐的工作环境。

首先，要协调好旅行社内部的干群关系，这是旅行社存在发展的基础。公关人员要经常如实地向社领导反映员工的意见、要求和建议，使社领导及时了解和把握员工情况，及时调整与员工之间的关系。同时，公关人员要向员工宣讲本社的经营方针、政策和领导者意图，体谅社里的困难和领导者的难处。通过相互沟通感情，达到谅解，消除误会，建立和谐的内部工作环境。

其次，要协调好社内各管理部门的关系。旅行社由各个不同的管理部门组成，它们之间既有分工又有合作。但有时候会因信息不够畅通，引起职能部门的扯皮现象，使工作的正常秩序被打乱。公关人员应加强与管理部门间的沟通，配合社领导协调好各部门的关系，形成一种相互支持、相互信任、相互谅解的团结合作气氛。

三、旅行社公共关系的原则

旅行社的公共关系必须以事实为基础，互惠互利为依据，满足游客的需求为出发点。遵循这几条原则，旅行社的公共关系活动就能较好地开展。

（一）实事求是的原则

公共关系是一项应用性很强的工作，必须以事实为基础，以科学的调查研究和对事实的掌握为基本条件。公关人员首先考虑的不是传播艺术和宣传技巧，而是对事实的准确把握。只有掌握事实，才能开展公共关系工作，并取得较好的效果；反之，就要砸自己的牌子。同样一件事，由于对事实的把握程度不同，得到的效果也将有所不同。

（二）互惠互利的原则

公共关系是以一定的利益关系为基础的，它提倡真诚合作，互惠互利。旅行社是一个高度依托性的企业，要完成整个旅游过程，就要依靠交通运输、饭店、餐厅、邮政、商店、旅游点等经营伙伴的合作。如果旅行社只顾本单位利益，不择手段、不顾后果，不尊重甚至损害他人的利益，就会影响旅行社跟经营伙伴的关系。因此，“和自己的公众对象一起发展”，互利互惠，是公共关系的重要原则。

(三) 尊重谅解的原则

公关人员应遵循面对现实、尊重对方、争取谅解的原则。旅行社的员工，特别是导游，直接与游客打交道，为游客服务，虽然不是公关人员，但他们的一举一动都是企业形象的代表。所以，在旅途中无论发生什么问题，都必须从体谅对方的角度去看待问题、解决问题。“游客是上帝”，反映的不是一种事实判断尺度，而是一种谅解原则。遵守了谅解原则，旅行社的良好形象就会在游客心目中树立起来。

四、旅行社开展公关活动的意义

旅行社开展公关活动的目的就是为旅行社广结良缘，创立良好的企业形象和社会声誉，以赢得充足的客源。良好的企业形象是旅行社的无形财富，它能给旅行社带来无限的经济效益和有利条件。

(一) 有利于旅行社的生存和发展

旅行社行业的竞争日趋激烈，行业的利润率也在降低，能否抓住客源，抢占先机，是关系到企业生死存亡的大事。在这种情况下，就必须开展有效的公关活动来加大宣传和促销的力度，使企业在公众心目中有一个独特的、鲜明的市场形象。通过市场调研了解旅游者的心理需求变化特点，不断更新产品，为企业的经营决策提供依据。作为旅行社的公关人员在帮助旅行社组织塑造良好形象的同时，还要主动与潜在的客户联系，为他们提供相关信息，不断扩大自己的客源市场，巩固自己的市场地位。

(二) 有利于吸引和聚集人才

旅行社因其自身的特点，人员流动性比较大。然而有着良好形象的旅行社，有着成功的人际关系、和谐的人事氛围，可使员工在宽松和谐的人才环境中成长，实现自我价值。在竞争的年代，有了人才，就有了一切，人才是旅行社在竞争中立于不败之地的宝贵“财富”。

(三) 有利于得到经营伙伴的合作

旅行社良好的公共关系和企业形象不仅会得到游客的认可，也会赢得经营伙伴间的真诚合作。有着良好的形象的旅行社，讲信誉，守信用，与经营伙伴互惠互利，双方的关系也会很融洽。

五、旅行社公共关系工作的内容

(1) 主动搞好组团社和接团社之间的公共关系。组团社的任务是招徕客人，接团社是具体地安排好客人的吃、住、行、游、购、娱的接待服务。两社有可能出现工作分工或收费分配上的某些不合理，或者在衔接上不严密，这就需要旅行社公共关系进行“补台”，把共同树立良好的旅游形象放在公共关系的首位。

(2) 旅行社接待客人必须依靠社会多方位的、立体的服务，诸如交通（民航、火车、轮船、城市公交车)、饭店、餐饮、购物等。尽管有些部门不直接为客人服务，但旅行社也必须主动、经常地协调有关方面的业务联系，尽力为旅游者提供方便。

（3）旅行社工作人员的强烈公关意识要体现在为旅游者服务上，体现在日常的各项服务中。

第二节　旅行社内部公众关系

旅行社要想实现大发展，人力资源是最重要的基础保障之一。处理好与内部公众之间的关系，建立起合理的用人机制并通过合理的激励手段来激发员工的工作积极性、创造性，是旅行社实现可持续性发展的人力资源基础。

一、内部公众关系

（一）旅行社的内部公众

旅行社的内部公众主要包括导游员、计调员、会计等；旅行社领导与员工之间的关系是企业公共关系的重要方面。可以这样说，没有良好的员工关系，就不可能树立良好的企业形象。

导游员是与游客直接接触最多的人员。导游员是组织形象的大使，他们直接与国内外的客人接触，不仅是旅行社形象的代表，也是一个城市甚至一个国家的代表。他们通过自己的语言为游客讲述一个地区、一个民族、一个国家的历史与现在；同时也充当着公关员的角色。他们的服务态度、服务质量将会直接影响旅游者对旅行社的感知，进而会影响到整个旅行社在公众心目中的印象和评价。

（二）导游员的公共关系工作

在旅行社的工作中，导游服务是整个旅游服务的重要组成部分。导游员的公共关系工作的重要性表现为：

1. 导游提供的劳动服务的特殊性

第一，导游提供的劳动属于非物质生产性质的劳动服务，主要以提供劳务、满足旅游者需要为主，属于享受性的消费需要，因此服务要求应是高质量的。

第二，导游提供的劳动服务是与旅游消费过程直接结合在一起的，它是面对面的服务，对导游的素质要求较高，主要体现为及时、准确、周到的服务。

第三，如果是涉外旅游，则要求导游要有较强的适应能力及语言解说能力。

第四，导游提供的服务具有双重性：一方面是消费旅游产品的过程；另一方面是传播、宣传、促销旅游产品的过程。这种双重性使旅游者和旅游企业之间能够找到共同互利的立足点，从而为双向沟通创造条件。

第五，导游服务还是再创造旅游产品的过程，其附加的价值弹性非常大，这种弹性服务一方面对导游的要求甚高，另一方面还带有模糊性。

2. 导游在旅游公关中的重要地位

从导游的特点看，导游公关可以说是旅游企业特别是旅行社最直接、最便利、最经济的公关途径，在旅游公共关系中占有重要的地位。导游在公共关系中，一方面是提供服务的人，另一方面又是公关促销人员，具有直接的影响力。

导游公共关系因其直接性、双重性、个体性而有不同的特点。

第一，导游因为服务的双重性（消费性和促销性），为公关双向互利的内涵找到了现实的基点，使公关更具有沟通信息，协调关系，树立形象的本质特点。

第二，导游服务的直接性决定了公共关系的直接针对性，这就是面对面的服务、面对面的公共关系工作，公关的效果一目了然，信息的反馈迅速准确。

第三，由于导游的直接性又决定公共关系的手段往往以个体和群体传播为主，可直接采用访谈式或座谈式。

第四，导游的个体性，既决定公共关系人情性的一面，又决定公共关系灵活性的一面，因人而异，因时而异。

总之，导游公共关系在旅行社的公共关系工作中占有相当的比重，导游公共关系灵活自主，大有文章可做，值得大力拓展。

二、旅行社员工流失的原因

造成旅行社员工流失的因素有很多，下面仅从企业因素加以分析：

（一）旅行社人力资源管理观念滞后

旅行社人才流失的原因是多方面的，但人力资源及管理意识淡薄则是其主要原因。在大部分旅行社中，一般不设人事或人力资源部门，仅由办公室代为处理人事事务，甚至有的旅行社的人事工作是由导游员兼任的。其对于人力资源管理的认识也仅仅停留在员工招聘、工资待遇及劳动合同等方面，很少涉及职业培训，岗位设置，更不会帮助员工对职业生涯做出必要的规划。有些旅行社虽然认识到人才的重要性，但很少在人力资源管理方面下工夫，或只是把重点放在待遇的提高方面，不能把人才管理与旅行社的发展真正联系起来。

（二）不合理的薪酬体系

在人们多层次的需求中，生理需要始终是最重要的需要之一。随着社会发展，人们会追求更高的个人收入水平和较高的待遇，提高生活质量。目前，很多旅行社薪酬福利较低，使得有能力的人才难以实现其较高收入和较高待遇的愿望。特别是有些旅行社未能建立有效的评估体系、缺乏合理的薪酬结构，不能提供有竞争力的薪酬水平，造成薪酬内部、外部的不公平。当员工们感到同样的付出将会在其他企业获得更高的收入和福利待遇时，有能力的人才就可能会为追求个人的经济利益而跳槽。这是造成人才流失的主要原因。

另外，在旅行社恶性削价竞争情况下，大多数旅行社只求最大限度地降低成本，不但不付给导游工资和各种福利保障，而且还要求导游向旅行社缴纳管理费、“人头费”、签单费等。这样不规范的劳动报酬制度根本就不能对导游进行有效激励。对大部分旅行社来说，他们“唯一的激励手段”就是惩罚：扣除风险金或预付团款等。于是，旅行社员工所面临的人才风险就无法估量，最终的结果是造成人才流失，人才危机不断加剧。

（三）缺乏员工培训

虽然一些旅行社也认识到优秀的导游必须不断学习，但是现在导游的工作状况不允许其用更多时间让他们“充电”。一些刚毕业的大学生一到工作岗位就去带团，实践经验很少；一些工作多年的“老导游”，也无暇去更新知识，导游素质自然不会有大的提高。

（四）导游缺少社会保障

目前有不少旅行社没有给员工购买人身意外险和缴纳失业保险金、医疗保险金、住房公积金，有的甚至连养老保险金也未缴纳，使得员工缺乏基本的生存保障。还有相当一部分导游是兼职导游，哪家有团就帮哪家带，看上去较自由，但实际上并没有基本工资和社会保障。这样，与其他行业一比较，旅行社的员工就会觉得自己的工作缺乏保障，抗风险能力极低。这也是促使很多人才选择转行的原因之一。

四、与内部公众关系的协调

这里主要谈一下旅行社与导游员关系的协调。

（一）与员工进行座谈，了解员工需求

了解员工的思想和要求，一方面是为了及时改进并解决一些紧迫的问题；另一方面是为了有针对性地提高员工对旅行社的理解程度。公关部的人员应该经常定期地与员工进行交谈，通过座谈会等形式了解员工在工作、生活中遇到的问题，并把情况反映给管理者。只有充分了解员工对企业的认识水平和具体要求，才能采取适当措施，建立起职工对企业的信任和信心。

（二）建立合理的薪酬福利制度

建立以业绩和效益为基础的分配机制，向关键岗位和特殊人员倾斜，真实、客观地反映人才的价值，保证各类人才得到与之劳动和贡献相适应的报酬；建立体现员工劳动价值的酬薪制度。与此同时，还应改善员工的医疗、养老、失业、住房等方面的福利待遇，使员工在工作中没有后顾之忧。从而调动员工积极性，增强旅行社的吸引力。

（三）注重员工职业生涯的管理

旅行社应当根据自身的实际情况，关注员工职业生涯规划，使员工能够看到自己未来的发展目标，将个人目标与旅行社目标相连，让员工对旅游业前景充满信心和希望，让员工产生一种永久的归属感。员工职业生涯可进行分阶段管理，在不同的人生阶段，员工的心理素质、生理特征、智能水平、社会负担等均不同，这需要旅行社针对不同阶段进行相应的管理。

（四）对员工进行多种能力培训

社会在发展，知识在更新。旅行社的领导要有计划地对员工进行业务培训和技术培训。通过切实有效的培训，提高员工完成工作所需要的能力，满足员工成长、发展需要，从而提高旅行社的竞争力，实现双赢。

（五）加强企业文化建设

旅行社要加强企业文化建设，营造良好的工作氛围。通过优秀企业文化的塑造，潜移默化地增强其对员工的号召力和吸引力；通过共同价值观的构建，培养一种良好的人际关系和工作氛围。员工在共同价值观的约束下，自主管理，自觉工作，不断增强对旅行社的归属感和责任心。旅行社可以通过定期举办一些有意义的活动，比如，举办各种体育、演讲、唱歌比赛和业务技能大赛等，丰富员工的业余文化生活，使员工能有更多的时间相互交流，联络感情、增强凝聚力。

第三节　旅行社外部公共关系

在现代市场竞争环境下，旅行社与相关组织之间的联系日益紧密，旅行社的经营效果不仅取决于自身的努力，而且也取决于能否拥有良好的“关系群”。旅行社公关人员必须树立起“关系营销”的理念，与终端客户、业内相关部门和单位建立起良好的、稳定的关系，以实现可持续发展。

一、组团社与地接社之间的关系

旅行社与旅行社之间是一种竞合关系。也就是说，它们之间既有竞争又有合作。从业务的角度来讲，组团社与地接社之间有着密切的联系。组团社为地接社输送客源，而地接社要具体承担旅游者的接待服务，双方共同为旅游者提供服务，有着共同的利益。如果双方缺少沟通，就容易产生摩擦和纠纷。因此，对于公关人员来讲，一方面要熟悉旅行社的业务流程，同时还要有良好的沟通能力。

地接社收到组团社的接待计划后，应仔细核对每项要求，尽可能按照计划要求落实执行。根据旅游团的等级、住宿、饮食要求，严格履行合同内容，不能擅自降低接待的标准；同时，对于旅游团的人数、性别构成、职业、特殊要求等要了解清楚，以使住宿、饮食以及线路的安排趋于合理。不同类型的旅游者对旅游活动的要求是不一样的，比如，同样是游览北京的故宫，观光型的游客可能满足于拍照留念；而对于建筑专业的人来说，可能对故宫的建筑结构更感兴趣。因此，要想使游客满意，首先要了解他们的心理需求，并在此基础上，灵活地做出相应的调整。

当组团社在遇到困难向地接社寻求帮助时，地接社应积极配合，协力解决。有时，由于旅游者的人数、要求发生了变化，需要地接社迅速做出反应，加以应对。组团社和地接社是一种特殊的合作关系，双方基于在业务上的关联，彼此密不可分。在开展公关工作时，要善于宣传自己的优势，同时还要注意以实际的行动来赢得对方的好感和信任，争取建立长期、稳定、友好的合作关系。这对于地接社来说是至关重要的。

对于取消地接社的地区来讲，就意味着对导游员提出了更高的要求，不仅要能做好各地景点的讲解，还要协调好与外地饭店、景区企业的关系，没有良好的应变、组织能力是无法完成任务的。

二、旅行社与游客关系的协调

旅行社与游客之间关系的协调主要体现在导游员与游客关系协调方面，因为导游员是与游客接触时间最长、直接打交道的人员。导游在旅游过程中占有很重要的地位，国际旅游业界认为“没有导游的旅游是不完美的旅游，甚至是没有灵魂的旅游”。导游一方面通过自己的讲解，使旅游者逐渐熟悉旅游目的地，提高旅游的知识性、趣味性；另一方面，导游还为旅游者提供了安全感。在出现意外事故和突发事件时，导游员能够根据自己的能力和经验帮助旅游者及时处理问题，这对于身处异地的游客来说是极为重要的。

就目前的情况而言，导游员在公众心目中的形象正遭遇着严重的挑战，在一些人的眼中，导游员成了“导购员”、“拿回扣”的代名词，个别导游员不仅没有充当好公关员的角色，而且严重损坏了整个旅行社组织的形象。

（一）存在的问题

第一，降低服务标准。游客投诉旅行社降低合同标准的问题主要集中在住宿、餐饮、交通的标准低于合同标准上。

第二，导游未尽职责。主要集中在以下方面：导游讲解不认真，以导购为主、游览为辅；不按时接、送团，出现意外事故时导游胁调能力较弱以及导游、领队无证上岗等。

第三，擅自增减合同项目。主要集中在旅行社或导游擅自缩短和减少合同约定的游程和景点，或者增加合同中没有的自费项目和购物点等问题上。

第四，延误变更合同行程。主要集中在实际出游中，旅行社变更合同的日程，调整行程的前后次序，借此缩短游览时间，增加购物时间，损害了旅游者的利益。

第五，发生“甩团”、“扣团”现象。目前，在一些地方，“甩团”、“扣团”现象时有发生。2004 年，抚顺缘梦旅行社组团，北京教师旅行社接待了一批学生夏令营的旅游团。在行程中，由于组团社和游客均认为出现与合同约定不符的事，表示出极大的不满，并与地接社工作人员发生争执。此类现象已成为旅游市场的不和谐音符，究其原因是诚信危机和市场无序化所致。

（二）旅行社与游客关系的协调

1．签订明确的合同，并严格履行合同的每一项内容

旅行社在与游客充分交流的基础上，双方本着自愿的原则签订合同，按照相关法律、法规的要求对旅游过程中的住宿、交通、餐饮的标准作出明确的约定，对违约责任也要明确地界定，以减少日后的纠纷。

2. 妥善处理客人的投诉

在旅游过程中，如果出现了问题，引起客人的投诉，旅行社公关人员应该及时与之进行沟通，妥善处理投诉，而不是回避，因为与客户建立良好、稳定的关系是至关重要的。

3. 建立游客反馈机制

当旅游结束后，旅行社的公关人员应该主动、及时了解游客的“游后”感受，总结经验教训，不断完善自己的服务。这样做是一举两得，一方面从客户那里得到了宝贵的意见，对今后改进工作大有帮助；另一方面，这会让客户觉得旅行社非常重视自己，产生一种被尊重的感觉，进而对旅行社产生好感，提高了游客的忠诚度。旅行社可以通过建立自己的网站，与旅游者实现双向沟通。旅游者可以利用电子邮件的方式填写电子反馈卡，这样不仅速度快，而且也减少了通过电话和会面等直接接触可能导致的信息不准确的情况（人们利用电子邮件通常能够直白表达自己的意见）。通过信息反馈，有利于旅行社及时收集信息，改进工作，缩短了旅游产品的生产周期，促进了企业良性循环。

4. 建立客户档案，为提供个性化服务做准备

目前，很多旅行社不重视客户信息的收集和整理工作，做的是“一锤子”买卖，这无疑是一种短视行为。在市场竞争日益激烈的今天，谁拥有稳定的客源谁就拥有了市场。旅行社应该在平时就做好对客户信息的收集工作，主动与其取得联系，才能够发现市场机会，开拓市场。同时还要进行“感情营销”，如在节假日给客户送去一份问候，在客户过生日时送去一份小礼品，这些细节会加深客户对旅行社的印象，使其成为旅行社的忠诚客户。

三、旅行社与社区的关系

社区关系，从较小的范围来讲，是指企业与所在地的政府和公众的关系。社区关系的核心是要使企业成为当地社会所接受、舆论所赞誉、让人引以为傲的“好公民”。企业要成为“好公民”，须以平等的态度热情参与当地的各种社会活动，赞助社会公益事业、慈善事业、文化教育事业、市政公用设施建立等。这样，企业碰到困难时，社区领导才会设法帮助解决。

旅行社和其他社会组织一样，处于一定的社区之内，都有一些问题需要当地政府帮助解决。例如办公用房、用水、用电、停车场地等，都须求得地方政府的支持和帮助。因此，旅行社要尊重当地政府，多与当地政府沟通，让其了解自身情况，以便在今后工作中有问题需要地方政府解决时，能得到当地政府的关心和帮助。

四、旅行社与新闻界的关系

公共关系信奉“做了好事就要说”的原则。旅行社在做出了成绩，取得了一定的经济效益和社会效益后，就可以通过新闻媒体广为宣传，不断提高企业的知名度，以利在竞争中获胜。

(一)坚持真实性

公共关系强调用事实说话，因而讲究“真实性”是公共关系的一个基本原则。公关人员在提供给新闻界信息时，必须真实、准确。某旅行社开通旅游热线电话，24小时提供旅游咨询服务，并对旅游者提供上门服务。这条新闻在报道前，记者先试打了旅游热线电话，热线小姐熟练的业务水平、百问不厌的服务态度证实了这条新闻的真实性。消息见报后，热线电话接踵而来。这条热线电话不仅给游客提供了方便，而且也为旅行社争取了不少客源。

(二)熟悉新闻界

旅行社的公关人员要经常与新闻界保持联系，让新闻界了解旅行社的近况，让他们采访组稿。另外，公关人员要对不同报刊的不同特点和要求有足够的知识储备，便于与媒体交流与合作。

(三)注意新闻事件

公关人员与新闻界打交道，要善于利用新闻事件，有时可以“创造”新闻事件，扩大旅行社在业界的影响，提升知名度。不过在采用这一公关手段时必须遵循诚信原则，任何弄虚作假的手段只会令旅行社的形象和信誉受损。

五、旅行社与饭店、交通部门、景区等的关系

旅行社是旅游活动的组织者，主要依靠经营伙伴一起来完成整个旅游活动。从旅行社与经营伙伴之间的关系而言，大家都是为游客提供服务，因此利益上是一致的。旅行社客源的增多，可以刺激交通运输、邮政、饭店、餐饮等的发展，这些行业的发展，又能促进旅游业的兴旺，彼此形成相互依存的协作关系。

(一)旅行社与饭店之间关系

目前，旅行社与供应商之间的关系面临着重大变革。随着互联网技术及通讯技术的普及与发展，供应商可以通过各种手段建立起与顾客的直接联系，不再需要旅行社的中介服务。旅行社要想获得生存和发展，就必须与各供应商及相关组织建立起战略同盟，以自己的专业化优势和人性化的服务吸引客源。

饭店是旅行社重要的合作伙伴，它能够满足游客食、住的需要，与饭店企业建立良好的关系有助于旅行社的正常经营。

旅行社在选择饭店时要考虑以下几方面的因素：产品价格、服务态度、服务质量、地理位置、周围环境、饭店在遵守订房合同方面的声誉。

(二)旅行社与交通部门的关系

交通部门是旅行社的重要合作伙伴，它能够满足游客“行”的需要，为旅行社开发新的旅游线路、推出新的旅游产品提供保证。旅行社与交通部门应该在更深的层次上开展合作，旅行社除了进行票务代理外，还可以凭借自身的专业优势，为交通部门推出新的产品提供建议和支持。

旅行社在与交通部门打交道时，要密切关注对方的资信情况，尽量选择那些信誉好、质量佳的航空公司和道路交通运输公司进行合作。公关人员要详细了解各公司的信誉状况，做好危机预防工作。一旦发生危机事件，要协助旅行社的相关人员妥善处理，最大限度地减少危机给组织带来的损失。在危机处理的过程中，还要与媒体进行沟通，为其提供相关信息，尽量避免出现不利于组织的报道。

（三）旅行社与旅游景区的合作

旅游景区是旅行社重要的合作伙伴，它能够满足旅游者“游”的需要。旅行社作为旅游景区的重要销售渠道，可凭借自己的优势为旅游景区做产品销售的代理，双方在资源整合方面有着很好的合作条件。作为旅行社的公关人员，平时要与旅游景区多进行接触，到景区实地考察，解决双方共同关心的问题，共同做好对游客的服务工作。

目前旅行社行业已经进入了“微利”时代。而旅游景区门票的价格直接影响着旅行社的经营成本。旅行社可就景区门票问题与景区进行磋商，使之不要盲目跟风涨价，同时能给旅行社提供更多的优惠，为游客争取更多的利益。

本章小结

旅行社是旅游产品生产者和消费者之间的媒介，是旅游产品的组织者，它需要向各个旅游企业采购相关的产品并把它们组合起来出售给旅游者。因此，旅行社要和方方面面的旅游组织打交道，不论中间哪个环节出现了问题，都会影响到整个旅游活动的过程。本章从旅行社业务的角度出发，诠释了旅行社开展公关活动的意义，并深入地分析了旅行社将如何处理与相关公众的关系问题。

复习与思考

1．旅行社公共关系的特点、目的、实施原则是什么？

2．旅行社公共关系工作的内容是什么？

3．旅行社与内部公众关系的协调应如何进行？

4．旅行社与游客关系如何协调？

5．选择一家旅行社，观察其接待某一旅游团队的整个过程，从公共关系角度写出评价报告。

案例分析

四川省成立旅行社优质服务联盟

2011年3月15日，由四川省旅游执法总队、旅游协会和四川日报社共同发起的“四川旅行社优质服务联盟”宣告成立。该联盟的成立意义重大，将进一步维护广大旅游消费者的合法权益；将让大家看到四川旅行社行业服务于游客、服务于社会的积极正面形象，同时展示四川旅行社良好的公众形象；积极促进省旅游市场的健康有序发展，促进四川旅行社行业公信力的提升和口碑建设。

省旅游协会秘书长孟刚表示，旅行社是市场的主体，旅行社行业的优质服务和品牌建设除了来源于监管，更多的是要靠旅行社企业自身加强服务意识，把游客利益放在首位，以诚实守信为荣，信守合同约定，履行服务承诺，为游客提供优质诚信的旅游产品。

记者了解到，四川旅行社优质服务联盟成立后，联盟成员将认真贯彻执行相关法律法规，坚决抵制“零负团费”的运营方式，推崇品质旅游，不搞低价恶性竞争，自觉维护行业的健康发展。为落实优质服务承诺，提高游客满意度，联盟成员今后将创新服务方式，加强企业自身的产品研发能力，促进旅游产品结构的转型升级。并进一步加强内部人员培训与管理，不断提高从业人员的业务素质和服务质量。

四川旅行社优质服务联盟的成立有三层意思：作为消费者，联盟将告诉他们如何保护自身的合法权益，如何理性消费、文明消费；作为旅行社，联盟将要求其传递优质有价信息、不断提升服务质量，不断推广优质的旅游产品、不断为游客提供诚信服务并正确引导消费者理性消费；在联盟中，作为市场监管部门的四川省旅游执法总队则致力于加强市场监管力度，规范市场行为，坚决查处旅行社违规行为。（资料来源：《四川日报》，2011 年 3 月 15 日）

【案例思考】

1. 旅行社优质服务联盟的成立有何重大意义？可以带来什么样的效应？
2. 旅行社优质服务联盟的成立对旅行社公共关系有何影响？

第十一章　旅游景区公共关系

旅游业是资源依赖型的行业，不论是自然风光资源，还是人文历史资源，都存在并固定于一定的区域——旅游景区。作为旅游经营管理基本单位的旅游景区，要实现有效的经营管理，就必须研究旅游景区公共关系，并把它运用到旅游景区建设与管理之中。

第一节　旅游景区公共关系概述

一、旅游景区公共关系概念

（一）旅游景区

根据国家质量技术监督局 2004 年 10 月 28 日批准并于 2005 年 1 月 1 日开始实施的《中华人民共和国国家标准 GB/T17775—2003 旅游景区质量等级的划分与评定》中对旅游景区的定义为：旅游景区是以旅游及其相关活动为主要功能或主要功能之一的空间或地域。本标准中旅游景区是指具有参观游览、休闲度假、康乐健身等功能，具备相应旅游服务设施并提供相应旅游服务的独立管理区。该管理区应有统一的经营管理机构和明确的地域范围，包括风景区、文博院馆、寺庙观堂、旅游度假区、自然保护区、主题公园、森林公园、地质公园、游乐园、动物园、植物园及工业、农业、经贸、科教、军事、体育、文化艺术等各类旅游景区。可以说，旅游景区的范围十分广泛。近些年来我国的旅游景区发展速度非常快，旅游服务质量也有所提高。

（二）旅游景区公共关系

旅游景区公共关系，是指旅游景区组织为了塑造形象，以传播沟通为手段，对公众采取的一种持久的策略行动。它的目标是通过为景区塑造形象、改善关系、宣传招徕、创设环境等一系列公共关系活动，来塑造旅游景区的良好社会形象和赢得公众信誉，最终凭借良好的社会效益获取良好经济效益。

二、旅游景区公共关系的特征

（一）多方位性

由于旅游者的需求涉及食、住、行、游、购、娱等六大要素，旅游活动的完成不仅需要有旅游企业的接应，而且还需要社会其他行业部门的支持。例如，民航、铁路、商业等行业，都直接为旅游者提供了服务；建筑、电力、石化等行业为满足旅游者的基本需要创造了条件；环保、公安、教育、文化等部门则在社会范围内为旅游者创造了一个良好的旅游环境。因此，旅游区为保证对旅游者的吸引力，必须把以上各单位、各部门作为公共关系的对象，与之密切联系，及时沟通，共同做好对旅游者的妾待服务工作。

（二）复杂性

旅游者是旅游景区公共关系的主要工作对象，不同客源市场的旅游者由于其国家、民族、地域、政治、经济、文化等因素的差异性，因而旅游者个体也呈现出多样性。又由于旅游业天然的脆弱性，没有哪一个旅游景区敢把自己的客源市场单一化，因此，面对不同客源市场上旅游者的多样性，旅游景区组织的公共关系活动就决不能简单地按照一个模式开展工作，要区别对象情况，采取多种方式和方法。

（三）动态性

旅游区公共关系的动态性表现在三个方面：

一是游客不是固定的，每天都在变化，每天接待的都是新游客。

二是旅游景区本身有个初创、发展到成熟的过程，在不同阶段，公共关系的工作重点是不同的。初创阶段重点是宣传，提高知名度，吸引游客；成熟阶段重点是加强综合功能建设，提高信誉度。

三是旅游的季节性和游客高潮的周期性，使得旅游景区公共关系具有动态性。

旅游景区公共关系动态性特点，要求旅游景区公共关系活动从思想、内容到形式不能僵化，必须能够跟随公共关系主体、客体以及环境的变化而作出迅速、敏捷的调整。

三、旅游景区公共关系的任务

（一）积极推销景区

推销景区要依据景区特点，分析游客类型，积极推销，提高景区知名度。

（1）通过大众媒体宣传景区。在大众媒体上刊登广告，让媒体记者参加体验旅游活动，制作景区欣赏影视专题片等。推销时要突出与众不同的景区特点，突出自己的卖点。

（2）通过参加国际、国内旅游交易会、产品展销会等进行推销。推出的产品主题要明显，要能够吸引业内同行和游客的眼球。

（3）邀请在景区拍摄影视剧以推销景区。20 世纪 80 年代电影《少林寺》在“少林寺”景区拍摄，引起全国关注少林寺，至今游客仍然火爆。2006 年《乔家大院》的热播，又使得山西乔家大院等景点变得家喻户晓，游客络绎不绝。

（4）通过景区全体员工优质服务感染、感动游客，使观光过景点的每一位游客都成为景区的义务宣传员。同时，还可以组织景区员工进行专题宣传，如少林寺组织武僧出国表演中国功夫，很受外国人欢迎，同时吸引了很多外国人来河南少林寺参观，这就是一种独特的文化推销传播方式。

(二) 培训组织内部员工，提高服务质量

培训组织内部员工，提高服务质量，是景区公关工作的重要任务。由于景区内服务工作持续时间长，劳动强度大（尤其是在旅游旺季），工作人员在精神上、身体上所承受的压力也比较大，因此，旅游景区管理层必须开展内部公共关系活动，关心爱护职工，尊重职工劳动，关心他们的生活，热情地帮助他们提高业务水平，树立自信心，实现自己的理想抱负。

景区公关工作要制定员工工作规范、服务质量标准、员工培训计划等，教育景区全体员工对游客要热情礼貌，为景区创造良好的形象。

(三) 处理游客与景区的纠纷及组织的危机事件

第一，处理游客与景区纠纷。在景区内与游客发生纠纷的情况大致是：游客在景区内购物遭受欺诈，引起游客不满而投诉；景区管理人员维持秩序时态度蛮横，与游客发生矛盾；景区在发展建设中没有处理好与景区与周围社区居民的关系，导致社区居民在通往景区的路上设障或围堵景区大门等。这些纠纷一旦发生，公关人员必须赶赴现场了解情况，与游客、居民进行沟通，避免事态进一步扩大，同时做好游客、居民的安抚工作。

第二，处理景区危机事件。景区发生危机事件，一般是景区的险要地段警示不明导致游客失足伤亡，景区内发生火灾、塌方等危及游客人身安全的事件。景区公关人员遇到这类情况，应马上与公安、消防、医疗等部门联系，争取他们的支持与帮助；与媒体沟通，客观报道，避免以讹传讹，影响景区形象。同时，对于受到伤害的游客要及时组织救治，做好同行游客的思想稳定工作，对给游客带来的伤害深表歉意。

第二节　旅游景区公共关系的协调

公众是旅游景区公共关系工作的对象，旅游景区的特点决定了其面对的公众范围十分广泛。为了有针对性地做好公关工作，首先要了解旅游景区公众的层次，进而才能做好协调工作。

一、旅游景区公众的层次

按照与旅游景区公关工作的关联程度，可以把旅游景区的公众分为以下几个层次：

第一层次：游客。他们是旅游景区最终面对的服务对象，也是旅游景区面对的最主要的外部公众。

第二层次：旅行社、旅游交通部门、旅游饭店等。它们是旅游景区重要的合作伙伴，与旅游景区的关系相当密切。

第三层次：新闻媒体、环保、通信、公安等部门。它们为旅游景区的正常运行提供必要的支持，也在为旅游者创造了一个良好的旅游环境。

第四层次：供水、供电、供气等部门。它们也为旅游景区提供了重要的保障，旅游景区的发展离不开这些部门的支持。

二、与游客关系的协调

（一）收集游客意见，妥善处理客人的投诉

收集游客的反馈信息，倾听游客的意见，了解他们对旅游景区服务、管理方面的意见和不满，并将此及时反馈给相关部门是旅游景区的重要工作。在旅游景区可设立游客投诉中心，并由专人负责解决游客的投诉问题。对于反映比较集中的问题，要及时找出原因，尽快整改，以提高整体的服务质量。

（二）进行市场调研，了解游客需求的变化

公关部门人员要充分发挥自己的优势，及时发现新的市场机会，不断推出新产品，完善自己的服务。世界著名的娱乐品牌“环球嘉年华”就非常注重市场调研，每到一个城市之前，他们都要对所在地区的消费者的消费习惯和心理进行认真的调研，并在此基础上设计游乐项目，因而所到之处，无不掀起阵阵“嘉年华”热。

（三）加强景区内部和周边环境的治理

加强景区内部和周边环境的治理，为游客提供优质的景区服务。在旅游景区发展过程中，会受到各种因素的干扰和影响。目前，在很多景区的周围有商铺、店面林立，商业气息浓厚，这也给景区的整体形象带来严重影响。因此，必须要加大整治的力度，还景区以本来的面目。

三、旅游景区与旅行社关系的协调

旅行社与景区有着密切的联系，旅行社为景区带来的客源数量大，而且相对稳定。因此，旅游景区要与旅行社建立战略同盟关系，努力使游客满意，达到二者共赢。为此，旅游景区要十分重视与旅行社的沟通和协调，重点做好以下几方面工作：

（一）建立奖励制度，激励旅行社为景区输送大量的客源

旅行社是旅游景区的重要销售渠道。为了激励旅行社为旅游景区输送客源，一些景区建立了奖励制度，九华山风景区就是其中之一。为鼓励省内外各旅行社组团来九华山旅游，提高团队在游客总数中的比重，九华山风景区管委会对组团超1万人次以上的旅行社，根据实际业绩给予不同程度的奖励，借用市场杠杆调动旅行社积极性。

（二）旅游景区与旅行社合作，共同推出新的旅游产品

旅行社与景区的关系就像鱼和水一样，密不可分，互相依存。旅游景区在旅游资源上有自己的优势，但是如果不通过合适的销售渠道把优质的旅游产品销售出去，那么美丽的景色也只能是“养在深闺人未识”；而旅行社在这方面有着独特的优势，他们了解游客的需要和旅游市场的行情，双方有合作的基础。旅游景区可以与旅行社联手，共同打造新的旅游产品。

(三) 旅游景区在调整价格时，要顾及旅行社的利益

游客参加旅游团的目的就是到景区游览，旅游景区能够满足游客“游”的需要，双方之间是一种唇齿相依的关系。但是如果景区的门票价格不断提高，就会给旅行社带来很大的麻烦，增加了旅行社的经营成本。如果旅行社无法消化价格升高带来的冲击，就需要重新核算成本，有时就要重新制定自己线路的报价。同时，当旅行社调高报价时，旅游者也会做出反应，当他们觉得价格超出了自己所接受的范围时，就有可能放弃出游的想法，进而直接影响了客源的数量。有时，为了不影响客源的数量，旅行社还要自己消化由于景点门票价格上升所带来的成本增加，因此造成自己的利润降低。这样旅行社难免会埋怨旅游景区，甚至会发生摩擦，直接影响了双方关系的和谐。

(四) 旅游景区的公关人员要经常拜访旅行社客户

为了及时了解旅行社对景区服务、管理方面的意见，旅游景区的公关人员要主动出击，定期拜访有密切业务往来的旅行社，或者通过定期举办座谈会或联谊会的形式与旅行社联络感情，倾听他们对于景区在门票价格、车辆管理以及相关服务方面的意见和建议，以便今后不断改进工作。同时，为了扩大市场范围，还要运用公关的手段争取新的客户，这对于新步入市场的景区十分重要。为此，可以邀请旅行社的相关负责人到景区来参观、考察，把景区列入相关的旅游线路，提高景区的知名度。

四、旅游景区与交通部门关系的协调

旅游景区的发展，离不开交通部门的支持。如果通往景区的道路交通系统不完善，景区的可进入性差，就将直接影响景区对游客的吸引力。因此，旅游景区必须与交通部门主动进行沟通，增加交通车辆，修建优质道路，改善景区周围的交通环境，为游客直达景区提供便利。

五、旅游景区与媒体之间的关系协调

(一) 与媒体经常保持联系，增进相互了解

旅游景区要与新闻媒体密切联系，及时撰写新闻稿，将景区内发生的新闻通报给媒体，凭借他们在对外宣传方面的作用，让更多的公众认识旅游景区、了解旅游景区，提高其知名度。在市场竞争日趋激烈的今天，旅游者的选择余地越来越大，要想让旅游者更深入地了解景区及其变化，就要借助媒媒体的力量，广泛的宣传和报道景区，把最新的消息及时传递给公众。

(二) 通过与媒体互动，提升品牌形象

旅游景区在创出品牌后，还要善于与媒体互动合作，不断提升自己的品牌形象。品牌的建立绝非一朝一夕的事，为了让广大的旅游者对旅游景区品牌有更高的忠诚度，就需要通过策划高品质的活动项目，同时邀请媒体参与进来，形成优势互补，共同提升品牌的形象。旅游景区拥有资源上的优势，而媒体拥有传播方面的优势，双方存在优势互补的基础。在整合资源的基础上，媒体可以根据景区的特点，制作相关的节目，

尤其是一些娱乐类的节目如果在景区实地拍摄，就能营造身临其境的氛围，增强节目的现场感和真实性，从而吸引观众的眼球。深圳的欢乐谷景区就非常善于走旅游景区与电视媒体互动之路，收到了很好的效果。

（三）当旅游景区遇到危机时，通过媒体进行危机公关

媒体由于其功能上的特殊性，能够起到沟通旅游景区与外部公众之间关系的桥梁作用。当旅游景区遭遇危机时，如果能够与媒体保持密切的联系，及时向媒体传递真实的信息，有助于澄清事实的真相；如果回避媒体的关注，只能是欲盖弥彰，不利于危机的平息和问题的最终解决。

六、旅游景区与社区的关系及协调

旅游景区的发展离不开所在社区的支持，旅游景区在发展的过程中有可能对当地带来一些负面的影响，如自然资源和环境遭到破坏、物价上涨、传统文化受到冲击、交通出现拥挤、犯罪率上升等。联合国教科文组织的一项研究报告曾经指出，世界上许多旅游地的居民对旅游者的态度，普遍经历了由欢迎到冷淡，进而不满和厌恶四个阶段的变化。旅游地居民与旅游者之间的冲突，也是必须引起重视的一个问题。

协调旅游者与当地居民的关系，关键在于如何提高旅游业发展的积极方面，尽可能限制消极方面。例如，对景区进行合理的规划和开发，应充分尊重当地居民，取消任何有损于当地居民自尊心的歧视性规定；加强旅游地的保护和建设，应与对当地居民进行教育和引导相结合。许多旅游地居民之所以缺乏热情，有时并非旅游者已经多到明显损害其利益的程度，而是主观认识上的原因，即不了解旅游业的发展对当地社会经济发展的作用。开展公共关系活动，协调旅游地居民与旅游者、旅游业的关系，帮助他们克服个人认识上的局限性，无疑是旅游业公共关系的重要活动。

第三节　旅游景区的公关宣传

在旅游景区公共关系工作中，旅游公关宣传是旅游景区向公众传递信息的有效手段之一。从公共关系角度看，传递信息的目的是让公众了解景区，引起观光景区的情感冲动，进而发展为旅游观光景区的行动。因此，旅游景区的公关宣传是旅游景区公共关系工作的主要任务之一。

一、旅游景区公关宣传的原则

（一）真实性原则

这是旅游景区在对外宣传时要遵循的最基本的原则。旅游景区在对外宣传中，切忌夸大其词，进行不真实的宣传，误导游客、让游客对景区产生不好的印象。这样做的结果不仅使旅游者不愿意再次光临，而且他们还会将不愉快的经历告诉周围的人，以致严重影响景区的形象和声誉。

（二）经济性原则

旅游宣传需要花费大量的资金，这对于组织来讲是一笔不小的开支，因此，旅游景区要根据自己的经济实力和公关目标来决定选择何种媒体进行宣传。一般来讲，可以将每年营业额中一定比例的资金作为宣传之用，以保证宣传的持续性和有效性。

（三）特色鲜明的原则

旅游景区的公关宣传活动就是为了帮助其在旅游市场上树立一个独特的形象，这样就要求旅游景区能进行准确的形象定位，并通过一定的传播手段将信息传递给广大的公众，在宣传中切忌“人云亦云”，盲目跟风，要有自己的风格和特色。

（四）针对性原则

旅游景区在宣传过程中，要依据目标对象的不同，有的放矢地进行宣传。根据游客所在地区的民族特点和语言习惯，在表达方式上要有一定的针对性，在内容上要突出重点。

二、公关宣传对旅游景区的主要作用

（一）树立景区品牌形象

旅游是一种异地消费，其产品特性具有不可移动、不可试用，且有较少重复消费的特征。其产品特征、形象很难直接呈现在消费者眼前，消费者一般凭借来自不同渠道的信息构成的间接形象，决定消费需求的欲望与选择取向。旅游景区的形成源于美好的印象产生的向往，即情感认知度再上升至美誉度，只有唤起美好印象的景区才能构成旅游向往，这种美好印象就是品牌形象。

旅游品牌是建立在消费者心中的情感之上，是满足消费者心理需求的产物，旅游品牌不仅仅是知名度，更重要的是它的美誉度与忠诚度。旅游景区公关宣传的工作目标就是要塑造和宣传景区的形象，提高其景区自身的知名度和美誉度，从而在激烈的竞争中立于不败之地。我国湘西的张家界森林公园在这方面做得就比较出色，当张家界这个名字还鲜为人知的时候，他们便利用电视、报纸、杂志等大众传媒，详细地介绍旅游景区的景观特色、地理环境、风土人情以及民间传说，于是大大提高了张家界的知名度，从而吸引了众多游客。

（二）维系景区内外关系

旅游组织每年要接待各种类型的团体和个人，由于提供的是无形的服务，并且十分依赖口碑，因此与这些外部群体保持积极的关系至关重要。公共关系宣传包括一个旅游服务组织为维持或促进与其他公司和个人的关系而采取的所有活动，对于各种规模的旅游组织来说是一种成本较低和可承受的促销手段，并且具有公众说服力。

三、旅游景区公关宣传策略

旅游景区的公共关系绝不是一项偶然或随机的活动，而是该景区为与游客建立良好的公共关系状态，采取多种具体形式与游客进行持续不断的协调与沟通的过程。公关宣传的优势在于，它能以比旅游广告低得多的成本获得很高的社会关注，并且这样的宣传往往更让旅游者觉得可信。利用公共关系进行推销，常常能收到奇效。旅游景区公共关系实施的具体策略主要包括：

（一）公关广告策略

旅游景区公关广告是通过媒体宣传有关景区的信息，以取得公众对该景区的信任和支持的传播活动。公关广告的目的是建立景区在游客心目中的良好形象和定位，因此又称“形象广告”。旅游景区公关广告通常采用质朴、诚恳的语言和令人信服、亲切的表达方式，赢利的目的性并不显露，所以易为游客所接受。与商业广告相比，社会公众旅游对公关广告的“抗性”相对较小。尽管公关广告的表达方式比较含蓄，但好的公关广告却更能引起游客的关注和参与，对提高景区的知名度大有裨益。

旅游景区公关广告的设计应该在明确宣传目的的基础上进行，景区想在公关广告中解决什么样的问题，树立怎样的景区形象，如何向游客表现景区的承诺等都是广告设计必须考虑的问题。

（二）专题活动策略

旅游景区公共关系专题活动一般以景区的形象、价值观等为目的，可以采用利用事件、特色节庆活动、借用名人出海等方式。

1. 利用事件

利用事件进行公关宣传活动，是近年来国内外流行的一种市场推广手段，它并不等同于一般的新闻策划、新闻炒作，也不能简单地归结为制造事件。景区营销的目的是为了向现实的或潜在的旅游消费者提供景区产品信息，引导消费行为，满足旅游者需求，反馈游客意见。主要表现在塑造目的地的整体形象、提高目的地知名度以及增强旅游综合能力等方面。有旅游开发价值的只能是良性事件，其中主要是经济生活中的良性事件。旅游景区可以借助这些良性的事件进行营销组合，策划相关旅游项目吸引旅游者的关注。

比如1999年在云南昆明举办的世博会，虽然是一个世界性的博览会，在昆明举办之前已经在20多个地方举办过了，但都没有留下什么硬性的旅游资源。可昆明不一样，他们趁势而动，不但提出了“人与自然——迈向二十一世纪”这样响当当的口号，而且，大手笔征地218公顷，建立了一个集古今中外园艺为一体的世博园，从而使一个世博会的召开为云南留下了一笔永久的财富。

旅游景区在利用事件时应注意：

（1）景区事件的主题策划要与景区主题形象相一致

旅游景区在利用事件进行推广的过程中是以旅游景区的主题形象为中心的，从事件的策划、活动的安排，到吸引新闻媒体的传播，都要服从景区主题形象，避免不利于景区主题形象的信息传播开来。

（2）选择恰当的新闻媒介进行宣传

利用事件的主要工作就是利用新闻媒介制造与企业有关的新闻，可以说新闻媒介就是主要的工具。不同的媒介有着不同的优缺点，同时不同的受众群体有不同的信息获取渠道，文化层次高的受众群体偏好于互联网、报纸杂志，而文化层次较低的受众群体则偏好于电视广播。旅游景区在策划事件时，一定要针对事件性质及受众群体特点，选择合适的宣传媒体。

（3）有效控制不良事件的影响

利用事件的风险来自于媒体的不可控制和新闻接受者对新闻的理解程度。事件一旦受到新闻媒介的关注，就会迅速传播出去，同时信息的传播范围不可控制。旅游景区必须注重自身的形象。对于不良事件，特别是旅游危机事件，旅游景区应积极面向公众，扭转不良形象的负面影响。

（4）精心策划促进多元效应

旅游景区在进行事件推广的过程中，可以通过精心策划，围绕事件组织丰富多彩的旅游活动，使旅游者在参与事件的过程中能够得到旅游的乐趣，感到不虚此行。同时，旅游景区在此过程中要注重与活动赞助商的合作，旅游景区可以做出适当的让价，如减免旅游景区的部分门票，吸引更多的旅游者前来参加活动，鼓励活动赞助商举办丰富多彩的活动，促使旅游者在参与活动的过程中消费。

（5）注重事件的长期效应

利用事件推广能迅速为旅游景区带来丰厚的效益，如旅游人数的增多，知名度的提高等，但任何一个具有竞争力的旅游景区，追求的不仅是短期的效益，更要有长远的打算，将事件策划与旅游景区的长远目标结合起来。

2. 特色节庆活动

德国慕尼黑啤酒节、巴西里约热内卢狂欢节、日本札幌冰雪节……这些闻名世界的特色节庆活动与它所在城市的名字紧密联系在了一起。这些城市不仅因这些多彩节目的举办而展现出城市的个性与魅力，声名远播，而且这些特色节庆活动还为所举办的城市带来了丰厚的经济回报。

近年来，国内的不少城市也策划了许多独具特色的节庆活动，为自己城市知名度的提高、相关产业的发展、文化品位的提升起到了强有力的助推作用。例如，曲阜孔子文化节、吴桥杂技节、哈尔滨冰雪节等，这些活动都融入了地方特色；无锡主题公园之所以成功，主要原因之一就是根植于吴越文化，其表演艺术深深扎根于江南的稻作、蚕桑、水利和鱼文化、舟桥文化、居室文化、纺织文化、酒文化及金融文化之中；北京世界公园的艺术表演就移植了世界各地的民族舞蹈，通过精心选编，组合成一系列优秀的观赏性舞蹈表演，深受游客欢迎。

一个旅游景区策划一个大型综合节庆活动，通常需要对全景区各项资源进行充分挖掘与调集，对旅游景区整体进行设计和“打包”，进行宣传和推广。这样，节庆活动往往就起到了激活旅游景区内原有资源、整合推广各类旅游项目的作用。由于节庆活动的综合性和关联性以及主办者“文化搭台、经济唱戏”，的通行做法，也常会给景区发展提供新思路，带来新机遇——利用旅游节庆活动催生新的经营项目和旅游产品，从而促进和带动本地区域经济发展。

3. 借用名人出海

旅游宣传促销要善于捕捉机会和抓准题目，善于借势、造势，以较小的投入获得最大的效果。本地名人故居、诞辰、作品，外地名人的来访、踪迹及以本地为背景内容的名作，具有国内外影响的各类会议、展销、博览、演出、赛事，著名历史事件的纪念日，重大工程的开工、建设和落成典礼，等等，都可用来作为旅游宣传促销活动。大连的服装节，将旅游与商贸相结合，成了这个北方海滨贸易旅游城市总体形象的重要载体；潍坊的风筝节，将民间传统手工艺品、休闲娱乐与旅游宣传、商贸交流相结合，逐步成为该市旅游总体形象的主体；珠海的国际航空节和赛车展示，将航空表演、汽车赛事和展示与旅游相结合，丰富了该市现代化国际滨海旅游城市的形象。

2003 年 10 月初，陕西华山风景区通过与相关部门策划了一次非常有特色的活动，邀请著名作家金庸先生来华山“论剑”，吸引了众多“金庸迷”。在主办方的策划下，金庸连闯“美女关”、“美酒关”和“围棋关”，论坛的内容围绕着金庸作品与华山有关的情节展开，穿越文学、影视与实景的真幻时空，穿越作品、作者、读者的主、客体时空，阐述华山文化的丰富内涵。这次活动吸引了海内外众多媒体的关注，对于传播华山景区的形象起到了巨大的推动作用。

（三）媒介事件策略

媒体事件又称“制造新闻”，是指旅游景区为了吸引新闻媒介的报道并扩散自己所希望传播的信息而专门策划的活动。新闻媒介是社会信息流通的“把关人”，他们将决定社会信息的流向和流量，确定公众舆论的中心议题，能够增强景区的社会影响力。通过制造媒体事件，可以使景区的有关信息拥有更多的传播机会，形成对景区有利的舆论环境。旅游景区在采用媒体事件这一公关手段时必须遵循诚信原则，任何弄虚作假的手段只会令景区的形象和信誉大打折扣。

2001 年“武汉野生动物园”展开一场轰轰烈烈的“维权保卫战”，战斗的一方就是大名鼎鼎的奔驰公司。起因是在“五修”豪华奔驰不能正常使用的情况下，面对奔驰的技术解释和比“长征”还长的诉讼历程，“武野”举起了铁锤，十几部摄像机在武汉动物园拍摄了砸车行动。在这整个事件过程中，“武野”很巧妙地利用了媒体传播功能为自己造势，有众多媒体参与了报道活动，甚至连德国本土媒体也参与了报道。

本章小结

旅游景区作为旅游业的重要组成部分，能够满足旅游者游览的需要。旅游景区作为一个开放性的服务组织，每天要和众多的游客打交道，同时，旅游景区的发展也离不开相关部门的支持。本章从分析旅游景区公共关系的特点、任务出发，重点分析了旅游景区与游客、相关部门之间关系的协调以及旅游景区进行公关宣传的策略。

复习与思考

1. 旅游景区公共关系有哪些特点？
2. 旅游景区开展公共关系活动的任务是什么？
3. 旅游景区如何协调与游客、相关部门之间的关系？
4. 开展旅游景区公共关系宣传应遵循哪些原则？
5. 旅游景区进行公关宣传的策略有哪些？

案例分析

韩国旅游业借影视剧“起死回生”

自1998年亚洲金融危机以后，韩国旅游业一直沉迷低谷，旅游收入连续5年呈下滑趋势。然而，此时的韩国影视剧却在政府的大力扶植之下大举进攻亚洲、美洲影视剧市场。尤其在中国，因为韩中文化的血源性，中国人对韩国影视有着很大的认同感，从而对影视中所体现出的饮食、服饰等文化产生认同感，形成对韩国的关注。

去韩国吧！那里有拍摄《冬季恋歌》的小岛，有美丽的景色，有浪漫的爱情，有青春悸动的痕迹，有美好热烈的纯真！去韩国吧！那里有精美的食物，有华美的宫廷，有坚强的人格，有各种传统的完美留存！不想去体验一下吗？当然要去！

有了这些强烈的诱因，于是去韩国旅游就成了一种必然。据韩国观光公社调查显示，2004年来自日本以及中国大陆和中国台湾的游客中，有27.1%（约71万人次）是直接或间接受到韩国影视剧的影响来韩旅游的。这些“韩流游客”共为韩国带来了7.8亿美元的外汇收入。电视剧《大长今》热播后，位于首尔以北的扬州MBC文化院，作为其主要拍摄地，被韩国旅游发展局挂起“MBC大长今村”的招牌，包装成旅游观光点。从2004年10月开放截止到2005年12月初，光顾的游客已达30万人左右。（资料来源：舒伯阳．实用旅游营销学教程［M］．武汉：华中科技大学出版社，2008）

【案例思考】

1. 韩国旅游业成功的原因在哪儿？
2. 从案例中分析公关宣传对旅游景区有什么样的作用？

第十二章　旅游交通公共关系

旅游业是伴随着旅游交通的发展而发展起来的，没有便利的旅游交通就没有真正的旅游业。随着旅游业的发展，人们对旅游交通的要求越来越高，公关工作任务相当繁重。本章从旅游交通的特点出发，探讨了旅游交通公关的含义与职能，并阐述了旅游交通部门应该如何与相关公众协调好关系。

第一节　旅游交通的构成与特点

一、旅游交通的构成

旅游产业是以交通为纽带的，没有方便的旅游交通就没有真正的旅游业。旅游交通，就是指旅游者为了到达旅游目的地所要实现的空间位置的转移。从狭义的角度讲，旅游交通部门只包括专门为旅游者提供服务的交通企业，如旅游汽车公司、旅游游船公司等；从广义上讲，旅游交通则包括为旅游者提供服务的航空公司、铁路部门、公路和水运部门等。可见，旅游交通部门的构成比较复杂，涉及的范围也比较广泛，这就需要运用公共关系的手段来加强彼此之间的联系，密切配合，相互合作，共同创造一个竞争有序、和谐友好的交通运输环境，为旅游者提供高效、快捷、优质的旅游交通服务，以促进行业的健康发展。

二、旅游交通在旅游业中的重要性

（一）旅游交通是旅游业产生和发展的前提

在旅游业发展的历史过程中，交通的发展进程一直影响着旅游业的发展。19 世纪初，火车、轮船等现代交通工具的发明，直接促进了现代旅游业的产生。第二次世界大战以后，飞机逐渐从军用转为民用，尤其是大型宽体客机的普遍使用，缩短了世界的空间距离，使很多游客节省了旅行时间和费用，推动了大众旅游时代的到来。旅游交通是旅游业产生和发展的先决条件，方便的旅游交通使游客外出旅游更加容易。

（二）旅游交通促进了旅游地的快速发展

旅游地的发展，必须有对旅游者极大吸引力的旅游资源，旅游地的可进入性决定一个地方旅游业的发展程度。交通越发达，可进入性就越高，越能促进当地旅游资源的开发利用。一个地区拥有便利的旅游交通，才能吸引更多的旅游者前来参观游览。

（三）旅游交通是旅游经济收入的重要来源

旅游交通收入与来自住宿业、餐饮业、旅行社业、旅游商品业的收入一样，是旅游业收入的重要源泉之一。在旅游交通方面的花费，是旅游者整个旅游活动中各种花费的重要组成部分。旅游交通费的多少，与旅游者旅行距离的长短以及所选择的交通工具类型有关。旅游交通是旅游者在旅游过程中使用最频繁的服务，因而交通费用的收入在旅游业总收入中占有相当大的比重。随着旅游者可自由支配收入的增加和可自由支配时间的增多，再加上旅游人次数是增长趋势，旅游交通收入在旅游经济中的地位是显而易见的。

三、旅游交通的特点

旅游交通业作为一个相对独立的产业有其自身的特点，作为一个交叉性产业，它还具有国民经济交通运输业的特征。简单来讲，旅游交通业具有如下特点：

（一）游览性

游览性是旅游交通区别于普通交通运输的最明显的特征。这一特性无论是在交通路线设置，还是在交通设施上都表现了出来。首先，旅游交通一般只在旅游客源地与目的地间进行直达运输，在若干旅游目的地之间进行环状运输，使旅游者迅速到达，便于游览，使一次旅行能到达尽量多的旅游景点。其次，在旅游交通的设施方面，旅游交通工具一般都装饰豪华，车窗宽大而明亮，便于人们领略沿途风光。现在一些城市之间开设的旅游直达列车，有的是豪华双层车，方便了旅游热点城市间的游客，很好地体现了旅游交通的旅游性特点。最后，某些特殊形式的旅游交通本身就是游览工具，如羊皮筏、游船、渡船、索道、缆车、轿子、滑竿、马匹、骆驼等。因其本身具有民族特色和地方风格，这些特殊的旅游交通工具既方便了旅游者，又能满足人们求知、求乐、求异、求奇的心理，对旅游者有很大的吸引力。

（二）季节性

由于旅游本身具有较强的季节性，使得旅游交通具有季节性变化的特点。人们的旅游活动受季节、天气及休假时间的影响。另外，旅游交通服务是一个过程，生产和消费同步进行，不可贮存。运输力量在一定的时期内是一个定值。当旅游旺季到来时，游客人数的变动必然导致旅游交通在运力方面的紧张，相反旅游淡季时运力还会过剩。对此，旅游交通部门往往利用票价浮动的杠杆来调节旅游需求，如民航部门在旅游淡季对机票进行打折；铁路、公路和水运门在旅游旺季提高票价调节客流。

（三）舒适性

旅游交通更强调舒适性。不管是飞机还是车、船，在车厢设施、服务质量、服务项目等方面，都追求舒适性。旅游交通工具如飞机、火车、汽车等，往往带有空调、音像设备、角度可调的高靠背椅等，这样游客在乘坐时能使身体得到休息，精神得以放松。这些完备的旅游交通设施可以为游客提供更舒适的旅游服务，使旅游者在完成旅游活动的同时，可以得到更好的休息环境。

（四）区域性

旅游交通本身具有一定的区域性。旅游交通线路根据旅游客流的因素，集中分布在旅游客源地与目的地以及旅游目的地内各旅游集散地之间，具有明显的区域特征。旅游交通从其运送游客的区域空间及人们的旅游过程来看，可以分为大、中、小三个范围。大范围的旅游交通，指的是从旅游客源地到旅游目的地所依托的中心城市之间的交通，它的地域空间主要是跨国或跨省，交通方式主要是航空、铁路和高速公路；中范围的旅游交通，是指从旅游中心城市到旅游景点之间的交通，它的交通方式主要是铁路、公路和水路交通；小范围的旅游交通，是指风景区内部连接各景点之间的旅游交通，其交通方式主要是徒步或滑竿等。

第二节　旅游交通公关的含义与职能

一、旅游交通公共关系的含义

旅游交通公共关系，是指运用公共关系的手段，帮助旅游交通部门树立良好的组织形象，同时协调好与行业内部公众及外部公众之间的关系，为组织营造一个良好的生存和发展环境。交通是旅游业的三大支柱之一，旅游交通公共关系是旅游公共关系的重要组成部分。

二、旅游交通公共关系的特点

旅游交通的特点决定了旅游交通公共关系的特点，旅游交通是交通运输的组成部分。一般来讲，旅游者要先借助公共交通到达旅游目的地，然后再乘坐旅游汽车、轮船公司提供的交通工具抵达旅游景区。因此，各地区之间，同一地区不同交通企业之间就有了互相合作的基础。

（一）协作性

旅游交通公共关系的协作性是由现代旅游交通业自身的特点和旅游产业的特点决定的。现代旅游交通业是由水上、铁路、公路、航空运输等不同旅游交通方式和企业组成的有机的整体。旅游者从出发地至目的地，往往需要利用几种运输方式（几个运输企业）的交通工具，由它们共同承担接力运输，才能完成全部位移。所以，旅游交通公共关系具有协作性。

首先，横向协作。立足于沟通各有关交通运输方式之间的协调和配合，挖掘潜力，提高效率，简化手续，方便乘坐，以获得良好的经济与社会效益。

其次，纵向协作。旅游交通作为旅游业的六大要素之一，必然要与其他五大要素在数量比例和规格档次上保持一致。所以，旅游交通公共关系的协作性又表现为旅游交通部门要与饭店、旅行社等旅游业的其他部门更好地合作，加强相互间的信息沟通与交流，赢得他们的支持与配合，一起做好目的地整体形象的宣传和促销工作。

（二）营利性

旅游交通部门是营利性组织，这就决定了旅游交通公共关系的营利性。旅游交通公共关系作为旅游交通企业管理的职能之一，必须和其他职能一起，为提高旅游交通企业或组织的经济效益服务。

首先，旅游交通公共关系要配合市场营销的工作，在市场营销的各个环节，如市场调查、市场研究、产品设计、定价与分销、促销上辅之以一系列公共关系活动，以保证从整体上满足公众（游客和中间商）的需求。

其次，旅游交通公共关系要增强与市场、顾客、中间商的沟通，与之建立良好关系，从而达到长期吸引并保持住顾客和中间商的目的，如在向购买旅游交通产品的中间商（旅行社）促销时，可运用公共关系强化与其的朋友关系，淡化买卖关系，变理性推销为情感推销。

（三）全员公关

旅游交通部门的服务性及本身的运营特点决定了旅游交通部门具有全员公关的特点。交通行业是服务性行业，其产品的生产与消费同时进行。旅游交通企业的一线员工作为直接与顾客接触的生产者，最有条件获得与顾客建立良好关系的途径，且交通行业本身具有的运营特点，即地理上分布的广泛性，点多线长，使旅游交通企业的员工经常要单车作业，其工作贯穿于整个旅游活动的始终。每一名员工、每一辆运营车都可以成为公关主体或广告载体。所以，员工的个人形象就代表着旅游交通企业，乃至整个旅游目的地的形象。因此，旅游交通企业全体员工必须树立强烈的全员公关的意识，要认识到公共关系工作并不是少数专职公关人员和少数服务窗口的事，要在自己的岗位上，创造优质的服务，以建立企业良好的顾客关系。

三、旅游交通公共关系的职能

（一）树立良好的旅游交通组织形象

旅游交通部门是一个窗口，通过它能够使旅游者了解到一个企业、一个城市甚至一个国家的风貌，其服务质量的好坏是影响旅游者旅游活动感受的重要因素。旅游交通组织的形象是一面镜子，它能够折射出内部员工的整体素质和企业的管理水平。如何塑造良好的组织形象，这是公关部门每天要思考的问题。

（二）建立通畅的旅游交通信息网络

随着现代高科技的发展，信息传输的工具多样，因此建立畅通的交通信息网络是时代发展的要求。当然，建立现代化的信息传输网络是交通业务部门的职责，但公关部门应充分利用信息沟通，联结旅行社、景区、内部各部门之间的关系，及时收集反馈信息，使各运输企业充分协作，各运输工具之间协调配合，同时还应该充分利用大众传媒，及时准确地把各种旅游交通信息提供给报纸、广播、电视等，通过它们传递给用户。

(三) 对旅游的社会环境进行监测与预测

交通运输的好坏受社会环境的制约和影响，特别是由于旅游活动具有空间的集中性、时间的季节性与旅游需求的波动性等特点，使得旅游交通运营环境变化性强。旅游交通公共关系必须不断地监测旅游社会环境的变化、游客密集程度的变化、重大活动的变化、季节的变化、公众旅游兴趣的变化和有关的政策、法令的变化等。同时，要对监测结果进行分析，并预测其发展趋势。只有这样，才能适应随时变化的社会环境，不致出现混乱与脱节，才能搞好旅游交通组织的工作。

(四) 对员工的思想教育和业务培训

树立员工全心全意为旅客服务的思想，树立整个企业或组织内全员公关的思想，并培训员工，使其具有熟练的业务服务技能，做到语言文明、行为礼貌，养成及时为旅客排忧解难的习惯。

(五) 应对突发事件，进行危机公关

安全是旅客对旅游交通最基本的心理需求，但是由于各种因素的影响，交通事故还是无法完全避免的。在旅游交通组织从事公关工作，预防和处理交通事故是其主要任务之一。

一是旅游交通公关组织要制订处理不同类型交通事故危机事件的预警方案，有预则立，不预则废。对制订的预警方案要进行宣传教育，必要时进行演习，增强全体员工预防交通事故的意识。

二是当发生交通事故危机时，公共关系部门要启动危机预警方案，制定相应的对策，及时与上级组织、交警进行沟通，安抚游客，赢得公众理解与支持，使已经发生的危机损失和不良影响降到最低。

第三节 与公众关系的协调

旅游交通组织的公众按与组织的关系可分为内部公众和外部公众，协调好旅游交通组织与内部公众和外部公众的关系，对组织的生存与发展具有重要意义。

一、旅游交通组织与内部公众的关系及协调

旅游交通组织的内部公众主要指各个旅游交通企业的同业公众和各旅游交通企业的员工公众。本节主要讨论旅游交通内部的同业公众关系。

旅游交通同业公众的内部公共关系主要涉及各种旅游交通运输方式之间、同种运输方式的旅游交通组织之间的关系。明确地说，即航空运输、铁路运输、公路运输、水路运输之间的横向、纵向的合作与竞争关系。只有发挥各个交通组织公共关系的职能，处理好同业间的合作与竞争关系，整个旅游交通业才会建立起一个有序的、健康的、发展的内部环境。

（一）协调好同业合作关系

旅游交通内部合作关系是客观要求的，特别是铁路、航空交通运输工具很难独自完成把旅客从出发地输送到旅游目的地。旅游的交通运输是分段式的，不同的运输方式和运输单位有机结合，构成了一个为完成运送旅客共同目标而又相互联系的系统。在这个系统里，只要大家密切合作，接力运输，就能共同完成旅客运输任务。如果相互掣肘，恶意竞争，不仅损害外部公众的利益，而且损害内部公众的利益。

协调分为三个层次：

一是中央级协调。主要从战略的高度调整交通运输产业结构，合理配置交通资源。

二是国务院部委协调。公路系统、铁路系统、空运系统、水运系统在体制、政策、价格方面以及各系统之间出现矛盾时进行协调。

三是企业之间协调。旅游交通联合运输，是两种或两种以上的运输方式或同一运输方式的几个运输企业，遵照统一的规章或协议联合运送旅游者。这是在旅游者的旅行游览中广泛应用的高级运输方式，把旅客自理的接力运输改为由有关交通运输企业来组织全程运输，把原来需要旅客到中转站逐段、分程自理购票和托运行李的办法，改为由交通企业单位为旅客在起点站一次购票和托运行李，不管要经过几程运输、几个中转环节，均能一票贯通全程。这些参加旅游交通联合运输的企业，由于它们的隶属关系、经营方式、运输规章制度、组织方法、运送条件、运价费率、技术装备等各不相同，因此要协调、处理好上述诸方面关系的衔接，就需发挥各企业公共关系的职能，做好协调与衔接工作。

（二）协调好同业竞争关系

市场经济环境里，旅游交通行业要实现自己的利润，各运输系统之间的竞争也是必然的。没有客源，企业就无效益可言，企业的生存就成问题。所以，旅游交通不同系统之间、同一系统不同企业之间，会使出浑身解数，争取市场的占有率，甚至不惜削价竞争吸引客源。

如何协调好旅游交通同业之间的竞争关系呢？

一是通过政府价格政策调控，避免“价格大战”。“价格大战”是一种恶意竞争，其结果不仅损害了整个旅游交通行业的利益，使行业利润率降低，而且价格下降导致的服务项目的减少、服务质量的下降，也使旅游者的利益遭受损失。

二是更新竞争观念。竞争不是“价格大战”，也不是不择手段的招揽客源，更不是以挤垮对方来发展自己，而是通过提高服务质量，通过降低费用成本、灵活的销售方式、提高旅客的获益程度、交通工具的改善、企业的良好形象等，赢得旅客信赖，提高市场占有率。

三是充分发挥旅游交通行业协会作用，内部加强沟通协调，如经常开会交流情况，制定行业规范，协调组织之间的矛盾，提供交通信息，合理调配市场资源等。

二、旅游交通组织外部公众关系的沟通协调

旅游交通的外部公众关系主要包括：旅客、旅行社、饭店、旅游景区、政府旅游

管理部门、大众传播媒介等。这些公众是旅游交通运输生存和发展的主要社会环境，旅游交通组织外部公共关系就是搞好与这些社会环境要素之间的关系。

（一）与旅客关系的协调

旅客是旅游交通部门最直接、最重要的外部公众。旅游交通作为服务性组织，其服务质量的好坏最终是由旅客来评价的，在竞争日益激烈的今天，旅客的满意度如何，能否产生良好的口碑效应，将最终决定着旅游交通部门的生存发展。

处理旅游交通组织与旅客的关系应从以下三个方面入手：

一是旅游交通组织必须在旅客中建立良好形象。交通产品是服务产品，而这种产品是不可储备的，所以，旅游交通组织的客源受时间限制，失去了某一时间客源，意味着某一时间的商业运输没有效益。因此，客源是旅游交通组织具有直接利害关系的公众，是必须搞好关系的首要公众。公关人员必须提高旅游交通组织服务质量，在公众中树立良好形象，巩固老客户，发展新客户。

二是旅游交通组织必须自觉维护旅客的合法权利。旅游交通市场早已从卖方市场转入买方市场，旅客在转移时不仅要求交通工具快捷、安全、舒适的服务，而且要求自己的合法权利应得到保障，如安全的权利、知晓的权利、赔偿的权利等。交通组织在旅客购票时必须明确告知旅客的合法权利，并保证认真地履行这些权利，从深层次上提高旅游交通的服务质量。

三是旅游交通组织应该培养旅客正确的消费意识。旅游交通服务中的矛盾与纠纷是经常发生的，如突降暴雨造成道路塌方等不可抗拒的外力因素而影响旅游交通的正常运营，交通工具中途损坏而造成不能按时到达目的地等情况，都会导致旅客的抱怨与不满。旅游交通组织一方面要引导旅客建立正确的消费意识，在相互信赖、相互理解的基础上解决问题；另一方面要为自己的失误或错误向旅客道歉，对给旅客造成的损失给予适当的补偿，在理解和补偿中取得双方都满意的结果。

（二）与旅行社、饭店、景区关系的协调

旅游是一个综合性产业，它以旅行社为龙头，将食、住、行、游、购、娱组合成一个完整的旅游产品。因此，旅游交通与旅行社、景点、宾馆、餐饮、购物、娱乐密切相连，只有搞好了与旅行社、饭店、旅游景区景点的公共关系，才能保证旅游交通企业的客源，实现企业经济利益。

1. 与旅行社关系的协调

旅行社是交通部门的重要合作伙伴。旅行社每年向交通部门输送大量的客源，是交通部门的重要客户，特别是对于一些发往旅游地区的车次，更加依赖旅行社为其输送的团队客人。相对而言，旅行社在对旅行者的行为、偏好等信息的了解、反馈方面有较强的优势，尤其是在旅游地选择和行程安排上，旅行社能够对旅游者形成一定的影响，而这些正是交通部门所缺乏的。因此，交通部门的公关活动重点是旅行社。那么，如何来协调与旅行社的关系呢？

一是为旅行社提供优惠服务价格。因为旅行社是大批量采购票据，又是交通组织的固定客户，给他们提供优惠价格，可以使旅行社在低成本基础上组织更多的客源。

这些优惠举措，不仅可以为交通企业争取到客源，同时也为旅行社组织旅行团降低了成本，游客也得到了实惠。

二是把自己的一些业务交给旅行社经营。如让旅行社代售票务，不仅使旅行社能够方便、快捷地为旅客购买到飞机票、火车票、汽车票和船票，而且也使交通业拓宽争取旅客的渠道，增加了收入。

三是信息互通。交通行业要经常向旅行社提供交通信息，如航班、车次变更情况，推出新的交通工具情况等，还要积极地为旅行社解决交通方面的问题。同时，旅行社要向旅客宣传介绍旅游交通信息，解答旅游交通方面的问题，协助处理交通事故，反馈游客对旅游交通的意见和建议。

2. 与饭店、景区关系的协调

尽管旅客是通过旅行社组织，但旅客的最终旅游目的地是景点，游客在游览景点的同时，享受住宿、餐饮等服务。因此，如果没有旅游景点、酒店住宿，也就没有交通的客源；而交通又制约旅游，没有方便的旅游交通就没有真正的旅游业。因此，二者相辅相成、共生共存，公关活动也是相互的。

（三）与新闻媒体关系的协调

旅游交通部门作为重要的服务性行业，其发展必然要受到舆论的关注，公关部门应该主动与媒体搞好关系，使其成为宣传自身形象的途径。

1. 撰写新闻稿件，介绍本部门最新的发展动态

随着我国经济的飞速发展，国家对交通业的投资力度不断加大，旅游交通也在实现跳跃式的前进。在这个过程中，会出现许多新情况、新问题，需要旅游交通部门不断总结并通报给广大公众，让他们及时了解交通部门的最新发展成就和新的动态、政策。如公布关于火车提速、民航重组、票价调整等涉及社会公众生活的相关信息。

2. 通过新闻媒体了解公众对交通部门的意见

旅游交通部门出台的政策是面向广大公众的，能否为他们所理解和支持，直接关系到这些政策的执行效果，因此，倾听公众的意见，了解他们的态度是十分重要的。新闻媒体会起到桥梁的作用，通过它们能够及时了解公众的反映，为今后制定相关的政策提供依据。

本章小结

旅游交通公共关系是旅游业公共关系的重要组成部分。交通制约旅游，已经成为困扰当今国际旅游界的一大难题。在国内，长期以来交通运输就是国民经济的薄弱环节，而旅游交通设施的要求远比一般交通运输要高。虽然近年来交通状况已有很大改善，但仍然是制约旅游业发展的“瓶颈”。全面考察旅游交通业的公共关系工作，认清其在旅游业公共关系中的地位和作用，具有重要意义。

复习与思考

1. 旅游交通的构成有哪些？
2. 旅游交通公共关系的含义与特点有哪些？
3. 旅游交通公共关系的职能是什么？
4. 怎样协调旅游交通业与其内部公众之间的关系？
5. 怎样协调旅游交通业与其外部公众之间的关系？

案例分析

鹿城区风景旅游管理局妥善处理旅游交通事故受称赞

2010年8月5日下午，温州国旅旅游有限公司负责人把一面印有“为企业排忧解难 做人民满意公仆”的锦旗送给鹿城区风景旅游管理局，以感谢在“7.16”上三高速绍兴段旅游大巴侧翻事故发生后所做的快速协调工作，使得事故的善后工作得以圆满解决。

鹿城区风景旅游管理局坚持以发展和谐旅游为目标，扎实做好旅游安全各项工作，积极维护企业与游客的合法权益。在“7.16”事故善后处理工作的整个过程中，鹿城区风景旅游管理局始终做到高度重视，协调到位，工作细致，受到当事旅行社与遇难者家属的一致赞扬。

一是预案完善，行动迅速。“7.16”事故发生后，鹿城区委、区政府高度重视，成立了事故协调小组，由区风景旅游管理局具体负责。区风景旅游管理局迅速启动应急预案，派专人赶赴事故现场处理工作，并前往遇难家庭进行安抚，联络当事旅行社了解情况，督促做好事故善后各项工作。

二是协调到位，关怀到心。事故发生后，局工作人员感同身受地全程陪同遇难家属与旅行社，协调双方在事故处理上存在的分歧，使双方在心理上得到安慰，情感上得到释放。

三是耐心细致，妥善解决。调解起初，也有个别家属情绪激动，反应激烈，妨碍旅行社正常营业，造成不良影响。区风景旅游管理局及时前往调解，做好双方的协调工作。经过多次协调会议，最终达成一致，使事件得到妥善解决。

同时，区风景旅游管理局要求各旅游企业总结教训，分析原因，进一步增强旅游安全意识，落实工作责任，全力做好各项旅游安全工作。（资料来源：浙江省旅游信息中心，2010年8月5日）

【案例思考】

1. 开展旅游交通公共关系有什么重要意义？
2. 发生交通事故后，如何进行危机公关？如何利用媒体客观报道？

第十三章　旅游危机的公共关系处理

第一节　旅游危机的概述

一、旅游危机事件的含义

旅游危机事件是指突然发生的、严重损害旅游组织形象，甚至危及游客生命及财产安全，给旅游组织带来严重后果的重大事件和工作事故。例如，自然发生的恶性事故、人为造成的工作事故、不利的社会舆论、公众的指责批评与对抗行为等都属于公关旅游危机事件。这些危机事件会使旅游组织陷入巨大的舆论压力之中，严重阻碍旅游组织的生存和发展，甚至给整个旅游业带来严重的恶性影响，造成旅游市场一蹶不振。

二、旅游危机的特征

旅游危机产生的原因多种多样，影响范围和持续时间长短不同，但旅游危机也有一些共同特征，掌握旅游危机的特征可以使我们更好地掌握规律和应对旅游危机。

（一）突发性

旅游业是一种敏感度很高的产业，自然、经济、社会环境出现的“非常态状”都可能成为引发旅游危机的诱因。因此，旅游危机往往是在人们意想不到、没有做好充分准备的情况下突然爆发的。相对于常态的发展状况而言，旅游业危机是一种超出常规的突发性事件，表现为在短时间内给旅游业及相关行业造成措手不及的一系列的、连锁性的破坏，甚至使它们陷入混乱、跌入低谷。

（二）危害性

旅游业危机的危害性主要是指危机的发生会在短时间内对旅游业造成致命的打击。同时，由于旅游产业关联度很高，涉及食、住、行、游、购、娱等许多产业，因此旅游危机往往会对社会经济带来很大的影响。也正因为此，旅游业危机具有波及效应，常常会引发其他不同类型的危机，导致该危机的危害性被进一步放大和延续。

（三）紧迫性

当旅游业危机真正爆发以后，会以非常惊人或出人意料的速度发展和演变，并引发一系列的后续问题。如旅游企业生存环境的明显恶化、虚假信息的广泛传播以及公众人心浮动，常常会导致受到冲击的各个旅游企业面临反应时间有限的突出问题。在此状况下，决策者如果无法在巨大的压力下用尽可能短的时间做出最终的决策，不仅会使解决危机的最佳机会稍纵即逝，而且将导致一系列在短时间内难以彻底根除的消极影响。它要求旅游组织在第一时间里迅速应对、决策和化解。

（四）双重性

危机集“危险”与“契机”于一体，旅游危机的双重性表现为危险与契机并存。危机在对旅游业造成各种直接或间接的消极影响的同时也蕴含着前所未有的发展机遇，但如果处置得当，往往有“来得快”和“恢复快”的双重性。因此，当危机爆发时，组织要看到不利的方面，更应高瞻远瞩，充分认识到在这种困难局势之中所包含着的发展机遇，把握机会，在逆境中取得突破，在危险中求得生机，变坏事为好事，化危险为机遇。

（五）警示性

公关危机事件对组织具有某种警示作用，可提醒旅游组织居安思危、行事缜密，尽量避免发生危机；一旦发生危机，则应尽量减少危机造成的损害。

由于危机事件的以上特点，使公关危机处理工作意义重大、任务艰巨、备受重视，极富挑战性。

三、旅游危机的类型

（一）不可抗力突发事故

不可抗力突发事件指不可抗拒的自然灾害或其他特殊原因造成的重大伤亡事故，如飞机失事、火车脱轨、食物中毒、火灾、泥石流等。

（二）行为不当事件

行为不当事件指由于旅游组织管理失误、行为不当、与公众疏于沟通等人为原因造成服务或产品质量的信誉危机以及给公众利益造成了损害、危及旅游组织形象和存亡的事件。如旅游服务质量低下、未兑现服务承诺等，使旅游者的利益受到损害，甚至危及生命财产安全，从而导致公众反感，使旅游组织及旅游企业的信誉、形象恶化等。

（三）媒介传播危机

媒介传播危机，一种是新闻媒介的报道内容准确无误，但对旅游组织产生了非常不利的影确，使组织处于被动的地位；另一种是新闻媒介的报道不准确甚至是完全歪曲事实，对旅游组织造成了十分不利的影响甚至是毁灭性的打击。

（四）谣言中伤危机

语言中伤危机指无足轻重的小事被故意夸大，甚至是无中生有的恶性攻击，足以给旅游组织造成致命的打击。

（五）恶性竞争危机

恶性竞争危机指旅游组织受到外部其他组织或个人的不正当竞争，如假冒伪劣、坑蒙诈骗、恶意宣传等，使旅游组织面临严重的信用危机或经营危机，从而发展成旅游危机的事件。

（六）政治法律危机

这是指由于国家的政治体制、政府态度、法律法规以及国际关系、外交政策等的变化，对旅游组织的发展造成不利的，甚至构成潜在威胁的事件。国际贸易战是旅游组织面临的主要政治法律危机。

四、旅游危机的影响

旅游危机对旅游业的影响主要表现为对旅游者的影响、对旅游企业的影响、对旅游产业的影响和对旅游目的地的影响。

（一）旅游业危机对旅游者的影响

旅游者作为旅游活动的主体，对旅游危机的反应最为敏感，最为直接。旅游危机对旅游者的影响主要表现为旅游需求的下降和旅游信心的损害。由于危机可能会影响正常的生活，使旅游者会对旅游目的地作为一个具有吸引力、安全的旅游地失去信心，导致旅游者改变旅游行为，如停止或推迟旅游活动、寻求替代性旅游等。然而，这种影响具有短期性和可逆性，在旅游危机结束后，会较快地恢复到常态，甚至会出现新的旅游机遇。

（二）旅游业危机对旅游企业的影响

旅游企业是旅游产品和旅游服务的提供者。旅游危机对旅游企业的影响主要表现为旅游企业由于旅游者减少而出现营业停顿或下降，旅游设施和供给能力大量闲置，使旅游企业面临较大的经营困难。由于旅游生产和消费的同一性，旅游产品的不可储存性及旅游设施的难以转换性，旅游企业有相当大的经营风险，如果旅游危机持续较长时间并且没有政策扶持，旅游企业将面临生存危机。

（三）旅游业危机对旅游产业的影响。

旅游业是一个关联度很强的产业。旅游业危机不仅直接造成旅游市场的严重下滑，也会波及影响到相关行业和产业的经济效益和社会效益，影响到旅游产业在一个时期内的持续稳定健康发展。

（四）旅游业危机对城市（旅游目的地）的影响

旅游地发生旅游危机会使目的地形象或声誉受到负面影响，导致旅游吸引力和旅游人数下降、竞争力削弱，并在一定程度上影响到旅游目的地经济社会生活等各个方面。如果危机处置得不当，将对旅游目的地产生长远的负面影响。

第二节　旅游危机的预防

一、旅游危机发生的原因

旅游公关危机产生的时间、地点难以预料，涉及的范围有大有小，产生的原因也不尽相同。

（一）内部原因

一般说来，旅游组织内部的因素是可以控制的，但是，由于决策、管理、公关等方面的失误，仍可导致危机的发生。

1．管理不善

组织过度地追求经济利益而置公众利益、社会利益于不顾，因而可能造成宾馆、酒楼发生食物中毒，游乐设施毁坏、旅游缆车坠落等事故。该类危机事件完全是组织的责任，最易激起公愤，受到公众和社会舆论的强烈抨击，从而严重损害组织形象。

2．决策失误

一旦旅游组织行为短期化、急功近利以及对纷繁复杂的现实环境认识不清，会使组织的总体目标、公共关系目标与内部的现实条件和外部的客观环境严重脱节，势必会使组织受挫、出现危机。如1996年一哄而上的人造景观热，由于市场定位不当，重复建设等诸多决策的失误，致使有的景点经营举步维艰、倒闭破产，造成人、财、物的重大浪费。

3．疏于沟通

由于旅游组织忽视与公众之间的信息交流，以使取得公众谅解与支持为目的的信息发布不及时，缺乏针对性等，从而导致公众对旅游组织的误会和隔阂，出现对组织不利的社会舆论。

（二）旅游公共关系危机发生的外部原因

旅游业一方面显示出强大的生命力，另一方面又有其脆弱性。自然灾害、政治事件和经济形势变化等，都可导致旅游危机事件发生。

1．自然灾害

自然灾害包括地震、洪灾、火灾、疫病流行等，这是人们难以预料的，一旦发生，对旅游业的影响极大。如1985年墨西哥大地震后，有50%的旅游业务被取消，导致墨西哥在太平洋沿岸的五个主要游览地的客房使用率下降到5%～13%，加勒比海沿岸的两个主要游览地的客房使用率下降到20%。

2．社会政治事件

社会政治事件包括国家的政策变化、战争爆发、社会动乱以及劫机、绑架、劫船等恐怖事件，严重危及旅游组织的经营活动，给一个国家和地区的旅游业造成巨大的损失，带来严重的危机。如1985年6月，环球航空公司发生劫机事件后，1400万美国人当即取消了出国旅行计划。

3．经济形势

经济形势包括本国经济发展状况、区域性经济发展状况和世界经济发展状况等，它们对国际旅游业的发展影响很大。1997 年 5 月泰国发生的金融危机，波及整个东南亚，各国、各地区货币纷纷大幅度贬值，对旅游业产生了较大冲击。

4．人为破坏

人为破坏包括某些社会组织或个人采用不正当竞争手段，如造谣、诽谤，也可能是不法分子对旅游组织的破坏或发生于旅游组织内的破坏案件等。

二、旅游危机发展的过程

旅游公关危机发生的过程大致可分为四个阶段，而这四个阶段也是公共关系危机处理的过程。

1．危机初期

危机初期各种消息模糊不清，谣言四起，造成社会公众对企业的误解、偏见，甚至敌视。而在这一阶段，旅游组织公共关系人员还没有具体进行危机处理工作，缺乏对危机的预见，往往因麻痹、轻视而最终铸成大错。

2．危机稳定期

进入这一阶段，危机发展已经明朗化，旅游组织也已经开始了行动，公共关系人员已经认识到危机的危害性，并将相关资料分发给新闻媒介，危机的真相基本上公之于众，谣言被驳斥，社会舆论有所转变。

3．危机抢救期

该阶段是危机发展的顶峰阶段，也是旅游公共关系人员采取措施进行补救的关键阶段。此时，应设有专门的"信息发布中心"，本着"公开事实真相"的原则，配合危机抢救的具体措施，及时将危机抢救工作的最新消息传播给新闻媒介和社会公众，以避免新闻媒介和社会公众产生猜疑。

4．危机末期

这一阶段，危机抢救工作即将结束，旅游组织管理层和公共关系人员还需要妥善处理危机后事和安抚人心。同时，公共关系人员还应调查危机发生的原因，写出详细的调查报告，并提出防止危机重演的计划与具体措施，制定危机预警机制。

三、旅游危机的预防

旅游公共关系危机的预防主要从以下几个方面入手：

（一）分析预测危机事件

对于旅游组织来讲，危机的出现虽然不规则，但也有规律可循，需要进行分析预测。其主要包括以下几个方面：

首先，根据组织的性质做出预测，弄清楚本组织的性质，列出这类组织可能发生的各类危机事故；其次，从组织的历史中做出预测，找出本组织历史上曾发生过什么危机，以避免历史的重演；再次，从同行教训中做出预测，找出同行或类似组织曾发生的危机，分析该类型危机会对组织造成的损害程度；最后，考虑这种危机事件发生后，推测将会受影响的公众以及所波及范围。

（二）在日常业务中预防

在日常业务中严格执行科学管理制度与服务流程，保障产品与服务的质量，遵章守法，维护公众利益，尽量消除危机隐患。

（三）建立预警系统

“凡事预则立，不预则废。”一般而言，除了一些自然灾害、车船失事等非人为突发的危机事件外，大多数旅游危机事件都有一个潜伏期，在此期间，危机无论如何隐蔽，总有一些先兆要表露出来。由此，旅游组织公关人员应协同各管理部门建立危机预警系统、积极监测和迅速反馈信息、及早发现危机的苗头，争取把危机消除于萌芽状态。

第一，加强社会舆论的监测工作。积极搜集分析公共关系信息与组织经营信息，及时掌握公众对组织活动的反映及评价，从中研究推测舆论发展动向及趋势，寻找容易引起危机事件的先期征兆，及时向上级组织汇报，提出消除这些征兆的办法和措施。

第二，密切注意国家的经济政策及经济、政治体制改革的方向，使组织的生产经营活动与社会经济形势步调一致。

第三，加强与重点客户的沟通，培养并强化其对本组织的忠诚度，及时关注其变动趋势。

第四，经常分析竞争对手的生产经营策略及市场需求发展变化的趋势，避免恶性竞争。

第五，定期或不定期地进行自我诊断，分析和研究组织生产经营、管理和公共关系的状态，客观评价组织形象，找出薄弱环节，及时向旅游组织的决策者通报所发现的问题，采取必要措施。

第六，开展多种调研活动，研究及预测可能引起危机的突发事件，预防并设法杜绝危机苗头。

（四）设立危机处理机构

旅游危机一旦发生，损失巨大，必须迅速果断地将其扑灭。旅游组织设立危机处理机构（下简称“危机小组”），通过行之有效的工作，既可预见危机先兆并防患未然，又能迅速遏制已发生的危机，降低其对旅游组织形象的损害程度。“危机小组”应由组织内职位相对较高的管理者、专业人员及旅游公关人员组成，由于他们在组织中的地位和身份，熟悉了解组织和组织的内、外部环境，因此，可在危机处理中发挥最大的功效。“危机小组”应抓好以下几方面工作：

（1）根据本组织建立以来或其他组织发生过的相类似的危机，预测和分析本组织可能发生的各种类型的危机，并对其性质、规模、影响范围等做出恰当的估计。

（2）针对已发生过的危机和可能发生危机的种类、性质、规模、影响范围，制订出相应应急方案，并安排专人负责。

（3）编印危机预测和处理小册子（应包括“危机小组”成员名单），发给旅游组织内每一个成员，介绍多种处理危机的方式方法，让员工对危机爆发后的应付措施有一个大体的了解。

（4）确定新闻发言人，危机一旦发生，由新闻发言人代表组织向内、外公众介绍事实真相以及组织为此做出的反应与采取的措施。

（5）危机爆发后，“危机小组”可全权负责危机处理工作。

（五）制定防范策略

旅游危机防范策略是指对潜在的旅游危机进行分类并评估其特点，据此确立应对策略；对潜在危机进行鉴别分类（包括可能导致危机的现实环境，过去曾困扰过而且有可能再发生的危机，其他类似的旅游组织发生的危机）。在此基础上，要针对每种潜在危机的情况，明确人员分工责任，制定应对方案，最后形成书面方案，让全体人员熟悉其内容，成为组织员工处理各种危机的行动指南。

（六）危机模拟训练

为在危机处理中处于主动地位，旅游组织应当未雨绸缪，每隔一段时间，就要有针对性地假设一种或多种危机情况举行危机模拟演习，以便考核危机小组对紧急事件的反应能力、危机处理能力和决策能力，使全体管理人员及员工熟悉危机防范方案，遇到危机时能从容应对。模拟演习还要使组员接受心理调节的训练，以免到真正危机时紧急的心理妨碍组员的思维和决策。另外，还要进行媒介关系处理、接受记者采访和对外发言等方面技巧的专业培训。总之，危机应变计划做得越周详、训练得越充分，危机的应对就越娴熟与灵活，危机的处理就越顺利。

第三节　旅游危机的处理

旅游危机的公共关系处理又叫旅游危机公关或旅游危机管理，是指旅游组织调动各种可利用的资源，采取各种可行的方法，预防、限制和消除危机以及其产生的消极影响，从而使潜在的或现存的危机得以解决，使旅游企业损失减到最小的行为。

一、旅游危机的处理原则

为使旅游危机处理有序进行，旅游危机的处理需要遵循以下几个主要原则：

（一）快速反应原则

根据旅游危机的突发性、散播迅速、极易引起新闻和公众的关注的特点，一旦发生旅游危机，组织应当迅速反应，研究对策，及时与公众沟通，使公众了解本次危机的真相和组织采取的各项措施，争取公众的同情和支持，尽量减少危机造成的损失。

(二) 真诚坦率原则

通常情况下，任何危机的发生都会使公众产生种种猜测和怀疑，新闻媒介有时也会有夸大事实的报道。因此，组织必须采取真诚坦率的态度以赢取公众和新闻媒介的理解与信任，隐瞒真相只会引发公众更大的怀疑。

(三) 人道主义的原则

在不少情况下，危机会带来生命财产的损失。新闻媒介等舆论界对造成危及人的生命安全的事故或事件尤其重视，甚至加以渲染。为此，在危机处理时首先要考虑人道主义的原则，把需要安置的公众放在第一位。

(四) 维护信誉的原则

公共关系在危机管理中的作用是维护旅游组织的声誉，这是危机管理的出发点和目标。形象对旅游组织来说极其重要，是旅游组织得到公众拥护和支持的基础。缺乏声誉，旅游组织经营就难以为继，没有效率可言，甚至危及旅游组织的合法性。在旅游危机的管理过程中，旅游组织的公关人员要努力减少对组织信誉带来的损失，争取公众的谅解和信任。

二、旅游危机的处理程序

妥善处理旅游危机可以降低组织的损失，维系组织的形象。具体程序如下：

(一) 全面调查，收集信息

出现旅游危机事件后，旅游组织首先应该运用有效的调查手段，迅速查明情况，判断事件的性质、现状、后果及影响，形成基本的调查报告，为处理危机事件提供基本依据。

1. 隔离危机，减少损失

危机发生后，首要的就是隔离危机（主要从人员隔离、事故隔离这两方面着手），以免造成更大的损失或不利影响。在危机发生后，应进行明确的人力分工：一部分处理危机，另一部分维持正常的工作。不能因危机发生而造成日常管理无人负责，使日常工作陷入停顿，让组织蒙受更大的损失。对危机的隔离应从发出警报时开始，报警信号应明确危机的范围，以便为处理危机创造有利的条件，并使其他部分的正常工作秩序不受影响。

2. 组织人员，奔赴现场

得知发生了危机事件后，旅游组织应迅速组织有关人员 成立“危机小组”，立即奔赴现场，开展工作。

3. 保护现场，寻求帮助

“危机小组”赶到现场后，应该想尽一切办法保护现场，以便迅速、准确地查清事故的原委。如果危机事件还在继续，必须及时采取紧急措施。根据现场情况与公安、消防、卫生等部门取得联系，使损失减少到最低程度。

4. 深入现场，了解情况

危机事件发生后应迅速与目击者或当事人取得联系，了解危机事件发生的时间、地点、原因，查明事件牵涉的公众对象，直接、间接受害的公众对象，与危机事件本身有直接、间接责任或利害关系的组织与个人，事件处理有关的机构以及新闻舆论界人士等，了解事态的发展和控制情况以及公众在事件中的反应等情况，调查相关公众在危机事件中的要求、找出处理危机事件的关键点。要特别注意与事件的见证人保持关系，并谨慎处理与新闻界的关系。

5. 认真分析，形成报告

认真记录在危机现场听到与看到的实际情况，可能的话，应用照相机、摄像机拍摄现场镜头，用录音机录下某些内容，以利于作后继分析。在全面搜集有关信息的基础上将材料进行分类整理，组织有关人员进行分析，认真查找事件的真正原因，形成危机事件调查分析报告，并上交有关部门。

（二）分析信息，确定对策

在全面调查了解事件的情况以后，要将所获取的信息进行整理分析，并制定出相关对策。旅游危机事件处理的公关方案，一般包括以下几个方面：

1. 针对旅游组织自身的对策——分析情况、确立对策

（1）根据实际情况，对“危机小组”进行调整，组建更有权威的、高效率的工作班子。

（2）迅速而准确地把握事态的发展。

（3）制定处理事故的基本方针和基本对策。

（4）把事故的发生和组织对策告知全体员工，让大家同心协力，共渡难关。本组织员工若有伤亡，应立即通知其家属或亲属，并提供一切条件，满足职工家属的探视或吊唁要求，还要组织周到的医疗工作和抚恤工作。

（5）如果是不合格产品引起的恶性事故，应立即组织力量，对不合格产品逐个检验，通知销售部门立即停止出售这类产品。

（6）如果是个别服务人员恶劣的服务态度引起恶性事故，“危机小组”应先稳定客人情绪，责成当事人向客人当面赔礼道歉；组织公关部经理或该服务部门经理代表组织向客人道歉，并从精神上和物质上给客人以赔偿，以求得客人的谅解。

（7）制订妥善的公关宣传方案，与新闻媒体保持联系，向外界公布事故的真相。

（8）制订挽回影响和完善组织形象的工作方案与措施。

（9）奖励处理危机事件有功人员，处理有关责任者，并通告各有关方面及事故受害者。

2. 面对受影响公众的对策——安抚受害者，缓和对抗

（1）首先考虑受害者利益，全力解决受害者问题，力争将其损失减少到最低限度，以遏止危机的扩大，使事态朝着有利于旅游组织的方向转化。

（2）如果责任在组织自身，马上公开道歉，认真听取受害者及其家属的意见，主动赔偿受害者的损失，尽量满足受害者的要求。

（3）如果责任在受害者或第三方，也应给予受害者适当的安慰。需要受害者承担责任的话，不宜马上追究，最好等危机事件平息后再妥善处理。

（4）如果双方都有责任，组织要注意避免尽力为自身辩护的言辞，积极地争取受害者的谅解与合作，承担自身应负的责任，给予补救。

（5）在处理危急事件过程中，无特殊情况，不应更换危机事件的处理人员。

（6）对业务往来单位，也要尽快如实地传递有关事件的信息、通报正在采取的对策，还要派旅游公共关系人员直接到各个单位去解释。

（7）对待消费者，要通过书面材料或报纸公布事故经过及其处理方法和今后的预防措施，如有消费者团体前来询问，应热情接待、诚实地告知事件真相。

（8）如果突发事件影响到社区公众的生活，旅游组织应出面向当地居民登门致歉、赔偿损失。对于较大的突发事件，必须综合运用多种形式和传播渠道，从多个侧面、多个角度来进行沟通，打消公众的诸多猜疑，改变组织在公众心中的形象。

3. 面对上级领导部门对策——及时汇报，寻求支持

（1）事故发生后，应及时向政府及上级领导部门汇报，切忌掩盖事实真相，更不应该歪曲事实，混淆黑白。

（2）事故处理中，定期报告事态的发展，求得上级领导的指导和支持。

（3）事故处理后，详细报告处理的经过、解决方法以及今后的预防措施等。

4. 面对新闻媒体的工作——联络媒体，主导舆论

（1）统一口径、注意措辞，尽可能引导媒介以最有利于组织机构的形式来公布信息。

（2）安排通讯员负责发布消息，集中处理与旅游危机事件有关的新闻采访，给记者提供权威、可靠的资料。

（3）应与新闻媒介随时保持联系，主动向新闻界提供连续、真实、准确的跟踪信息，及时纠正不正确的信息，公开表明旅游组织的立场和态度，以减少新闻记者的各种猜测，帮助新闻记者做出正确的报道。重要事项应以书面材料的形式发给记者。

（4）谨慎传播，在事实未明晰前，不要发表有关事发的原因、损失以及其他方面的言论，不轻易表示赞扬或反对态度。

（5）对新闻界表示出合作、主动和自信的态度，不可采取隐瞒、搪塞、对抗的态度。对确实不便发表的消息也不要简单地“无可奉告”，而应该说明理由，求得记者的同情和理解。

（6）注意以公众的立场和角度进行报道，不断提供公众所关心的消息，如补偿方法和善后措施等。

（7）除新闻报道外，可在刊登有关事件消息的报刊上发致歉广告，向公众说明事实真相，并向有关公众表示道歉及承担责任。

（8）当记者发表了不符合事实真相的报道时，旅游组织应尽快向该媒体提出更正要求，指明不符合事实的地方，并提供全部与事实有关的资料，派遣发言人接受采访，表明立场，但要注意避免产生敌意。

（9）通过与本组织没有直接联系的、有声望的第三者发言人辟谣。

（10）记录所有对外发布的信息，避免在新情况出现时，重复发布信息或者公布前后矛盾的信息。

（三）分工协作，采取措施

（1）旅游组织的负责人应亲自组织和协调力量，甚至亲赴危机现场处理第一线问题，制定和落实得力的危机处理措施。要将危机处理措施的情况及时向公众和媒介宣布，并详细记录在案。

（2）旅游组织全体员工应统一思想，统一认识，齐心协力地减少危机造成的损失，塑造组织良好的社会形象。但除发言人外，其他员工不得随意发表任何相关的言论。

（3）坚持灵活性与原则性相统一的方针，各负责处理事故的人员，要根据各自分工处理项目的特点，选择适当的方式方法。

（4）各有关人员应有效分工、密切配合。危机处理工作力求果断、干练，以友善的精神风貌、高效的工作风格获得公众的好感与信任。公共关系部经理作为组织与外界联系的关键人物，应居于核心地位，并向办公室秘书随时通报自己的情况，随时保持联系；其他公共关系人员应处在各个关键的场地，注意将新闻记者、参观者同现场目击者分开，新闻发言人负责回答所有新闻记者和参观者的问题，还要指定一名精干稳重的公共关系人员在接待室简要回答问题，提供接待服务。

（5）在一定范围或区域内，公共关系人员有权制止摄影师的活动，以防止可能产生的影像报道失实的情况，失实的影像报道比文字报道更有害。在接触公众的过程中，应注意观察，了解相关公众的反应与要求，做好劝导工作。

（6）指定一名联络员活动于所有公共关系场地和其他重要地点，随时报告事态进展、公众的评论和建议情况等，并将实施过程的细节作详细记录，写成报告，便于向组织负责人、主管部门、新闻单位通报。

（7）聘请有经验的沟通顾问或法律顾问担任危机沟通负责人。专业沟通顾问经验丰富，能有效帮助处于危机中的组织迅速协调各方面的资源和力量以控制损害程度。

（8）保证沟通渠道畅通。

（四）做好善后处理，防止危机死灰复燃

（1）继续保持与媒介的联系，争取理解与合作，并通过媒介发布危机事件的善后处理情况。

（2）尽量控制危机的影响面，避免危机影响产生连带效应。

（3）开放现场，或将与危机事件相关的原始管理记录公之于众，表明旅游组织和旅游企业对公众的坦诚。加强多方沟通，重建信任感。

（4）善待危机受众，诚恳、周到地做好伤亡者的救治与善后工作，耐心听取被害者关于赔偿损失的要求以确定如何赔偿，并尽量避免因法律诉讼而带来的组织形象再度受损。

（5）危机管理改正。对危机管理流程、危机管理计划等进行修正，重塑组织形象。

（五）检测总结，公之于众

旅游危机的善后处理工作结束后，公关人员要注意从社会效益、经济效益、公众心理和组织形象等方面进行评估。检测评估的内容包括：危机处理措施的合理性与有效性，原有的问题是否彻底解决，公众心目中的组织形象有何改变，组织不利的局面是否好转等。这样，既能对这次工作效果心中有数，又可以为今后处理这类事件总结经验教训。检测评估后，危机管理小组要将检查结果向旅游组织及旅游企业的相关层面报告，并向公众和媒介公布。有些重大事故可采取谢罪广告的形式在报上刊登，以表明旅游组织及旅游企业敢于承担责任的态度。

三、旅游危机的处理方式

在处理旅游危机事件过程中，既要维护、恢复和发展旅游组织的形象，又要适应公众的心理特征和个性背景。针对不同的危机形态，旅游危机的处理方式主要有：

1. 快速反应方式

由于公众误解、社会流言、不利社会舆论的导向，专家及新闻工作者的误报，竞争对手的误导甚至造谣中伤，都可能引起公众的怀疑、误解和指责，使旅游组织陷入信誉危机。而针对这些问题及时采取措施，以避免旅游声誉危机事件扩大影响范围所作的果断、迅速的处理方式，称快速反应方式。主要适用于在旅游信誉危机问题刚刚显露或刚刚爆发时，迅速做出理智的反应，及时控制危机的范围，尽力抑制危机的发展。这样，不仅可以有效地解决此次危机的有关问题，而且可以使某些后果更为严重的危机消除在未发之际。

2. 从容处理方式

在处理突发事件时，虽然要作出快速反应，但针对只危及旅游组织及旅游企业自身的一般性危机，旅游公关人员更倾向于选择稳妥的阶段性控制的决策方案，以控制突发事件事态的发展。在信息有限的情况下，旅游公共关系人员可能采取反常规的决策方式，但要克服急于求成的情绪，在对危机的表象进行控制以缓和局势以后，应对危机环境中的时间、地点和人群等诸因素进行全面的综合考虑，从容进行解决危机的根本性决策。如果是突发的恶性旅游信誉危机，危及的对象是其他组织和广大社会公众，则不适用这一方式。

3. 标本兼治方式

处理突发性旅游危机的首要目标是“立竿见影”的效果：在“治标”的基础上，再谋求“治本”之道。所以，在危机发生的初期，旅游组织领导人必须对事态予以足够的重视，妥当处理。从公开性和主动沟通的角度考虑，危机发生后，旅游组织及旅游企业应设立专线电话，并将电话号码告知公众，并配备训练有素的公共关系人员应对危机期间外部打来的诸多电话。虽然大多数旅游组织及旅游企业所遇到的危机事件是短期的事故，但这些危机事件对旅游组织及旅游企业的影响可能是长期的。

4. 迂回式

如果单凭自身之力无法控制和挽回危机局面，应依据不同情况，采取迂回战术，依靠政府机构、权威人士等向社会发布信息、提出约请，或提出改善危机处理方式，以影响或调解环境系统。同时也可以直接邀请公正、权威性机构来帮助解决危机。有些旅游公共关系危机，由于时间较长或危机性质较严重，往往会出现“意见领袖”，他们被公众认作“代言人”，并具有足够的权威性和知名度，对其他公众有较大的影响力，甚至能左右公众舆论。这时，旅游组织和旅游企业应主动与这些“意见领袖”沟通、协商，争取他们的同情、理解和支持，借助他们的影响力来说服公众。

5. 延伸发挥方式

对一些比较容易控制的公共关系危机，旅游组织在处理的同时，应有意识地借助公众的好奇心理，提高传播效应，提高组织及企业的知名度或美誉度，或者对组织及企业的公共关系形象进行系统的调整。在旅游组织和旅游企业面临受害性危机时，应采取更积极的“进攻”方式处理危机，通常的途径有：诉诸法律，利用法律武器维护组织利益；借助大众传媒，澄清事实真相；策划公共关系活动，通过广泛的公众参与，提升旅游组织及旅游企业的声誉和形象。

四、旅游危机的处理对策

尽管危机事件的发生对于旅游组织来说是很大的不幸，但是，如果采取恰当的处置策略，也可能变不利因素为有利因素，巧妙地将危机转化为宣传的契机。相反，如果处理不当就会严重影响组织的声誉，甚至危及组织的生存与发展。

旅游危机事件处理策略就是在处理危机事件过程中，针对公众心理和需求，从维护、恢复、发展旅游组织形象角度所进行的决策定位。具体来说有以下几个方面；

（一）保持镇定，果断处理

当危机事件发生后，公关人员首先应该保持沉着、镇定，尽快查明事实真相，把握事件前因后果，确立处理决策，立即实施有效的措施。如果公关人员缺乏冷静的头脑，不能做到镇定自若，就容易使员工情绪波动，造成军心涣散的不良局面，会给危机事件的处理带来更大的障碍，使事态进一步复杂化。

对于危机事件发生后，反应最为强烈的与事件有利害关系的组织、个人及新闻单位，组织要尽量安抚当事人，稳定局势，平衡协调各方面关系，努力挽回影响。

在处理危机事件过程中，要求公关人员通盘考虑，谨慎处事，切忌鲁莽武断；同时，也要避免畏缩不前，优柔寡断，应及时抓住处理事件的良机。对于较大的危机事件，如果采取单一的处理方法和途径去寻求解决，显然有一定的局限性，难以奏效；必须综合运用多种形式，通过多种渠道，从多个侧面、多个角度来寻求解决方法，以求对危机的妥善解决。特别是对有损组织形象的、在公众中造成恶劣影响的突发事件的处理，更应如此。

（二）坦诚沟通，真实传播

一旦发生危机事件，组织与公众的沟通，特别是与新闻媒介的关系更显得分外重要。因此，组织在采取措施处理危机事件的基础上，要充分利用大众传播针对性、真实性的报道，加强与公众的沟通，改善对组织不利的舆论环境。

1. 与新闻媒介合作，提供真实信息

旅游危机发生后，组织应尽可能为新闻媒介报道事实真相提供方便，以引起社会公众的重视。如果组织不能有效地满足媒介要求，不能以敢于承担责任的姿态出现在公众面前，不及时调整或改变组织的政策与行为，便有可能在组织与新闻界之间、组织与公众之间形成一道鸿沟，从而丧失危机事件处理的良机。因为在危机发生时，公众对危机真相的知晓主要是通过新闻媒介来实现的。真诚、坦率不仅是旅游组织与新闻媒介合作的最佳态度，而且也是唯一的态度。那些视新闻界为"冤家"的组织，拒绝向新闻媒介提供真实的信息，其结果往往是不仅无助于危机事件的平息、解决，而且也得不到新闻界的谅解，令自身陷入传媒和公众同声谴责、孤立无援的境地，使组织面临着严重的生存危机。

2．面对公众疑虑，突出内容的针对性

在信息传播过程中，要根据公众的要求、对危机事件的具体情况，有选择性地报道，开展有针对性的宣传。

3．统一对外口径，提高时效性

组织在发布信息时应确立专门的对外发布机构，统一新闻发布口径，这样可避免混乱，争取主动；否则，如果口径不一致、前后矛盾或不同的人有不同的想法，容易使处理工作被动，使舆论宣传不利于问题的解决。同时，还应注意处理危机事件过程中信息发布要迅速，既能满足公众的心理，又能强化各项解决危机的措施和力量。

（三）心理疏导，情感沟通

在危机事件处理过程中，赢得公众对社会组织的情感是至关重要的一个环节。因为在危机事件中，公众除了利益之争外，还与组织存在一种心理隔阂，对旅游组织充满不信任。优秀的公关人员不仅要解决直接的利益问题，而且要根据人的心理活动特点，采用恰当的情感沟通策略，解决深层次的心理、情感问题。要树立起强烈的公众意识，对公众有意识地进行情感投资，把旅游组织的关怀和温暖不断送到公众心里，巧妙地利用各种社会环境条件，通过大众媒介、人际交往等方式，不断地满足公众的心理需求，关心公众利益，从而培养起公众对旅游组织的情感，消除心理障碍，恢复对旅游组织的信任。这样不仅可以为危机事件的处理创造良好的公众心理条件，而且可以大大强化其他各项措施的影响力，树立旅游组织的良好形象。

（四）区分类型，有的放矢

在危机公关工作中，导致危机事件发生的原因不同，危机事件的类型就不同，公关人员要善于判明情况，根据不同诱因、不同情况选择不同的方式、方法，这是提高处理危机事件效果的保障。

1．非人为的灾难事故所引发的危机

一般来说，这种危机容易得到社会和公众的谅解，对组织声誉的损害相应地也小些，造成的影响也较容易消除。在这类危机事件的处理上，一方面要迅速采取补救手段，尽可能做好善后处理工作，使受损害的内外公众及社会有关方面感到满意，并对组织认真负责的精神留下好的印象；另一方面要做好舆论宣传工作，制止各种谣言的流传，确保危机处理有一个较公正、有利的舆论环境。此外，为了有效减少灾难性危机所造成的损失，平时要有针对性地做好预防工作，树立危机意识，做好应急准备：包括制定应急对策，准备应急物资和备用的通讯设施，保证灾难发生后对外联络的畅通，有可能的话，还要经常进行防灾避难的演习。

2．事故性危机

因旅游组织的失职、管理工作的失误，或质量问题等引发的危机称为事故性危机。公共关系人员处理此类危机事件应该果断采取措施，有效防止事态扩大；诚恳地向公众道歉，以期获得公众的谅解、宽容，防止敌意的产生和蔓延；了解公众需求，及时弥补公众损失；认真检查、切实做好改进工作；适当宣传，将事态的发展情况、改进措施、对公众的承诺和服务等内容通过适当的媒介、传播方式公之于众，以消除公众的不良印象，恢复公众的信任。在实际工作中，公关人员处理这类事故性危机一般要结合运用多种措施，谋求综合效应。

任何一个社会组织，在发展过程中，难免会因为自己的过失或其他因素而损害公众利益，酿成事故性危机，此时，纠正失误、诚恳道歉、控制事态、弥补公众损失、恢复公众信任、及时化解危机便成了组织的当务之急。缺乏危机对策，就会坐失良机，甚至加剧危机，使组织形象进一步受损。

3．误解性危机

误解性危机的处理立足于加强沟通，增进信任。因为当误解性危机事件发生时，公众之所以轻易听从他人意见，主要是由于平时沟通不够，他们对旅游组织的具体情况不了解，不信任旅游组织。为此，公关人员应高度重视公众对旅游组织的误解，及时采取措施，消除不良影响。但对那些恶意中伤、歪曲事实的宣传所引发的危机在处理上要持严肃态度，及时做出有力的反应，最主要的是要拿出有力的证据，公开进行驳斥，并利用一切手段进行正当的声誉防卫，以抑制负面影响对市场的冲击。

4．组织内部管理危机

因劳资问题等引发的规模较大的纠纷事件，一般具有可预见性、可控性特点，涉及范围不广，主要是影响本组织的利益。相对而言，只要加强管理层与员工的沟通，承认和尊重员工的个人价值，改善工作条件和福利条件，关心员工全面发展，满足员工提出的合理要求，大部分事件是可以避免或减少发生的。但是，如果忽视这类事件的妥善处理，所酿成的纠纷将使组织形象蒙上阴影，从而使内部纠纷事件转变为形象危机事件。

如上海某五星级大酒店在新员工培训过程中，由于一些做法欠妥当，粗暴对待员工，引起员工的强烈不满，导致在短短的一两个月中，新录用的7名大学生纷纷辞职。此事被新闻媒体曝光后，该酒店受到社会舆论和饭店同行的一致抨击，最终经上海市劳动局调查核实，对该酒店这一劳资纠纷事件中所引发的酒店劳动管理中存在的问题发出整改通知，该大酒店才不得不向新闻媒体和社会公众公开致歉并承认错误。一起完全可以通过组织内部解决的纠纷，终于演变成一场危机事件，极大地损害了该酒店的形象。

5．因收购与兼并引发的危机

随着我国旅游产业结构调整步伐的加快和资本市场的发育、发展，以及旅游上市公司的不断发展，收购与兼并行为作为市场经济发展的产物，将不断出现。因此，当收购与兼并行为出现时，防御方企业必须进行全力抗争，例如公布令人信服的数据，阐明股东们不能接受收购或兼并的理由；撰写关于企业经营策略的报告，并向所有与企业业务有关的人员全面沟通信息，特别是那些机构投资者，还要与证券经纪人和新闻界人士经常举行座谈，这有利于企业形象的维护，减少意外事件的发生。

此外，对那些敌意的兼并与收购还可以通过采取下列对策来进行防御：

（1）经营者收购对策。经营者及其合作人通过获得公司的上市股票，从而终止公司股票的公开交易，这既可以防止敌意接管，也可以提高公司的价值。

（2）公司重组对策。主要是将公司最好的部门划分为若干有吸引力的部门或划归本企业集团的其他公司，从而影响其收购或兼并计划，也可采用将股票大量发售给现有员工，从公司内部对收购及兼并行为增加阻力。

（3）还可以用反收购对策及国家的有关法律法规来保护自己。

本章小结

旅游危机会使旅游组织陷入巨大的舆论压力之中，严重阻碍旅游组织的生存和发展，甚至给整个旅游业带来严重影响，造成旅游市场一蹶不振。旅游危机具有以下特征：突发性、严重危害性、舆论的关注性、警示性。旅游危机的预防应从以下几个方面入手：分析预测危机事件；在日常业务中预防；建立预警系统；设立处理机构；制定防范策略；危机模拟训练。妥善处理旅游危机可以降低旅游组织的损失，维系组织的形象，具体程序如下：全面调查，收集信息；分析信息，确定对策；分工协作，采取措施；做好善后处理，防止危机死灰复燃；检测总结，公之于众。旅游危机事件处理策略就是在处理危机事件过程中，针对公众心理和需求，从维护、恢复、发展旅游组织形象角度进行决策定位，具体来说有以下几个方面：保持镇定，果断处理；坦诚沟通，真实传播；心理疏导，情感沟通；区分类型，有的放矢。

复习与思考

1. 旅游危机的含义与种类有哪些？
2. 结合实例，简述旅游危机的防范措施。
3. 试结合身边案例分析旅游危机形成的具体原因。
4. 简述旅游危机的处理方式和程序。

案例分析

泰山虎患暴露旅游业危机公关

2005 年 6 月，泰安当地的主管部门终于丧失了将两只老虎缉拿归案的信心、决心和耐心，在“活不见虎、死不见尸”的不确定情况下，仅仅凭借着专家几个可能的判断，就宣布解除东御道等景区的警戒，整个泰山景区全面恢复正常迎客。“泰山出现老虎这件事情已经结束了，泰山风景区是安全的，欢迎大家来泰山。”泰山旅游主管部门有关人士通过媒体打出了这样的广告。但又有哪个游客能够有胆量做到“明知山有虎，偏向虎山行”呢？一个必然的结果是，泰山旅游业并不会随着警戒的解除而恢复，两只老虎造成的阴影将在一定范围内长期笼罩于公众心头。

与此相应，另一个适得其反的结果却是，泰山旅游的品牌形象却要遭受巨大的损害，原因在于，这种草草收尾的捕虎行动并没有将游客的安全放在首位，而是以自身的经济利益为出发点。

当然，对经济利益的考虑无可厚非，但一个绕不过去的逻辑是，如果无视游客的安全以及难以消除的畏惧心理，而在虎患没有彻底解除的情况下，单方面的恢复正常迎客只能是事与愿违的一相情愿。捕虎行动没有抓住老虎，泰山旅游管理部门自身的问题却被老虎“抓”住了。被老虎抓住的不仅仅是一个漠视游客安全的问题，而且还包括捕虎行动本身。

众所周知，作为丛林之王的老虎，无论在视觉、听觉等感官的敏锐程度上，还是在翻山越岭的能力和速度上，都大大超过了人类。但反观泰山搜虎队所采取的大面积拉网式搜寻的捕虎策略——手持木棍或枪支，敲锣打鼓，浩浩荡荡，这样的捕虎行动必然演变为驱虎的结果。而这，正是无法捕获老虎的真正原因。

正确的捕虎策略应该本着诱而捕之的原则，通过带有血腥味的食物或利用动物园饲养的笼中老虎实施引诱，并巧妙设置机关，在无人参与的情况下，将老虎自动关入笼中。如果采用聚众而捉的做法，导致的结果必然是驱而赶之。

草草收尾的泰山虎患事件以失败而告终，纵观整个虎患事件，可以发现一个根本性的原因，那就是泰山旅游主管部门在此事的解决中缺乏一种危机公关的意识，更谈不上转危为机的智慧了。

尽管两只老虎的出现沉重打击了泰山的旅游业。但从相反的角度看，也正是因为这两只老虎，泰山才如此引人关注。而这种注意力效应，不仅是泰山旅游最好的品牌传播方式，而且还具备一定的商业开发价值。

如果泰安当地主管部门能借助这一事件组织当地企业设置重奖，并通过媒体向整个社会征集捕虎方案，让公众通过手机短信的方式参与，同时将利用高科技摄影技术对真正有效的捕虎行动进行纪录片拍摄或通过电视媒体进行现场直播……

能如此，必将更大程度地吸引公众的关注兴趣和参与热情，将这一危机事件转化为一场公共活动，让公众“身在泰山外，心在泰山中”，“心随老虎，同游泰山”，即使这种活动转化不成经济效益，其对泰山旅游的品牌打造也必定会取得奇特的效果。

可以相信，如果整个社会集思广益、群策群力，找到一种将老虎诱而捕之的可行办法并不是一件不可能的事情，而最后果真能够将老虎缉拿归案的话，泰山旅游管理部门则完全可以将这两只“无主”老虎判处无期徒刑，并在泰山景区某处设置一“老虎监狱”，对其进行长期拘押，而这必然又会为泰山增加一处景点，流传一段佳话。

【案例思考】

结合本案例，试述当旅游企业遇到危机时，应该怎样淡化危机，转化危机，变不利为有利，重塑旅游企业的形象。

蜀国演义酒楼错在哪里?

2006年5月底至8月初，蜀国演义酒楼共出售了1000份螺肉菜。由于酒楼在做这些凉拌螺肉和麻辣螺肉的过程中“操作不当”，对福寿螺的加热时间不足，寄宿在福寿螺里的“广州管圆线虫”没有全部被杀死，这就导致了一大批食用了福寿螺的顾客染上了“广州管圆线虫病”，北京市医院共诊断160人患广州管圆线虫病，卫生监督机构调查确认病例138人。全部病例中，住院者100人，重症病例25人，中症病例53人。这是北京多年来较为严重的公共食品安全事件。

关于损失：事件被曝光后的前两个月，蜀国演义的两家酒楼几乎没有了顾客，冷清得让人心寒，每月的直接损失就达140多万元，加之赔付患者的治疗费（其中有一个较重患者一人的治疗费就达7万多元）和误工费（赔付给GE大中华区总裁一人的误工费高达8万元）、行政处罚（北京市卫生局行政处罚41万元）以及还在继续赔付的精神损失费等，预计此次“福寿螺事件”损失将达1000万元。

【案例思考】

结合本案例，试分析蜀国演义酒楼出现危机的原因，危机对该企业的影响，应怎样进行此类危机的预防和处理。

第十四章　旅游公共关系礼仪

旅游礼仪也是一种文化，自古就以“礼仪之邦”而著称的中国，形成的伦理道德、行为规范，实际上是一种文化。这种约定俗成的文化始终贯穿于整个旅游之中，并在旅游行业得到了升华，从而形成了独特的旅游礼仪文化。旅游礼仪是在我国礼仪的基础上，通过旅游工作和生活中的实践，结合我国食、住、行、游、购、娱等旅游六大要素的实际，经过认真总结而成，是我国礼仪的重要组成部分。旅游公共关系礼仪是衡量一个旅游工作者的素质、教养、道德水准高低的尺子，也是衡量一个国家的旅游者精神文明素质的重要标志。

第一节　旅游公共关系礼仪概述

一、旅游公共关系礼仪的概念

礼仪是人们在社会交往活动中、共同遵守的行为规范和准则、是根据一个民族的传统、习俗、信仰和时代要求等不断总结而形成，既为人们所认同，又为人们所遵守，是以建立和谐关系为目的的各种符合交往要求的行为准则和规范的总和。

旅游公共关系礼仪是指旅游行业中人与人之间相互联系的一种表现形式，是旅游工作者在长期的工作实践中和社会生活实践中形成的，是旅游行业内人们交流、交往时所共同遵循的行为规范和准则。旅游公共关系礼仪不仅是旅游工作者为旅游者提供服务的行为规则，也是旅行游览过程中，旅游工作者与旅游工作者、旅游工作者与旅游者、旅游者与旅游者之间在交往交流中的行为规则。

二、旅游公共关系礼仪的特征

旅游公共关系礼仪以礼仪为基础和内容，它与礼仪有着共同的基本原则：尊重、友好、真诚。同时旅游业作为服务性行业，是以旅游者为工作对象，以直接为旅游者提供各种服务，提供方便、舒适的活动条件为宗旨的。能否最大限度地满足旅游者的需要是旅游业存在和发展的根本前提。因此，“宾客至上”是旅游业鲜明的行业特点，也决定了旅游公共关系礼仪的特征，归纳起来有如下几点：

（一）广泛性

观光旅游包括行、吃、住、游、购、娱六大环节，是综合性强、跨度大的服务性行业，其接待与服务工作涵盖面广。旅游的六大环节都需要按照一定的礼仪规范做好服务与接待工作，旅游礼仪贯穿整个旅游活动的全过程，任何一个环节工作出现差错，都会影响旅游业的整体形象。因此，只有提高全行业的礼仪素养，每个环节都严格按照旅游礼仪的各种规范接待宾客，并注意各行业（部门）间的协调与衔接才能适应旅游者的消费需求。

（二）实用性

旅游礼仪直接服务于旅游行业，是礼仪在旅游活动中的具体应用，具有很强的实用性和针对性。不同的旅游服务门类，各有其特点，接待程序、操作规范也不相同。因此不同的服务门类、不同的部门，甚至不同的岗位，都有自己针对性很强的礼仪规范。如酒店、旅行社都有自己的一整套礼仪规范；在交通行业，飞机、火车、轮船和汽车的接待服务礼仪也各有区别。

（三）共同性

旅游礼仪的共同性是指它的一些规范要求，是人们在旅游接待过程中应该共同遵守的。尽管旅游业涉及的“六大要素”有接待程序和接待规范上的差异，但都是在旅游接待活动中调节客人与业者相互之间最一般关系的行为规范，礼仪基本内涵是一致的。“宾客至上”，把“尊贵让给客人”应该是旅游行业各个部门共同的行为准则，是旅游行业全体成员应该共同遵守的人际和社交关系的准则。

（四）灵活性

旅游礼仪的规范是具体的，但不是死板的教条，它是灵活的、可变的。旅游工作者应该在不同的场合，根据交往对象的特点，灵活地处理各种情况。例如，酒店经理人员在楼层与客人相遇时应该避让一边，主动问候，但若是在洗手间与客人相遇，点头致意则不为失礼。同时，旅游工作者要特别注意了解来自不同国家、地区、民族的旅游者在文化背景、风俗习惯上的差异，充分尊重他们的礼俗禁忌，更加体贴周到地接待好每一位客人。如接待西方宾客用握手礼，接待来自信奉佛教国家的旅游者则只行合十礼。

三、旅游公共关系礼仪的基本原则

（一）尊重原则

现代旅游业强调“宾客至上”，要求把宾客放在首位，一切为宾客着想，主动热情地去满足宾客的各种合理需求和愿望。而在宾客所有的需求和愿望中，求尊重的需求，是最强烈和最敏感的，同时也是最正常的、合理的和起码的要求。只有首先使宾客自尊心得到满足，其他的服务才能发挥效能。因此在接待服务过程中，处处体现对旅游者的尊重和友好，应该是旅游服务的最基本要求。旅游工作者在工作中要做到仪表整洁、举止大方，微笑服务、态度友善、举止端庄、说话和气，把尊贵让给客人，这是满足宾客求自尊的需求，同时也是文明服务的标志。

（二）“一视同仁”原则

服务工作中的“一视同仁”指所有的客人都应该受到尊重，在这一点上决不能厚此薄彼。旅游接待服务的对象广泛且层次不同，具体运用礼仪时，可以因人而异，根据不同的交往对象，采取不同的礼仪形式，但是在对客人表示恭敬和尊重态度上一定要一视同仁。只有这样，才会使宾客的心理达到平衡，不会产生被歧视的感觉，这也是满足宾客的自尊心的需要。因此，接待的对象不论是外宾还是内宾，不论职位高低，都要满腔热情地对待，决不能持以貌取人、以财取人的错误态度，应本着“来的都是客”的真诚友好的态度，以周到的礼仪体现优质服务，使宾客乘兴而来、满意而归。

(三) 热情原则

能否积极主动解决客人提出的各种要求、满足客人的各种心理需求，是衡量旅游服务质量的一个重要标准。因此，旅游活动中的礼仪行为应该是积极主动的。要做到这一点，需要旅游工作人员投入更大的工作热情，对旅游者的心理有更深切的了解，有发自内心地为每位客人提供良好服务的意识。在工作中要始终面带笑容，态度和蔼可亲，主动热情，做到眼观六路、耳听八方，能根据客人的言谈举止，体察客人的各种心理活动，准确判断客人的要求，及时主动地给予满足。还要做到嘴勤：有问必答、有呼必应，主动介绍有关情况，及时应答客人的询问；手勤和腿勤：以周到的服务及时帮助客人解决遇到的实际问题和困难。

(四) 合宜原则

现代礼仪强调人与人之间的交往与沟通一定要把握适度，注意社交距离，控制感情尺度。不能认为无论在哪里，都是“礼多人不怪，无礼或欠礼人才怪”，应牢记过犹不及的道理。为此，礼仪行为要特别注意在不同情况下，礼仪程度、礼仪方式的区别，坚持因时、因地、因人的合宜原则。在实际的人际交往和丰富多样的旅游活动中，要始终做到彬彬有礼，不卑不亢、热情大方，既不低三下四，也不阿谀奉承，为宾客提供恰到好处、恰如其分的礼遇。比如：在工作场合即使遇到老朋友，也不能过分亲热，否则会给其他客人留下不够庄重的感觉；不可不分场合地随便称呼客人的名字，不可以一般社交的方式会晤客人，不能与客人谈论自己的私事，更不可把企业内部的纠纷透露给客人。旅游工作者在接待外宾时，要以“民间外交官”的姿态出现，特别要注意维护国格与人格，既不盛气凌人，也不妄自菲薄。

(五) 宽容原则

礼仪的宽容原则，指不过分计较对方礼仪上的差错过失。严于律己、宽以待人是为人处世的最高境界，也是具有较高修养的表现。在旅游服务运用礼仪时，既要严于律己，更要宽以待人，要多理解他人、体谅他人，切不可求全责备、斤斤计较，甚至咄咄逼人。面对宾客提出的过分的甚至是失礼的要求，工作人员应冷静而耐心地解释，决不要穷追不放，把宾客逼至窘境，否则会使宾客产生逆反心理形成对抗，引起纠纷。当客人有过错时，我们要“得理也让人”，学会宽容对方，让宾客体面地下台阶，保全客人的面子。如客人“逃单”，可以去把钱追回来，但去追账的时候，可以对客人说“服务员忘了及时送账单”等，以顾全客人的面子。在客人对自己提出批评意见时，应本着“有则改之，无则加勉”态度，认真倾听。

（六）自律原则

礼仪的最高境界是自律，即在没有任何监督的情况下，旅游工作者仍能自觉地按照礼仪规范约束自己的行为。旅游工作者不仅要了解和掌握具体的礼仪规范，而且要树立起一种道德信念和行为修养，从而获得内在的力量。在对客服务中从自我约束入手，时时检查自己的行为是否符合礼仪规范，在工作中要严格按照礼仪规范接待、服务宾客，做到有没有上级主管在场一个样，人前人后一个样，把礼仪的规范变成自觉行动，提升内在素质。

第二节　旅游公共关系的个人礼仪

旅游公关人员是交往活动和公共关系活动的主体，其自我礼仪，即仪容、仪表、仪态和得体的语言、良好的心理素质，对树立良好的个人形象和组织形象，建立良好的公共关系都将产生积极的影响。因此，必须把个人的礼仪当做一种职业要求加以重视，从一点一滴做起。

一、仪容、仪表礼仪

仪容是指人的容貌，包括五官的搭配和适当的发型衬托。旅游公共关系人员在开展公共关系活动中，个人的仪容是最受公众注视的部分。旅游公共关系人员可以借助于大方得体的容貌反映自身的精神面貌、朝气与活力，从而传达给公众最直接、最生动的第一信息。旅游公共关系人员要塑造良好的自我形象，首先应该考虑通过有效的手段，发挥自身容貌的优势，弥补自身的缺陷与不足。

仪表是指人的外表，是一个人总体形象的统称，除容貌、发型之外，还包括个人的服饰，身材以及姿态等，是形体美、服饰美、发型美、仪容美的有机综合。仪容、仪表是一个旅游公共关系人员精神面貌的外观体现，也是公共关系人员道德修养、文化水平、审美情趣和文明程度的综合表现。

（一）仪容礼仪

在旅游公共关系活动中，公共关系人员的仪容会对公众产生一定的心理影响，端庄、秀丽的仪容会在公众心目中留下美好的印象，从而有利于公共关系活动的开展。因此旅游行业公共关系人员的仪容，是旅游企业整体形象的具体表现。

1．旅游公共关系人员仪容礼仪的基本要求

男士注意面部整洁，勤洗脸，勤剃须；发不过耳，不染彩发；勤洗澡，勤换内衣，保持个人卫生；女士需要注意面部皮肤的修饰和保养，掌握基本面部美容化妆技巧，注意头发的护理和保养。

2．发型

发型是有关头发的造型艺术，是体现人的审美需求和性格情趣的直观形象，是自然美和装饰美的有机结合，大方、合适的发型会使旅游公共关系人员的精神面貌得以提升。旅游公共关系人员首先必须保持头发的清洁，要常清洗头发，半个月到一个月修剪一次，保持美观的发型。应常备一把梳子，经常梳理头发，保证头发顺滑。梳理头发时应避开外人，梳理的断发不可随手乱扔。

女士发型要求美观、大方、整洁，显得干净利落、持重端庄。一般不宜留长发，发不遮脸，刘海儿不能过低，也不可染彩发，避免使用色彩鲜艳的发饰。另外，旅游公共关系人员的发型还应注意与脸型、体型、年龄相协调。

男士发型基本要求是：头发不能触及后衣领，不留鬓角，不染烫彩发；发型要与脸型、体型和服装搭配。

3．面部

（1）面部修饰的原则

①洁净。其标准是无灰尘、无污垢、无分泌物等不洁之物；勤洗脸，洗脸时要细致、做到全面清洁。

②卫生。旅游公共关系人员在进行个人面部修饰时，要注意卫生状况。面部的卫生要兼顾讲究卫生和保持卫生两方面，若面部出现明显的过敏症状、疖子、痤疮、疱疹等，必须及时治疗，避免与顾客进行正面接触。

③自然。旅游公共关系人员面部修饰的关键是要做到“秀外慧中”，保持清新自然而不过分做作。

（2）面部化妆与修饰

对于旅游公共关系人员来说，面部化妆要少而精，强调和突出自身所具有的气质，减弱或掩盖容貌上的某些缺陷，一般以淡妆为宜，避免使用气味浓烈的化妆品。面部化妆要注意和肤色、脸型相配。

①眼部。眼睛是心灵的窗户，旅游公共关系人员在进行眼部修饰和化妆时，首先应重视眼部的保洁，及时去除眼角分泌物，注意眼部卫生，预防眼病。旅游公共关系人员如果需要佩戴眼镜，应选用质地优良、款式大方的眼镜，注意保持镜片清洁，定期清洗镜架。

②鼻部。旅游公共关系人员要保持鼻部周围以及鼻腔清洁，经常清理鼻腔，修剪鼻毛，切忌在公众面前挖鼻孔、拔鼻毛等。

③口部。保持口腔清洁是旅游公共关系人员讲究礼仪的先决条件。要采用正确的刷牙方式，做到“三个三”，即：每天刷牙三次，每次刷牙在餐后三分钟内进行，刷牙时间不少于三分钟。公共关系人员在上班前不喝酒，忌吃大葱、大蒜、韭菜、虾酱等有刺激性气味的食物，进餐时应闭嘴咀嚼，不可发出声响，餐后保持唇部干净，避免唇边残留食物。平时注意呵护嘴唇，尤其是干燥、严寒的冬季，可以使用唇膏避免唇部干裂、爆皮。男士还应注意每日上班前剃须。

4．肢体

上肢即手臂，是旅游工作中运用的最为频繁的身体部位，通常被视为公共关系人员的“第二脸面”，一双保养良好、干净秀美的手臂，会给工作增加美感和协调。因此，旅游公共关系人员应注意上肢的修饰和礼仪。

一方面，旅游公共关系人员要注意手臂的保洁。保持手臂无污痕，务必做到“六洗”：工作之前要洗手；弄脏之后要洗手；接触特殊物品或入口食物之前要洗手；去过卫生间之后要洗手；下班前要洗手；企业规定洗手之时要洗手。工作中不可乱用双手做诸如揉眼睛、掏耳朵、抠鼻、剔牙、挠头发、抓痒、脱鞋、四处乱摸等不文雅行为。

另一方面，旅游公共关系人员还要注意手臂的修饰。公共关系人员不许蓄长指甲，指甲不应长过指尖，要养成“三天一修剪，每天一检查”的良好习惯，及时清除指甲周围的死皮。女士不能涂彩色指甲油，不穿露出肩膀的服装，某些场合需要露出肩膀时，要剃去腋毛和手臂上比较浓密的汗毛。

人际交往中有“远看头，近看脚”的习惯，旅游公共关系人员多数情况下都是直接和顾客面对的，因此，必须讲究下肢的修饰和礼仪。要保持下肢的清洁，需要特别注意三个方面：勤洗脚；勤换袜子，不要穿不透气、易生异味的袜子；注意保持鞋面、鞋跟、鞋底的干净，定期擦鞋油，使其一尘不染。注意下肢的礼仪，旅游公共关系人员不能光腿，女士穿裙子时必须选择接近肉色的长筒丝袜且袜口不得短于裙摆边；不光脚穿鞋，不穿露脚趾的凉鞋或拖鞋。

（二）服饰礼仪

服饰是一种文化，整洁、大方、美观的服饰有一种无形的魅力，恰当得体的服饰可以对旅游公共关系人员起到“画龙点睛”的作用。旅游公共关系活动具有礼仪礼节性极强的特点，因此对旅游公共关系人员的基本要求是：稳重、得体、端庄、恬静，能充分体现出服饰与环境、职业身份、身材、肤色、年龄以及审美情趣等方面的协调，符合本国的道德传统和常规做法，在整体上尽可能做到完美、和谐，体现着装的整体美。同时，应掌握着装的“TOP”原则。“TOP”是英文“Time”（时间）、“Place”（场合）、“Object”（目的）的缩写，是指人们的穿着打扮要兼顾时间、场合、目的并相互适应。旅游公共关系人员由于职业上的特点，其着装主要有西装和制服。

1. 西装礼仪规范

西装是一种国际性服装，是世界通行的正统服装，已成为现代公共关系活动中最得体的服装。西装七分在做，三分在穿，很有讲究。旅游公共关系人员在穿着西装时，需要注意一些基本问题：

（1）讲究规格，注意搭配。男士西装有二件套、三件套之分，穿着时必须整洁、挺括。正式场合应穿同一面料、同一颜色的套装，搭配单色衬衫，系领带，带领夹，穿皮鞋。新西装第一次穿着前，要取下袖口的西装商标；裤管应盖在鞋面上，并使其后面略长，裤线应熨烫挺直。

（2）穿好衬衫。衬衫的领子要有领座，领头硬扎挺括，衬衫下摆要塞进裤子里。领口、袖口要分别高于和长于西装。衬衣内一般不穿棉毛衫，正式场合，衬衫外面不加毛背心或毛衣，如果天气较冷，可在衬衣外面穿羊毛衫，以“V”字领羊毛衫为宜。

（3）系好领带，夹好领夹。领带是整套西装最为显眼的中心部位，因此领带的色彩、图纹要根据西装的色彩和质地进行合理的搭配。领带的领结要饱满，与衬衫的领口吻合要紧凑，领带的长度以系好后，垂到皮带扣处为宜；穿羊毛衫时，领带应放在羊毛衫内。领带夹一般夹在衬衫的第三和第四个纽扣之间。

（4）用好口袋。西装上衣两侧的口袋只做装饰用，不可装物品，左上外侧衣袋只可放装饰性手帕，手帕装入口袋三分之一，上衣内袋用于存放证件、名片、香烟等物品。背心的四个口袋用于存放怀表等珍贵小物件，左胸口袋可用于插放钢笔。西装裤袋用作插手，不可装物品，以求裤型美观，左后裤袋可放手帕，右后裤袋用于存放零钱或轻薄之物。

（5）系好纽扣。西装有单排扣、双排扣之分。双排扣西装在正式场合应全部扣好纽扣。单排两粒扣只系第一粒或“风度扣”，也可全部不系，正式场合要求把第一粒纽扣系上，坐下可解开；单排三粒扣只系中间一粒或第一、二粒扣。

（6）穿好皮鞋、袜子。穿西装一定要穿皮鞋，不能穿旅游鞋、轻便鞋、布鞋或凉鞋，皮鞋的颜色要与西装颜色协调。女士着西装时不宜穿高跟皮鞋，而应该穿中跟皮鞋，穿深色袜子，不可穿白色或色彩鲜艳的花袜子。

2．制服礼仪规范

制服是旅游公共关系人员职业性的标志，公共关系人员穿着得体的制服，不仅是对公众的尊重，也便于公众辨认，同时也使公共关系人员有一种职业的自豪感、责任感和可信度。旅游公共关系人员在穿着制服时的基本要求是：

（1）整齐、大方。制服必须整齐、合身，款式简练、高雅，线条自然流畅，便于旅游公共关系人员从事公共关系活动。穿制服要注意四长：即袖至手腕、衣至虎口、裤至脚面、裙至膝盖；四围：即领围以插入一指为宜，胸围、腰围及臀围以穿一套羊毛衣裤为宜；内衣不能外露；不挽袖卷裤；不漏扣、掉扣；领带领结与衬衣领口吻合紧凑、端正；名牌佩戴在左胸正上方。

（2）清洁、挺直。制服应该无污垢、油渍、异味；领口、袖口要勤洗，保持干净；制服穿前要烫平，穿后要挂好，做到上衣平整、裤线笔挺，不起皱。

（3）讲究文明。根据旅游公共关系人员礼仪的基本要求，旅游公共关系人员身着制服时不仅要展示旅游企业的公众形象，还要显示出自身文明高雅的气质。因此，在穿着制服时还应讲究文明，避免过分裸露，胸部、腹部、腋下、大腿是公认不准外露的四大禁区，尤其是女士穿着裙装时，更应注意。制服衣料不应过分透薄，以避免内衣透出，让人尴尬。制服尺寸避免过分肥大或瘦小，影响旅游公共关系人员的整体形象。

3．饰品的选择与佩戴

饰品是人们在穿着打扮时所使用的装饰物，它可在服饰中起到烘托主题和画龙点睛的作用。服装饰品包括两大类：一类是实用性为主的附件，如帽子、鞋子、眼镜等；另一类是属于装饰性为主的饰物，如领带、项链、手镯、戒指等。旅游公共关系人员在饰品的选择和佩戴上应该注意遵循以下原则：

（1）符合身份。旅游公共关系人员的工作主要是面向旅游者和公众，因此一切要以服务对象为中心，在工作岗位上，选择和佩戴饰品一定要符合公共关系人员的工作身份，摆正自己和顾客之间的相互关系，切忌在饰品佩戴上和顾客攀比。

（2）点到为止。旅游公共关系人员在工作中佩戴饰品应该和生活中区分开，应该少而精、点到为止。一味地贪多求全，不仅起不到装饰作用，还会画蛇添足，破坏服装的整体美感。

（3）区分种类。旅游公共关系人员因职业身份、工作性质的原因，在饰品的选戴时有局限性，所以应该对不同种类的饰品进行区别对待。一般来讲，可以选择佩戴的饰品有以下种类：

①领带和领结。旅游公共关系人员在穿着西装时，必须佩戴领带或领结。在选择和佩戴领带或领结时，应注意面料和颜色要与西装搭配。

②胸花。一般佩戴在女士的上衣左侧胸前或衣领上。旅游公共关系人员在外出进行公共关系活动时可佩戴，但是在工作时间若佩戴有身份牌时，不宜同时佩戴胸花。

③首饰。旅游公共关系人员在工作中佩戴的首饰较为简单，男士一般只允许在无名指上佩戴结婚戒指，女士除戒指外，其他首饰如项链、耳环、手镯等要少带，或者酌情佩戴。

④发饰。常见的发饰有头花、发带、发箍、发卡等，旅游公共关系人员在佩戴发饰时，更多的是强调其实用性，头花以及其他鲜艳、花哨的发饰都不宜在工作中选用。

⑤皮包。因工作和个人生活需要，旅游公共关系人员也需要携带皮包，尤其是外出工作时。男士一般可以选用款式大方的黑色皮包，女士皮包的颜色和款式应该注意与服装色彩、体形相协调。

4. 个人用品的选择

个人用品通常为服务人员的必备品，在旅游公共关系活动中往往是不可缺少的，唯有随身携带，方可有备无患。

工作用品：包括身份牌、书写笔、记事本等，方便在工作中随时记录各种重要的信息资料。

形象用品：旅游公共关系人员用以维护、修饰自我形象所必需的用品，包括纸巾、梳子、化妆盒、擦鞋纸等，随时保持良好的个人形象。

二、仪态礼仪

（一）站姿礼仪

站立是旅游公共关系人员最基本的举止，站姿是静力造型动作，体现的是静态美，又是训练其他优美体态的基础。其基本要求是：端正、自然、亲切、稳重，挺拔，即“站如松”。

1. 站姿的礼仪规范

立正站直，头、颈、身躯和双腿应与地面垂直，身体的重心在两腿之间；头正目平，面带微笑，双肩放松，双臂自然下垂，手指稍许弯曲，指尖向下；腰部直立，挺胸、收腹、提臀；双腿相靠，双膝与双脚跟部紧靠一起，肌肉略有收缩感，双脚呈“V”形分开。站立太累时，可变换姿势，将重心移在左脚或者右脚上，切忌身躯歪斜、弯腰驼背、趴扶倚靠、半坐半立、全身乱动等不良站姿。正式场合还要避免做有失庄重的小动作，如摆弄衣服、咬指甲等。

2. 站姿的种类

旅游公共关系人员的站姿有四种：

（1）侧放式是男女通用的站姿，要领是：脚掌分开呈“V”字形，脚跟靠拢，双膝并拢，双手放在腿部两侧，手指稍弯呈空心拳状；

（2）后背式是男士常用的站姿，要领是：双腿分开与肩同宽，双脚平行，双手轻握放在后腰处；

（3）前腹式是女士常用的站姿，要领是：脚掌分开呈“V”字形，脚跟靠拢，双膝并拢，右手搭在左手上，贴在小腹部；

（4）丁字式是女士专用的站姿，要领是：一脚在前，脚跟靠于另一脚内侧，双脚尖向外展开呈“丁”字，双手在腹前相交，重心在双脚上。

（二）坐姿礼仪

优雅的坐姿是体现旅游公共关系人员姿态美的主要内容。其基本要求是：坐得端正、稳重、亲切、自然，给人以舒适感，即“坐如钟”。

1. 坐姿的礼仪规范

入座与离座的礼仪要求。入座时，轻而缓，从座位的左侧走近座椅，背对其站立，右腿后退一点，以小腿确认座椅位置，顺势就座，女士入座时，要用手把裙子向前拢平再就座；要在他人之后入座，要坐在椅、凳等常规位置，不能坐在桌子、窗台、地板等处；与他人同时就座时，要注意座位的尊卑，上座留给客人；就座时，若有熟人，应主动打招呼，对陌生人点头示意；坐下后需要及时调整体位，使坐姿端正舒适。离座起身时，动作轻缓，避免弄响座椅，或将椅垫带到地上；身旁如有人在座，需以语言或动作示意以后，方可起身；与他人同时离座时，需注意起身先后次序，身份高者先起身；离开座椅后，站定从左侧离开。

坐下的礼仪要求：上身正直，头正目平，面带微笑，双手相交放在腹部或双腿上，双脚平落地面，男士双膝间距离一拳，女士双膝不可分开。切忌双腿叉开过大、架二郎腿、双腿过分伸张、腿部抖动摇晃等不雅的腿姿以及不知所措的手姿，如以手触脚，手置于桌下，双肘支于桌上，双手抱腿，手夹在腿间等。

2. 坐姿的种类

坐姿要根据有无扶手与靠背以及凳面的高低来调整，并注意双手、双腿、双脚的正确摆法。

（1）双手摆法

有扶手时，双手轻搭或一搭一放；无扶手时，双手交叉或八字形置于腿上，或右手搭右腿，左手搭左腿。

（2）双腿摆法

凳面高度适中时，双腿相靠或稍分，不能大于肩宽；凳面高时，一腿略搁于另一腿上，脚尖向下；凳面低时，双腿并拢，自然倾斜于一方。

（3）双脚摆法

脚尖脚跟靠拢，或一靠一分，也可一前一后，或右腿放在左腿外侧。

（三）走姿礼仪

走姿是在行走时所采取的一种动态姿势，以站姿为基础，是站姿的延伸动作，旅游公共关系人员在行走中要保持正确的节奏，才能体现优雅稳重的动态美。其基本要求是：上身挺直，头正肩平，双臂自然摆动，双腿直而不僵，步伐从容，即“行如风”。

旅游公共关系人员在行走时，首先要方向明确，双眼平视，挺胸收腹，脚尖正对前方，使行走的路线呈一条直线；保持相对稳定的速度，一般每分钟60~100步为宜；行走时，步伐不要过大或过小，应与本人一只脚的长度相近，即男士每步约40厘米，女士约36厘米。

注意重心，身体保持协调。行进中，脚跟先着地，膝盖伸直，使身体的重心随着脚步的移动，不断向前过渡，落在前脚上。要避免一些错误的行进姿态，如横冲直撞，抢道先行，摇头晃脑，连蹦带跳，制造噪音，步态不雅等。

（四）蹲姿礼仪

蹲姿是由站姿转变为双腿弯曲和随身体高度下降而来的相对静止的姿态，是旅游公共关系人员在比较特殊情况下所采取的一种暂时性的姿态，时间不宜过久，如整理工作环境、给予客人帮助或捡拾地面物品时。

蹲姿的礼仪规范由于蹲姿是暂时性的姿态，因此下蹲时速度切勿过快，应与他人保持一定的距离；在他人身边下蹲时，不能面对他人或背对他人，应与之侧身相向；女士下蹲时，要注意保护隐私。旅游公共关系人员常用的标准蹲姿有四种。

1. 高低式蹲姿

基本特征是双膝一高一底。其要求是：左脚在前，完全着地，小腿垂直于地面；右脚稍后，脚掌着地，右膝内侧靠于左小腿内侧，形成左膝高右膝底的姿态；臀部向下，以右腿支撑身体。

2. 交叉式蹲姿

多为女士采用，基本特征是蹲下后双腿交叉在一起，造型优美典雅。其要求是：右脚在前，全脚着地，右小腿垂直于地面；右腿在上，左腿在下，双腿交叉重叠；左膝由后下方伸向右侧，左脚在后，脚掌着地，左脚跟抬起；双腿前后靠近合力支撑身体，上身略前倾，臀部向下。

3. 半蹲式蹲姿

多为行进中使用，基本特征是身体半立半蹲。其要求是：上身稍许弯下，与下肢成钝角；双膝略微弯曲；臀部向下，重心在一条腿上。

4. 单跪式蹲姿

单跪式蹲姿是非正式蹲姿，多用于下蹲时间较长时，基本特征是双腿一蹲一跪。其要求是：一腿单膝点地，脚尖着地，臀部坐在脚尖上；另一腿全脚着地，小腿垂直于地面；双膝同时向外，双腿尽力靠拢。

（五）手势

手势在日常交际中运用得也比较多，它属于无声语言，可以起到强化或替代有声语言的作用。做手势时，五指并拢自然伸直，手心略微凹陷。女性稍稍压低食指，显得比较优雅。注意事项有：

（1）手势要规范、美观。同一地域的人手势往往表示约定俗成的含义，如某一手势表达的是什么意思，在说什么的时候应该运用什么手势等。对其中的常用手势应该了解和掌握。另外，做出来的动作应明确热情、落落大方，与全身姿态相协调，动作幅度不要太大，应给人一种优雅、含蓄、彬彬有礼的感觉。

（2）注意手势含义的地域性差异。各国手势含义的差异是很大的。同一种手势，可能有不同甚至相反的含义。比如，竖起大拇指在中国的意思是“顶好”；在英国、澳大利亚和新西兰等国的意思是“搭车”；在希腊急剧地竖起大拇指，意思是让对方“滚蛋”。不注意手势的差异性，就会造成交际障碍，甚至会惹出麻烦。

（3）手势要适度。在交际中，一般情况下能用有声语言讲清楚的，应尽量少用手势。说话时比比划划、手舞足蹈是令人生厌的。

三、言行举止礼仪

（一）礼貌用语

语言是社会交际的工具，是人们表达情感、意愿、思想的媒介。旅游公共关系工作离不开语言，只有使用礼貌的语言，才能和公众进行良好的沟通。礼貌用语是旅游公共关系人员用来向公众和宾客表达意愿、交流思想感情和沟通信息的重要交际工具，是一种对公众和宾客表示友好和尊敬的语言。

旅游公共关系人员在使用礼貌用语时，应遵循目的性、对象性、诚实性、适应性原则，即在运用礼貌用语时，必须目的明确，避免信口开河；要根据特定的对象，因人而异，切忌千篇一律；以诚为本，讲真话实话，在语言的表达上，力求表里如一；注意语言的特定环境和具体场景，兼顾和适应当时的具体语言环境以及双方的情绪变化。礼貌用语使用是否得当将直接影响旅游公共关系活动的结果，因此，旅游公共关系人员需要掌握礼貌用语的规范和礼仪。

1. 常用的礼貌用语

（1）称呼用语

称呼用语是在旅游公共关系活动中对宾客的尊称，要注意国内外不同的常用称呼，做到准确、恰当。在工作中的称呼应该正式、规范而庄重，一般可用职务性称呼。如果加上姓氏则表示关系密切，连名带姓的称呼用在极其正式的场合，如“张总”、“王贵云总经理”等；也可以用职称性称呼如：教授、博士、工程师等；还可以用行业性称呼如：医生、老师、教练等。

对外交往中称呼可根据不同对象采用不同的称呼。一般的成年人，男宾无论其年龄大小与婚否，可统称为“先生”；女宾若已婚可称“夫人”或“太太”，未婚可称“小姐”，婚姻状况不明可称“小姐”或“女士”。以上称呼还可冠以姓名或职务，如张先生、王女士；对地位高的政府官员、外交使节、军队中的高级将领，按不同国家的习惯可称“阁下”，加军衔或“先生”，以示尊重，如“部长阁下”，“总统阁下”，“将军阁下”等。美国、墨西哥、德国等国习惯称“先生”，不称“阁下”；对军人一般称军衔，或军衔加“先生”，知道姓名的可冠以姓名，如“上校先生”、“布朗少校”、

"查尔斯中尉先生"；对宗教人士可称其神职，如"牧师先生"、"莫利神父"等；在君主制国家，国王和王后称"陛下"，王子、公主和亲王称"殿下"，有爵位的称爵位，如"公爵先生"。

（2）问候用语

问候用语主要适用于旅游公共关系人员和顾客在相见之初，彼此向对方问好、致意或表达关切之意。旅游公共关系人员必须根据时间、场合和对象的不同使用规范化用语，主要分为标准式用语和时效式用语两种。标准式用语是直截了当地向对方问候，其常规做法是问好之前加上适当的人称代词或尊称，如"女士们，先生们，欢迎你们的光临"，"您好，见到您很高兴"等。时效性用语是在一定的时间范围内的问候用语，具有一定的时效性，问候时要体现当时的具体情况，加上具体时间，如"您早"，"下午好"，"晚安"等。问候用语在使用过程中还应注意以下问题：

首先，要注意问候的次序。一般情况下，应由旅游公共关系人员向顾客问侯。如果被问候者不只一人时，可采取以下三种方法：一是集中问候，不再一一具体到每个人，如"大家好"；二是采用由尊而卑的礼仪惯例，先问候身份高者，再问候身份低者；三是按照由近及远的次序进行问候，首先问候与本人距离近者，然后依次问候其他人。

其次，在旅游公共关系活动中，需要同时与许多顾客进行交流时，要注意"接一顾二招呼三"。在接待第一顾客时，招呼一下第二个，同时通过眼神或表情向第三个传递问候，从而使顾客感到受尊重。

最后，在使用问候语的时候，要简练而规范，根据具体情况灵活运用，不要采用单一呆板的问候。如"好久不见"，"很高兴又见到您"等，使语言富于变化。

（3）应答用语

应答用语是在工作中用来回应顾客的，或是答复其询问时所使用的礼貌用语。基本要求是：随听随答，有问必答，灵活应答，热情周到。旅游公共关系人员在实际工作中常用的应答用语有肯定式、谦恭式和谅解式三种。

肯定式的应答用语主要用来答复顾客的请求，如"好的，听清楚了，请您放心"，"是的，我明白您的意思"；谦恭式的应答用语主要是在顾客对提供的服务表示满意，或直接对公共关系人员进行口头表扬、感谢时，采用的语言如"谢谢，您过奖了"，"承蒙夸奖，这是我们应该做的"；谅解式的应答用语是当顾客向自己致以歉意时，公共关系人员予以接受并表示谅解时采用的语言，如"没关系，这算不了什么"，"不要紧，我不介意"等。

（4）请托用语

请托用语是旅游公共关系人员向顾客提出某种要求或寻求帮助时使用的礼貌用语。标准式的请托用语是在向顾客提出具体要求前面加上"请"字，使对方很容易接受，如"请稍候"，"请让一下"等；求助式的请托用语是在寻求对方帮助时候，通常在具体要求前加"劳驾"、"拜托"、"打扰"等词语，以显诚意。

（5）迎送用语

迎送用语是顾客光临或离开时，使用的礼貌用语。最为常见的迎送语言是"欢迎”、“再见”、“慢走”、“一路平安”。在使用欢迎语言时候，如果是初次见面，可以使用“欢迎光临”，“见到您很高兴”等；如果是再次见面，应在欢迎语前面加上对方的尊称，或其他专用词，以表示记得对方，给顾客以被重视的感觉，如“张先生，很高兴又见到您”，“欢迎您再次光临”等。另外，在使用欢迎语言时，通常应一并使用问候语言，必要时需要向顾客施以点头、微笑、鞠躬、握手等见面礼。

（6）征询用语

征询用语是在旅游公共关系活动中，旅游公共关系人员为获得必要的信息对公众进行调查、了解公众需求、启发对方思路、征求对方意见时所使用的礼貌用语。在具体使用时务必把握好时机，兼顾对方，以获得真实有效的信息，可分为开放式征询用语，如“您需要什么样的服务”，“我能为您做点什么”；封闭式征询用语，如“您对我们的线路设计还满意吗?”

（7）赞赏用语

赞赏用语是旅游公共关系人员为了改善或促进双方之间的人际关系，对对方正面肯定，激励对方时所用的礼貌用语，使用赞赏语言时要恰到好处、少而精。旅游公共关系人员要在顾客发表见解的同时，及时给予正面的赞赏，如“您真有眼光”，“看来您是一位内行”，“没错，您说的对极了”等。

（8）祝贺用语

在旅游公共关系活动中，根据一些特殊的场合适时给予顾客一些祝贺用语，不仅是一种礼貌，也可以加强彼此的沟通和关系。祝贺用语时效性很强，主要用在节日、庆典等喜庆日子，如“新年好”，“祝您福如东海，寿比南山”，“新婚快乐，百年好合”，“祝您生意兴隆”等。

（9）道歉用语

道歉用语是在工作中因某种原因给他人带来不便，或妨碍、打扰对方时，向对方表达自己的歉意所使用的礼貌用语。常用的道歉用语有：“抱歉”，“对不起”，“失礼了”，“不好意思，多多包涵”，“请原谅”等。

2. 旅游公共关系人员用语规范

（1）文明用语规范

旅游公共关系人员在使用语言时，应该遵守文明用语规范，从而表现出良好的文化素养、待人处世的礼貌态度，令人产生高雅、脱俗之感。

（2）行业用语规范

旅游行业用语是旅游行业所使用的专门用语，旅游公共关系人员恰到好处地使用必要的行业用语，不仅能说明某些专业性、技术性的问题，还能显示个人的业务能力，赢得顾客的理解和信任。

（3）书面用语规范

书面用语是指使用文字、符号所书写出来的语言，旅游公共关系人员在从事公共关系活动中，经常需要书写一些函件、合同、书信、说明、告示等书面文件。为了保证书面用语能够准确传递信息，需要遵守书面用语规范。

第三节　旅游公共关系的社交礼仪

社交礼仪是指人们在人际交往过程中所具备的基本素质、交际能力等。社交在当今社会人际交往中发挥的作用愈显重要。通过社交，人们可以沟通心灵，建立深厚友谊，取得支持与帮助；通过社交，人们可以互通信息，共享资源，对取得事业成功大有裨益。

一、介绍

介绍是指从中沟通，使双方建立关系的意思。介绍是社交场合中相互了解的基本方法。通过介绍，可以缩短人们之间的距离，以便更好地交谈、更多地沟通和更深入地了解。在日常生活与工作中常用的介绍有以下几种，即自我介绍、为他人介绍和集体介绍。

（一）自我介绍

自我介绍应注意的问题：在自我介绍的时候，原则上应注意时间、态度与内容等要点。

（1）时间。自我介绍时应注意的时间问题具有双重含义。一方面要考虑自我介绍应在何时进行。一般认为，把自己介绍给他人的最佳时机应是对方有空闲的时候，对方心情好的时候，对方有认识你的兴趣的时候，对方主动提出认识你的请求的时候，等等。另一方面要考虑自我介绍应大致使用多少时间。一般认为，用半分钟左右的时间来介绍就足够了，至多不超过1分钟。有时，适当使用三言两语一句话，不到十秒钟的时间，也不为错。

（2）态度。在作自我介绍时，态度一定要亲切、自然、友好、自信。介绍者应当表情自然，眼睛看着对方或大家，要善于用眼神、微笑和自然亲切的面部表情来表达友谊之情。不要显得不知所措，面红耳赤，更不能装出一副随随便便、满不在乎的样子。介绍时可将右手放在自己的左胸上，不要慌慌张张、毛手毛脚，不要用手指指着自己。

（3）内容。在介绍时，被介绍者的姓名的全称、供职的单位、担负的具体工作等，被称作构成介绍的主体内容的三大要素。在作自我介绍时，其内容在三大要素的基础上又有所变化。具体而言，依据自我介绍的内容方面的差异，它可以分为四种形式：

第一种为应酬型。它适用于一般性的人际接触，只是简单地介绍以下自己。如“您好！我的名字叫×××。”

第二种为沟通型。它适用于普通的人际交往，但是意在寻求与对方交流或沟通，内容上可以包括本人姓名、单位、籍贯、兴趣等。如“您好！我叫×××，浙江人。现在在一家银行工作，您喜欢看足球吧？嗨！我也是一个足球迷。”

第三种为工作型。它以工作为介绍的中心，以工作而会友。其内容应重点集中于本人的姓名、单位以及工作的具体性质。如“女士们，先生们，各位好！很高兴有机会把我介绍给大家。我叫×××，是海风公司的业务经理，专门营销电器，有可能的话，我随时都愿意替在场的各位效劳。”

第四种为礼仪型。它适用于正式而隆重的场合，属于一种出于礼貌而不得不做的自我介绍。其内容除了必不可少的三大要素以外，还应附加一些友好、谦恭的语句。如“大家好！在今天这样一个难得的机会中，请允许我做一下自我介绍。我叫×××，来自杭州××公司，是公司的公关部经理，今天，是我第一次来到美丽的西双版纳，这美丽的风光一下子深深地吸引了我，我很愿意在这多待几天，很愿意结识在座的各位朋友，谢谢！”

（二）为他人介绍

为他人介绍，首先要了解双方是否有结识的愿望；其次要遵循介绍的规则；再次是在介绍彼此的姓名、工作单位时，要为双方找一些共同的谈话材料，如双方的共同爱好、共同经历或相互感兴趣的话题。

1. 介绍的规则

将男士先介绍给女士；将年轻者先介绍给年长者；将地位低者先介绍给地位高者；将未婚的先介绍给已婚的；将客人介绍给主人；将后到者先介绍给先到者。

2. 介绍的礼节

①介绍人的做法：介绍时要有开场白，如“请让我给你们介绍一下，张小姐，这位是——”，“请允许我介绍一下，李先生，这位是——”。为他人做介绍时，手势动作要文雅，无论介绍哪一方，都应手心朝上，手背朝下，四指并拢，拇指张开，指向被介绍的一方，并向另一方点头微笑。必要时，可以说明被介绍的一方与自己的关系，以便新结识的朋友之间相互了解和信任。介绍人在介绍时要主要先后顺序，语言要清晰明了，不含糊其辞，以使双方记清对方姓名。在介绍某人优点时要恰到好处，不宜过分称颂而导致出现难堪的局面。

②被介绍人的做法：作为被介绍的双方，都应当表现出结识对方的热情。双方都要正面对着对方，介绍时除了女士和长者外，一般都应该站起来，但是若在会谈进行中，或在宴会等场合，就不必起身，只略微欠身致意就可以了。如方便的话，等介绍人介绍完毕后，被介绍人双方应握手致意，面带微笑并寒暄，如“你好”，“见到你很高兴”，“认识你很荣幸”，“请多指教”，“请多关照”等。

（三）集体介绍

如果被介绍的双方，其中一方是个人，一方是集体时，应根据具体情况采取不同的办法。

（1）将一个人介绍给大家。这种方法主要适用于在重大的活动中对于身份高者、年长者和特邀嘉宾的介绍。介绍后，可让所有的来宾自己去结识这位被介绍者。

（2）将大家介绍给一个人。这种方法适用于在非正式的社交活动中，使那些想结识更多的、自己所尊敬的人物的年轻者或身份低者满足自己交往的需要，由他人将那些身份高者、年长者介绍给自己；也适用于正式的社交场合，如领导者接见劳动模范和有突出贡献的人；还适用于两个处于平等地位的交往集体的相互介绍；开大会时主席台就座人员的介绍。将大家介绍给一个人的基本顺序有两种：一是按照座次或队次介绍；二是按照身份的高低顺序进行介绍。千万不要随意介绍，以免使来者产生厚此薄彼的感觉，影响情绪。

二、握手礼仪

握手礼是在一切交际场合最常使用、适应范围最广泛的见面致意礼节。它表示致意、亲近、友好、寒暄、道别、祝贺、感谢、慰问等多种含意，从握手中，往往可以了解一个人的情绪和意向，还可以推断一个人的性格和感情。有时握手比语言更充满情感。

（一）握手礼行使的场合

迎接客人到来时；当你被介绍与人认识时；久别重逢时；社交场合突遇熟人时；拜访告辞时；送别客人时；别人向自己祝贺、赠礼时；拜托别人时；别人帮助自己时，等等。

（二）握手礼行使的规则

行握手礼时有先后次序之分。握手的先后次序主要是为了尊重对方的需要，其次序主要根据握手人双方所处的社会地位、身份、性别和各种条件来确定。

（1）两人之间握手的次序是：上级在先，长辈在先，女士在先，主人在先；而下级、晚辈、男士、客人应先问候，见对方伸出手后，再伸手与他相握。在上级、长辈面前不可贸然先伸手，若两人之间身份、年龄、职务都相仿，则先伸手为礼貌。

（2）如男女初次见面，女士可以不与男士握手，互致点头礼即可；若接待来宾，不论男女，女主人都要主动伸手表示欢迎，男主人也可对女宾先伸手表示欢迎。

（3）如一人与多人握手时，应是先上级、后下级，先长辈、后晚辈，先主人、后客人，先女士、后男士。

（4）若一方忽略了握手的先后次序，先伸出了手，对方应立即回握，以免发生尴尬。

（三）握手礼行使的正确姿势

标准的握手方式是：握手时，两人相距约一步，上身稍前倾，伸出右手，四指并拢拇指张开，两人的手掌与地面垂直相握，上下轻摇，一般二三秒为宜，握手时注视对方，微笑致意或简单地用言语致意、寒暄。

（四）握手礼的体态语

握手的具体样式是千差万别的。了解一些握手的典型样式，既有助于我们通过握手了解交际对方的性格、情感状况、待人接物的基本态度等，也有助于我们在人际交往中根据不同的场合、不同的对象自如地加以应对。

（1）谦恭式握手，又称“乞讨式”握手，顺从型握手，即掌心向上或向左上的手势与对方握手。用这种方式握手的人往往性格懦弱，处于被动地位，又可能处世比较民主、谦和、平易近人，对对方比较尊重、敬仰，甚至有几分畏惧。这种人往往易改变自己的看法，不固执，愿意受对方支配。

(2) 支配式握手，又称“控制式”握手，即用掌心向下或向左下的姿势握住对方的手。以这种方式握手的人想表达自己的优势、主动、傲慢或支配地位。这种人一般来说说话干净利索、办事果断、高度自信，凡是一经决定，就很难改变观点，作风不大民主，在交际双方社会地位差距较大时，社会地位较高的一方易采用这种方式与对方握手。

(3) 无力型握手，又称“死鱼式”握手。握手时伸出一只无力度的手，给人的感觉像是握住一条死鱼。这种人的特点不是生性懦弱，就是对人冷漠无情，待人接物消极傲慢。

(4)“手套式”握手。握手时用双手握住对方的右手，既可表示对对方更加尊重、亲切，也可表示更加感激、有求于人之意。但这种握手方式最好不要用在初见几次面的人身上，以免让对方引起不必要的误会。

(5) 抓指尖握手。握手时不是两手的虎口相触对握，而是有意或无意地只捏住对方的几个手指或手指尖部。女性与男性握手时，为了表示自己的矜持与稳重，常采取这种方式。如果是同性别的人之间这样握手，就显得有几分冷淡与生疏。

(6) 施舍型握手。在行握手礼的时候只伸出四个手指与他人相握，表明此人缺乏修养、傲慢、不平易近人（欧洲中世纪时期的贵妇人与绅士之间的握手除外）。

另外，当对方久久地、强有力地握着你的手，且边握手边摇动，说明他对你的感情是真挚而热烈的。当对方握你手时连手指都不愿弯曲，只例行公事式地敷衍一下，说明对方对你的感情是冷淡的。当你还没把话说完时对方就把手伸出来，说明你的话对他不感兴趣，应尽快结束谈话。

(五) 握手时的注意点

行握手礼时要注意力集中，不要左顾右盼，一边在握手，一边在跟其他人打招呼；见面与告辞时，不要跨门槛握手；握手一般总是站着相握，除年老体弱或残疾人以外，坐着握手是很失礼的；单手相握时左手不能插口袋；男士勿戴帽、手套与他人相握，穿制服者可不脱帽，但应先行举手礼，再行握手礼；女士可戴装饰性帽子和装饰性手套行握手礼；忌用左手同他人相握，除非右手有残疾。当自己右手脏是时，应亮出手掌向对方示意声明，并表示歉意；握手用力要均匀，对女性一般象征性握一下即可，但握姿要沉稳、热情和真诚。

握手时不要抢握，不要交叉相握，应待别人握完后再伸手相握。交叉相握在通常情况下是一种失礼的行为。有的国家视交叉握手为凶兆的象征，交叉成“十”，意为十字架，认为必定会招来不幸。

三、递名片的礼节

在人际交往中，名片不但能推销自己，也能很快地助你与对方熟悉，它就像持有者的颜面，不但要很好地珍惜，而且要懂得怎样去使用它。现代名片是一种经过设计、能表示自己身份、便于交往和开展工作的卡片，名片不仅可以用作自我介绍，而且还可用作祝贺、答谢、拜访、慰问、赠礼附言、备忘、访客留话等。

（一）名片的内容与分类

名片的基本内容一般有姓名、工作单位、职务、职称、通讯地址等，也有把爱好、特长等情况写在上面，选择哪些内容，由需要而定，但无论繁、简，都要求信息新颖，形象定位独树一帜。一般情况下，名片可分两类：

（1）交际类名片。除基本内容之外，还可以印上组织的徽标，或可在中文下面用英文写，或在背面用英文写，便于与外国人交往。

（2）公关类名片。公关类名片可在正面介绍自己，背面介绍组织，或宣传经营范围。公关类的名片有广告效应，使组织收到更大的社会效益和经济效益。

（二）名片的设计

名片的语言一般以简明清晰、实事求是，传递个人的基本情况，从而达到彼此交际的目的。在现实生活中，我们可以看到有些名片语言幽默、新颖，别具一格。

（1）“您忠实的朋友——×××”，然后是联系地址、邮编、电话，名片没有任何官衔，语言简洁，亲切诚实。

（2）另有名片则写：“家中称老大，社会算老九，身高一七八，自幼好旅游，敬业精神在，虽贫亦富有，好结四方友，以诚来相求”。

（3）著名剧作家沙叶新的名片有一幅自己的漫画像，自我介绍的文字幽默、有趣，使人对其了解更加深刻：“我，沙叶新，上海人民剧作家——暂时的；上海人民艺术剧院剧作家——永久的；××委员、××理事、××顾问、××教授——都是挂名的”。在设计上，除了文字外，还可借助有特色或象征性的图画符号等非语言信息辅助传情，增强名片的表现力，但不能有烦琐的装饰，以免喧宾夺主。

（三）名片的放置

一般说来，把自己的名片放于容易拿出的地方，不要将它与杂物混在一起，以免要用时手忙脚乱，甚至拿不出来；若穿西装，宜将名片置于左上方口袋；若有手提包，可放于包内伸手可得的部位。不要把名片放在皮夹内，工作证内，甚至裤袋内，这是一种很失礼的行为。另外，不要把别人的名片与自己的名片放在一起，否则，一旦慌乱中误将他人的名片当作自己的名片送给对方，是非常糟糕的。

（四）出示名片的礼节

（1）出示名片的顺序：名片的递送先后虽说没有太严格的礼仪讲究，但是，也是有一定的顺序的。一般是地位低的人先向地位高的人递名片，男性先向女性递名片。当对方不止一人时，应先将名片递给职务较高或年龄较大者；或者由近至远处递，依次进行，切勿跳跃式地进行，以免对方误认为有厚此薄彼之感。

（2）出示名片的礼节：向对方递送名片时，应面带微笑，稍欠身，注视对方，将名片正对着对方，用双手的拇指和食指分别持握名片上端的两角送给对方，如果是坐着的，应当起立或欠身递送，递送时可以说一些：“我是××，这是我的名片，请笑纳。”“我的名片，请你收下。”“这是我的名片，请多关照。”之类的客气话。在递名片时，切忌目光游移或漫不经心。出示名片还应把握好时机。当初次相识，自我介绍或别人为你介绍时可出示名片；当双方谈得较融洽，表示愿意建立联系时就应出示名片；当双方告辞时，可顺手取出自己的名片递给对方，以示愿结识对方并希望能再次相见，这样可加深对方对你的印象。

(五) 接受名片的礼节

接受他人递过来的名片时，应尽快起身或欠身，面带微笑，用双手的拇指和食指接住名片的下方两角，态度也要毕恭毕敬，使对方感到你对名片很感兴趣，接到名片时要认真地看一下，可以说：“谢谢!”“能得到您的名片，真是十分荣幸”等等。然后郑重地放入自己的口袋、名片夹或其他稳妥的地方。切忌接过对方的名片一眼不看就随手放在一边，也不要在手中随意玩弄，不要随便拎在手上，不要拿在手中搓来搓去，否则会伤害对方的自尊，影响彼此的交往。

(六) 名片交换的注意点

(1) 与西方、中东、印度等国的人员交换名片只用右手就可以了，与日本人交换名片用双手。

(2) 当对方递给你名片之后，如果自己没有名片或没带名片，应当首先对对方表示歉意，再如实说明理由。如“很抱歉，我没有名片”，“对不起，今天我带的名片用完了，过几天我会亲自寄一张给您”。

(3) 向他人索要名片最好不要直来直去，可委婉索要。

方法之一，“积极进取”。可主动提议：“某先生，我们交换一下名片吧”，而不是单要别人的。

方法之二，“投石问路”。先将自己的名片递给对方，以求得其予以“回应”。

方法之三，虚心请教。比如：“今后怎样向您求教”，以暗示对方拿出自己的名片来交换。

方法之四，呼吁“合作”。可以说：“以后如何与您联系?”这也是要对方留下名片。

(4) 如对方向你索要名片，你倘若实在不想满足对方的要求，也不应直言相告，为让对方不失面子，你可以表达得委婉一点。通常可以这样说：“对不起，我忘了带名片”，或是“不好意思，我的名片刚刚才用完了”。

四、电话礼仪

(一) 打电话礼仪

打电话最基本的原则是以不影响对方休息和工作为前提，这样才是合乎礼节的。

1. 打电话前准备礼仪

选择合适的时间，白天应该在早 8 点以后，节假日 9 点以后，晚间应该在 22 点之前，午休时间也不宜打电话，如果打国际长途，应该注意不同国家的时差。选择合适的通话地点，通话内容具有保密性的，不宜使用公用电话或他人电话，工作中不宜打私人电话。

打电话前，要对电话内容心中有数，拟好谈话要点和顺序，切忌语无伦次，耽误时间。确认电话号码，必要时应准备好联络对方的其他有效方式，注意拨打对象，不同的对象要用不同的口气。

2. 打电话中礼仪

电话接通后，主动自报家门，同时确认接听对象。打错电话时，要向对方道歉："对不起，打错了"，"打扰您了"等，切忌不做解释直接挂断电话。

注意自身形象，姿态正确。通话时听筒靠近耳部1厘米处，话筒距离口部1厘米左右，应该坐正或站好，不能随意走动，或兼做其他工作，更不能倚靠桌子或墙壁等。

通话时，注意语言和内容。要求咬字准确、音量适中、语句简短、语速适中。通话内容紧凑，主次分明，必要时重复重点，积极呼应以示关注。

掌握通话时间。拨打电话时切忌电话时间过长，长话短说，不能"煲电话粥"，出于对对方的尊重，每次通话时间以3~5分钟为宜。

3. 通话结束礼仪

通话需要结束时，应由打电话者首先发出结束通话的暗示，如"您还有什么吩咐"，"那么就这样吧"。通话结束前，拨打电话者在必要时可将通话内容再次重复，同时感谢对方，道别。电话要轻轻挂上。一般应由拨打电话一方先挂断，挂电话前先向对方说明，然后双手轻轻挂断电话，挂电话时切忌一言不发，随手猛摔。

（二）接电话礼仪

接听电话前注意保持电话畅通，尤其是旅游企业的对外电话需要经常检查，发现故障及时检修，更改号码后及时公告。接听电话前还需要做好记录准备，便于保存重要的电话内容。

电话铃声响时，应尽快接听，一般在铃响三声之内接听。电话接通后，问好并报出单位名称，以便对方确认是否要对了电话，如遇到对方拨错号码时，应礼貌提醒。

接听电话时，若电话是找其他人，应请对方稍后，轻放电话后，通知受话人。电话内容比较重要时，应做好详细记录，并及时向有关部门转达，不得延误。

五、宴请礼仪

宴请是旅游公共关系活动中最为常见的礼仪形式之一，以国际交往、情感联络和信息沟通为主要内容，成为旅游企业树立形象，与公众进行直接沟通的重要手段。宴请因接待规格、参加对象、举办方式等不同而表现出不同的形式，不同形式的宴请活动在礼仪规范、个人行为举止、仪容仪表等都有不同要求。

（一）宴请的组织礼仪

（1）宴请前做好充分准备。明确宴会目的，确定宴会举办者以及邀请对象；合理安排宴会时间和地点，提前3~7天发出邀请请柬，请柬按规范要求写明目的、着装要求、被邀请人名字、时间、地点等；请柬发出后，及时核实出席者情况，以便安排席位。

（2）安排桌次。宴会可以用圆桌、长桌或方桌，桌次高低以离主桌位置远近而定，右高左低。一桌以上的宴会，要摆桌次牌，桌子之间的距离要适当。定位的原则，以背对宴会厅或礼堂为正位，以右旁为上，左旁为下，如场地排有三桌，则以中间为上，右旁次之，左旁为下。

（3）安排宴会座次。宴会座次主要是根据出席人员礼宾次序安排的，同时还要综合考虑政治关系、语言使用、宗教信仰和专业等诸因素。一般情况下，按我国习惯，面朝入口的座位为主人，主人对面是副主人，主人右边为主宾，左边为第三主宾，副主人右边为第二主宾，左边为第四主宾，其他依次为陪同；按国外习惯，主宾在主人右边，主宾夫人在主人左边，男女穿插安排。具体安排时，还应考虑客人之间关系、身份、语言沟通等具体情况灵活安排。

（4）菜单拟订与酒水搭配。根据客人习俗、口味安排菜单，注重营养、荤素搭配，根据客人要求选择酒水，印制精美菜单供客人留念。

（5）宴会气氛调节与控制。根据宴会的具体要求选择合适的色彩布置宴会厅，注意运用灯光调节气氛，选择合适的背景音乐烘托气氛。

（二）出席宴会的礼仪

接受邀请礼仪收到请柬后，应确认是否能够按时参加，如有变动及时通知组织者；参加宴会要守时；赴宴时严格按照请柬上注明的着装要求着装。

迎客礼仪：主人和少数其他相关人员在门口迎宾线（位于客人进门存衣之后进入休息厅之前）排列成行，迎接客人；与客人握手后，由工作人员引进休息厅并由有相应身份的人照料客人，招待员送饮料；主宾到达后，由主人陪同进入休息厅与其他客人见面。如其他客人尚未到齐，由迎宾线上其他人员则代表主人在门口迎接；宾主双方在会客室稍事叙谈。如休息厅较小或宴会规模大，可请主桌以外的客人先进宴会厅。期间，视情况分发桌次卡片，将宴会桌次通知每一个出席者。主客入席，即可开席。

入席礼仪入席时，按座位卡就座，同时了解主人及其他宾客位置，方便交流；入席后，注意姿态，椅子应2/3位置，身体轻靠椅背，双手放于膝部，不得趴在桌沿或摆弄衣物等。入座后姿势端正，脚踏在本人座位下，不可任意伸直，手肘不得靠桌缘，或将手放在邻座椅背上。

（三）进餐礼仪

进餐前餐巾展开放膝盖上，中途起身时，放在椅子上；进餐时，动作文雅，不可将胳膊肘放在桌上；不慎碰掉餐具时候，应交由服务人员处理；不知食用方法的菜肴，要等别人食用后，依样而为；进餐时，细嚼慢咽避免发出声响，嘴里有食物时不可说话；在餐桌上不能只顾自己，也要关心别人，尤其要招呼两侧的女宾；送食物入口时，两肘应向内靠，不宜向两旁张开，以免碰及邻座；避免在餐桌上咳嗽、打喷嚏、嗝气，万一不禁，应说声“对不起”。喝酒宜各自随意，敬酒以礼到为止，切忌劝酒、猜拳、吆喝；如欲取用摆在同桌其他客人面前之调味品，应请邻座客人帮忙传递，不可伸手横越，长驱取物；进餐的速度，宜与男女主人同步，不宜太快，亦不宜太慢；主食进行中，不宜抽烟，如需抽烟，必须先征得邻座的同意；食毕，餐具务必摆放整齐，不可凌乱放置。餐巾亦应折好，放在桌上。

祝酒礼仪：主人或主宾致祝酒词时，应停止进餐，注意倾听；碰杯时，主人和主宾先碰，人多时举杯示意即可；与他人碰杯时，为显示对对方尊重，将酒杯边缘低于对方酒杯边缘碰杯。

（四）宴会结束礼仪

主人把餐巾放在桌上，并从餐桌旁站起。表明宴会结束；离席时应让身份高者、年长者和女士先走；离开餐桌时应将椅子推回原处，男士应帮身边女士移开座椅；一般情况下，由主宾先行告辞，离开时要对主人表示感谢；主人应主动相送，与客人话别，并邀请客人再来。

（五）不同形式宴会的具体礼仪要求

1. 国宴礼仪要求

由国家元首或政府首脑亲自主持；座次按照礼宾次序排列；场地布置隆重、热烈，主席台设有大型鲜花花台；宴会厅内悬挂宾主两国国旗；宾主入席后，演奏两国国歌；主人和主宾先后发表祝酒词；乐队席间穿插演奏两国民族音乐作品；参加宴会人员着正装；国宴席卡、菜单上均印有国徽，代表国家最高规格。

2. 中餐宴会礼仪要求

有正式的请柬，注名宴会日期、时间、地点、着装要求等内容；排座按照礼宾要求，与宴者按席位卡对号入座；宴会进行中配有背景音乐或文艺表演。

3. 西餐宴会礼仪要求

餐台按长台形布置，简洁明快；按照西餐用餐方式摆台；注意西餐上菜程序以及酒水、酒具搭配；西餐进餐讲究文雅而有风度，席间不宜大声谈笑，进餐不发出声响。

4. 鸡尾酒会礼仪要求

一般采取站立姿势，仅设桌子、茶几便于客人走动、交流；供应以酒水为主，配有多种小食品；请柬上注明起讫时间，客人可在此期间来去自由，不受限制；酒水及小食品由服务人员托送，客人按需自取。

六、舞会礼仪

（一）舞会组织礼仪

1. 确定适当时间

舞会时间一般安排在周末、节假日或开幕式、闭幕式的晚上举行，此时气氛活跃，便于大家尽情娱乐。舞会的场地要考虑人数的多少，大小适中，场地地面清洁平整，光线柔和，要有彩灯、彩条装饰，准备休息的椅子，必要时可准备茶点。

2. 发出邀请

正式隆重的舞会，应该向每一位来宾发出邀请，同时注意邀请客人的男女比例合适，避免同性共舞。

（二）参加舞会礼仪

1．着装礼仪

参加舞会服装要整洁、大方、时尚，注意整理发型，女士必须化妆，男士也可洒些淡味香水。

2．邀舞礼仪

正式舞会开始，第一曲为主人、主宾夫妇首先共舞，第二曲主、宾夫妇交换共舞，第三曲开始自由邀舞。一般情况下，由男士邀请女士，男士应选择没有舞伴的女士，女士邀请男士时，男士不应拒绝。邀舞时，男士应走到女士面前，微微躬身，彬彬有礼地摊开右手，不需言语；邀舞者表情应谦恭自然，不紧张做作，不能叼着香烟邀请，也不能在邀舞时兼做其他事情。

3．拒绝邀舞礼仪

若女士不想跳舞时，应礼貌谢绝，态度和蔼，表情亲切，一曲终了以后不应马上同其他男士共舞。如果女士已经答应和别人跳舞时，应向男士表示歉意，说明原因，并表示可以等下一次。当女士拒绝男士邀请后，如果男士再次邀请，无特殊情况，应答应共舞；两位男士同时邀请时，可都礼貌拒绝，也可接受其一邀请，并对另一位表示歉意。

4．跳舞礼仪

跳舞时，姿态端正，身体正直、平稳，切勿轻浮，也不能过于严肃，双方眼睛自然平视，目光从对方右上方通过；不可面面相向，不能摇摆身体，不要把头伸到对方肩上；男士握女士手时，要注意以力量大小变化带舞，不可握得太紧；应注意前后左右，尽量避免碰撞；踩到对方或者碰到其他人时应道歉。一曲终了，男士应该向女士致意，并将女士送回原处。休息时，不要大声说话，不在场内来回走动。

七、接待礼仪

旅游企业经常会有上级领导、客户、顾客以及各种团体到企业进行检查、参观、学习，因此，旅游公共关系人员会面临很多繁杂、琐碎的接待工作，稍有疏忽就会给企业形象带来不良影响。要使整个接待工作能够顺利圆满地完成，旅游公共关系人员必须做到礼节周到，细致入微。

（一）准备接待礼仪

准备阶段是接待工作的重要环节，首先要了解客人的基本情况，客人名字、单位、接待级别、人数、来访目的、日程安排等；其次要根据客人的基本情况确定接待方案，根据具体方案进行会场布置，包括：场地清洁，桌椅、茶具、鲜花等必要物品的摆放等，都需按接待的规格礼仪进行；最后接待人员要注意自身的仪容仪表。

若有客人需要住宿的，要在客人尚未抵达前就安排好食宿，根据客人的民族、习俗、身份及要求，本着交通便利、就近安排、吃住方便的原则来制订具体安排计划，并注意住宿布置是否整洁美观，通信、卫生设施是否使用正常，宣传、介绍材料是否备齐送到，茶叶、报纸等细节问题也不可疏忽。

（二）接待过程礼仪

1. 迎接客人

根据来宾的身份、地位、规格及本单位的具体情况制定接待规格。一般客人由普通工作人员迎接，只需安排好接见会面时间、地点及交换的资料等。如果是级别、规格较高的来宾，要陪同本单位高层领导或委托上级主管领导前往迎接来宾，与宾客见面时，应由接待方中级别地位最高者率先与来宾握手致意、表示欢迎。重要客人应安排有关领导前往迎接；外地客人，还要安排人员到机场、车站、码头等地迎接。

2. 乘车礼仪

请客人乘车，注意乘车礼仪，合理安排车内座次，接待人员先打开车门，请客人上车，以手挡住车门上框，提醒客人避免磕碰，待客人坐稳后关门开车；沿途介绍客人关心的相关事宜；车停后，接待人员先下车打开车门，再请客人下车。乘车时要注意座次礼仪，小轿车接送时，如有专职司机驾驶，以后排右侧为首位，左侧次之，中间座位再次之，前坐右侧随后，前排中间为末席；如果由主人亲自驾驶，以驾驶座右侧为首位，后排右侧次之，左侧再次之，而后排中间座为末席，前排中间座则不宜再安排客人。旅行车接送客人时，旅行车以司机座后第一排，即前排为尊，后排依次为小，其座位的尊卑，依每排右侧往左侧递减。

3. 接待客人

客人抵达后，不论来访目的怎样，通常应先安置客人休息。如果是近路来客，可在单位会议室或接待室稍作休息，接待方应提供茶水、饮料等；如果是远道而来的客人，更要考虑到旅途劳累，安置客人住宿后再商议活动日程，接待人员在向宾客告别时应留下自己名片或通讯电话以备客人随时联系。然后，按照对等礼仪，于当天或次日安排身份相当的领导前往客人下榻处看望来宾，以便相互熟悉。

4. 引领礼仪

客人到达后，旅游公共关系人员应该为客人引路，注意引领礼仪：二人并行，以右为上，拐弯时，应前行一步伸手指引，同时口中做必要的提醒；三人并行，中间为上，右侧次之。乘电梯时，引领人员先行一步，挡住电梯门，待客人进入后，启动，出电梯应由客人先行。到达门口，应主动为客人开门，并请客人进入；入室以后，请客人先坐下，在敬烟、献茶以后自己再坐下。接待过程中，注意行为礼仪。

5. 送别客人

接待工作结束后，公关人员应征求客人对接待工作的意见，以便改进工作，安排送行人员和车辆送客。要了解来访宾客的离程时间以后，及早预订机票、车票或船票，安排送行人员和车辆，并通知对方人员安排接站。根据车次、航班的时刻，及时与负责行李的部门、人员约定提取行李的时间，并通报客人递交行李的时间。到达机场、车站后要安排好客人等候休息，办理好有关手续后要将有关票证、证件等一齐交给客人。规格较高的来宾，还要在机场或车站举行送行仪式，致简短欢送词。

（三）接待礼仪的禁忌

接待活动，不论来访对象是谁、来访内容怎样，作为接待者都应表示欢迎的态度。

迎接活动，一忌迎而不欢，既不欢迎，又不真诚，不“欢”而迎，不如不迎；二忌不分对象，礼仪失节，不管什么人都鸣放礼炮；三忌不顾“来者”身份、规格；四忌不分相互关系而礼仪失态；五忌在接待过程中出风头，卖弄自己才华。

送别时也有很多禁忌，一般送别时要有一种离情别意，不奏乐、不鸣炮。一忌不分关系，乱表感情；二忌过分缠绵依恋；三忌言语失态；四忌不顾亲疏关系乱抢镜头。

接待过程中，不仅要十分注意接待的规格和场面、规模，当客人与接待人员见面时，接待人员应主动热情地走上去握手欢迎，并主动介绍前来欢迎的主要人员，但要忌戴手套，忌为客人代提随身小包或随身衣物，忌大声喧哗或打闹说笑。接待方的领导或官员忌为客人代提行李箱包，以免有失身份和尊严。

在安排出面接待的主人时，最好要安排周到一些，宜固定为好，切忌经常更换，接待工作不连续，容易使客人感到陌生拘谨。在安排接待人员时，人数要比较适当，人员过少显得不热情、不礼貌，忙得不可开交还疏漏百出；人员过多，既浪费人力又容易使客人产生一种紧张感，感觉不自在。

本章小结

旅游礼仪，是在旅游接待服务过程中对旅游者表示尊重和友好的一系列行为规范，是礼仪在旅游接待服务过程中的具体运用。旅游礼仪以礼仪为基础和内容，它与礼仪有着共同的基本原则：尊重、友好、真诚。同时旅游业作为服务性行业，是以旅游者为工作对象，以直接为旅游者提供各种服务，提供方便、舒适的活动条件为宗旨的。旅游礼仪具有广泛性、实用性、共同性、灵活性等特征。旅游礼仪的基本原则为尊重原则、“一视同仁”原则、热情原则、合宜原则、宽容原则、自律原则。

仪容仪表是一个旅游公共关系人员精神面貌的外观体现，也是公共关系人员道德修养、文化水平、审美情趣和文明程度的综合表现。仪容礼仪包括：发型、面部、肢体；仪态礼仪包括：站姿、坐姿、走姿、蹲姿、手势。

社交礼仪是指人们在人际交往过程中所具备的基本素质，交际能力等。社交在当今社会人际交往中发挥的作用愈显重要。通过社交，人们可以沟通心灵，建立深厚友谊，取得支持与帮助；通过社交，人们可以互通信息，共享资源，对取得事业成功大有获益。社交礼仪主要包括：介绍礼仪、握手礼仪、递名片的礼节、电话礼仪、宴请礼仪、舞会礼仪、接待礼仪。

复习与思考

1. 旅游礼仪的含义是什么？
2. 旅游礼仪的特征和原则有哪些？
3. 简述旅游公共关系的个人礼仪。
4. 简述旅游公共关系的社交礼仪。
5. 简述旅游接待礼仪的程序和注意事项。

案例分析

“你会坐吗?”
——一次公关部长聘任考试

一家公司准备聘用一名公关部长，经笔试筛选后，只剩8名应试者等待面试。面试限定每人在两分钟内要对主考官的提问作出回答。当每位应试者进入考场时，主考官说的是同一句话：“请您把大衣放好，在我面前坐下。”

然而，在进行面试的房间中，除了主考官使用的一张桌子和一把椅子外，什么东西也没有。

有两名应试者听到主考官的话以后，不知所措，另有两名急得直掉眼泪；还有一名听到提问后，脱下自己的大衣，搁在主考官的桌子上，然后说了句：“还有什么问题吗?”结果，这5名应试者全部被淘汰了。

剩下的三名应试者，一名听到主考官发问后，先是一愣，旋即脱下大衣，往右手上一搭，躬身致礼，轻轻地说道：“这里没有椅子，我可以站着回答您的问话吗?”公司对这个人的评语是：“有一定的应变能力，但创新开拓不足。彬彬有礼，能适应严格的管理制度，可用于财务和秘书部门。”另一名应试者听到问题后，马上回答道：“既然没有椅子，就不用坐了。谢谢您的关心，我愿听候下一个问题。”公司对此人的评语是：“守中略有攻，可先培养用于对内，然后再对外。”最后一名考生的反应是，听到主考官的发问后，他眼睛一眨，随即出门去，把候考时坐过的椅子搬进来，放在离主考官前侧约一米处，然后脱下自己的大衣，叠好后放在椅子背上，自己则端坐于椅子上。当“时间到”的铃声一响，他马上站起来，欠身一礼，说了声“谢谢”，便退出考试房间，并把门轻轻地关上。公司对此人的评语是：“不着一词而巧妙地回答了问题；性格富有开拓精神，加上笔试成绩佳，可以录用为公关部部长。”

【案例思考】

1. 假如你是应试者，你准备怎样放置大衣、怎样坐下?

2. 现有一家公司聘任你为人力资源部主管，请你设计一套选拔公关人员的考试办法。

参考文献

[1] 陶英虎，顾晓燕．公共关系理论与实务［M］．北京：清华大学出版社，2006．

[2] 张玲莉．公共关系原理与实务［M］．北京：高等教育出版社，2003．

[3] 廖晓静．旅游公共关系理论与实务［M］．郑州：郑州大学出版社，2004．

[4] 李晓．旅游公共关系［M］．天津：南开大学出版社，2008．

[5] 张国洪．旅游公共关系［M］．天津：南开大学出版社，2004．

[6] 银淑华．旅游公共关系［M］．北京：中国人民大学出版社，2002．

[7] 柴庆春．市场调查与预测［M］．北京：中国人民大学出版社，2006．

[8] 张明立．市场调查与预测［M］．哈尔滨：哈尔滨工业大学出版社，2003．

[9] 谢苏．公共关系理论与实务［M］．北京：中国财政经济出版社，2005．

[10]［美］丘吉尔，等．营销调研基础［M］．6版．影印本．北京：北京大学出版社，2008．

[11] 蒋春堂．公共关系学教程［M］．2版．武汉：武汉大学出版社，2003．

[12] 李祝舜，李丽．旅游公共关系学［M］．北京：高等教育出版社，1999．

[13] 甘朝友，王连义．旅游业公共关系［M］．天津：南开大学出版社，2001．

[14] 蒋丁新．旅游饭店管理概论［M］．北京：高等教育出版社，1998．

[15] 张钦．实用饭店公关技巧［M］．北京：中国国际广播出版社，1991．

[16] 杨哲昆．旅行社公共关系实务［M］．大连：东北财经大学出版社，2007．

[17] 尹华光，旅行社公共关系［M］．长沙：中南大学出版社，2006．

[18] 李洁．旅游公共关系［M］．昆明：云南大学出版社，2001．

[19] 卢良志．旅游业公共关系［M］．北京：中国旅游出版社，2008．

[20] 王正华．现代旅行社管理［M］．北京：中国旅游出版社，2002．

[21] 黄继元．旅游公共关系学［M］．昆明：云南大学出版社，2004．

[22] 李光宇．旅游学概论［M］．北京：化学工业出版社，2008．

[23] 金正昆．社交礼仪［M］．北京：高等教育出版社，2003．

[24] 刘春辉．公共关系实务与礼仪［M］．大连：大连理工大学出版社，2008．

[25] 张锡东．社交礼仪［M］．北京：清华大学出版社，2008．

[26] 晏素．中小旅行社为何人才流失严重［J］．全国商情理论研究，2010（9）．

[27] 吴宗键．旅行社和景区联合发展新思路探析［J］．广西大学学报，2008（增刊）．

[28] 黄宝辉．旅行社专职导游管理机制的现状及对策研究［J］．湖北大学学报，2009（2）．